Operación de Equipos de Manejo de Materiales

Richard Skiba

Derechos de autor © 2024 por Richard Skiba

Todos los derechos reservados. No se permite reproducir ninguna parte de este libro en ninguna forma sin el permiso por escrito del editor o del autor, excepto en los términos permitidos por la ley de derechos de autor. Esta publicación está diseñada para proporcionar información precisa y autorizada en relación con el tema tratado. Aunque el editor y el autor han empleado sus mejores esfuerzos en la preparación de este libro, no hacen ninguna declaración ni garantía con respecto a la precisión o integridad de los contenidos de este libro y renuncian específicamente a cualquier garantía implícita de comerciabilidad o adecuación para un propósito particular. Ninguna garantía puede ser creada o extendida por representantes de ventas o materiales de ventas escritos. Los consejos y estrategias contenidos aquí pueden no ser adecuados para su situación. Debería consultar con un profesional cuando sea apropiado. Ni el editor ni el autor serán responsables por cualquier pérdida de beneficios u otros daños comerciales, incluidos, entre otros, daños especiales, incidentales, consecuentes, personales u otros daños.

Copyright © 2024 by Richard Skiba

All rights reserved.

No portion of this book may be reproduced in any form without written permission from the publisher or author, except as permitted by copyright law.

This publication is designed to provide accurate and authoritative information in regard to the subject matter covered. While the publisher and author have used their best efforts in preparing this book, they make no representations or warranties with respect to the accuracy or completeness of the contents of this book and specifically disclaim any implied warranties of merchantability or fitness for a particular purpose. No warranty may be created or extended by sales representatives or written sales materials. The advice and strategies contained herein may not be suitable for your situation. You should consult with a professional when appropriate. Neither the publisher nor the author shall be liable for any loss of profit or any other commercial damages, including but not limited to special, incidental, consequential, personal, or other damages.

Skiba, Richard (author)

Operación de Equipos de Manejo de Materiales/ Material Handling Equipment Operations

ISBN 978-1-7635254-7-4 (Paperback) 978-1-7635254-5-0 (eBook)

Non-fiction

Traducción del texto original completada con la ayuda de TranslateGPT.

Contents

Prólogo	1
1. Introducción	4
2. Montacargas	19
3. Recolectores de Pedidos	90
4. Manipuladores Telescópicos	142
5. Plataformas Elevadoras de Trabajo	253
6. Reach Stackers	328
7. Camión Remolque con Cargador Lateral	394
8. Camión Remolcador de Retroceso	429
Referencias	468
Index	470

Prólogo

Este libro abarca una gama selectiva de equipos de manejo de materiales, específicamente montacargas, seleccionadores de pedidos, manipuladores telescópicos, plataformas de trabajo elevadoras, apiladores reach, cargadores laterales de remolques de camión y tractores de remolque pushback. Para cada uno de estos, se cubren los usos, componentes clave, principios de operación, preparación para operaciones, prácticas operativas, operación segura y finalización de operaciones.

La información sobre equipos de manejo de materiales proporcionada en este libro está destinada a ser de naturaleza general y puede no abarcar todos los aspectos de su operación. Es importante señalar que cada pieza de maquinaria o equipo tiene sus propias características específicas y requisitos operativos que pueden variar. Se aconseja encarecidamente a los operadores de equipos de manejo de materiales que consulten las guías y manuales del fabricante antes de operar cualquier equipo para asegurar el cumplimiento con los estándares de seguridad y procedimientos operativos.

Además, es crucial reconocer que las operaciones y la terminología pueden variar entre jurisdicciones. Los operadores de equipos de manejo de materiales deben ser conscientes de que las regulaciones y directrices relacionadas con el uso de equipos pueden variar según la ubicación. Por lo tanto, es esencial para los operadores de equipos familiarizarse con las leyes, regulaciones y estándares aplicables en sus respectivas jurisdicciones.

Asimismo, se insta a los operadores de equipos de manejo de materiales a revisar las políticas y procedimientos del lugar de trabajo antes de operar cualquier equipo. Pueden existir protocolos específicos del lugar de trabajo para abordar riesgos únicos y consideraciones de seguridad, a los cuales se debe adherir para operaciones seguras.

Más aún, es importante reconocer que en muchas jurisdicciones se aplican requisitos de licencia operativa. Los operadores de equipos de manejo de materiales son responsables de asegurar que cumplen con todos los requisitos legislativos jurisdiccionales relevantes para sus lugares de práctica. Esto puede incluir la obtención de licencias, certificaciones o permisos apropiados para operar equipos legal y seguramente dentro de su jurisdicción.

Las tablas de carga de muestra, especificaciones, interpretaciones y cálculos se utilizan a lo largo de este libro solo con fines de demostración y no deben considerarse para ser utilizados de ninguna otra manera. Cada modelo de equipo está acompañado por su propia tabla de carga y características distintas, que pueden variar según las configuraciones del equipo y su capacidad nominal, y son proporcionadas por el fabricante del equipo. No son transferibles de un modelo a otro, y los operadores siempre deben asegurarse de que están refiriéndose a la documentación relevante para la maquinaria que están operando.

Aunque se han realizado esfuerzos para proporcionar información precisa e informativa sobre la operación de equipos, se recuerda a los usuarios la necesidad de diligencia debida y cumplimiento con las regulaciones aplicables, directrices del fabricante, políticas del lugar de trabajo y requisitos de licencia para asegurar operaciones seguras y legales de grúas.

OPERACIÓN DE EQUIPOS DE MANEJO DE MATERIALES

1
Introducción

El Equipo de Manejo de Materiales (EMM) constituye un conjunto versátil de maquinaria y herramientas utilizadas en procesos de fabricación, distribución, almacenamiento y logística para facilitar el movimiento, almacenamiento, protección y control de materiales y productos. Este equipo forma un componente integral de entornos industriales y comerciales, asegurando el flujo suave de materiales dentro de varias operaciones. EMM abarca una amplia gama de maquinaria y herramientas, incluidos montacargas, transportadores, grúas, transpaletas, polipastos, plataformas de trabajo elevadoras, apiladores reach y recogepedidos, entre otros. Cada tipo de equipo sirve para propósitos específicos y está diseñado para manejar distintos materiales y cargas de manera eficiente.

Las funciones primarias del equipo de manejo de materiales giran en torno a levantar, transportar, posicionar, clasificar, almacenar y proteger materiales y productos. Por ejemplo, los montacargas se emplean comúnmente para levantar y transportar cargas pesadas, los transportadores facilitan el movimiento de materiales a lo largo de trayectorias fijas, mientras que las transpaletas se utilizan para cargar y descargar bienes paletizados. Un manejo eficiente de materiales es crucial para optimizar la productividad, reducir los costos laborales, minimizar el daño a los materiales y garantizar la seguridad en el lugar de trabajo.

La selección y utilización adecuadas del equipo de manejo de materiales agilizan las operaciones, mejoran el flujo de trabajo y aumentan la eficiencia general en entornos industriales y de almacén. La seguridad sigue siendo una preocupación primordial en las operaciones de manejo de materiales, lo que requiere una formación exhaustiva de los operadores y la adhesión a los protocolos de seguridad para prevenir accidentes, lesiones y daños a los bienes. La integración con software de gestión de inventarios, sistemas de gestión de almacenes (SGA) y sistemas de planificación de recursos empresariales (ERP) permite una coordinación y control fluidos del flujo de materiales a lo largo de la cadena de suministro. El equipo de manejo de materiales juega un papel indispensable en las operaciones modernas de fabricación, distribución y logística, contribuyendo significativamente a la eficiencia, productividad y seguridad aumentadas en el manejo de materiales y productos.

Un montacargas, también conocido como carretilla elevadora, camión de horquilla o camión montacargas y como se muestra en la Figura 1, es un camión industrial motorizado utilizado para levantar, mover y apilar materiales. Por lo general, cuenta con dos horquillas en la parte frontal que se pueden elevar y bajar para levantar y transportar cargas. Los montacargas se utilizan ampliamente en almacenes, centros de distribución, instalaciones de fabricación y sitios de construcción para manejar una variedad de materiales, incluidos bienes paletizados, cajas, cajones y otros artículos pesados.

Los montacargas vienen en varios tamaños y configuraciones, desde modelos pequeños alimentados por electricidad para uso interior hasta modelos más grandes alimentados por diésel o propano para aplicaciones exteriores y de trabajo pesado. Están equipados con diferentes tipos de neumáticos adecuados para distintas superficies, como neumáticos de goma sólida para uso interior y neumáticos neumáticos para uso exterior.

Figura 1: Montacargas Yale. Artaxerxes, CC BY-SA 3.0, a través de Wikimedia Commons.

Los operadores controlan los montacargas utilizando un volante y pedales para maniobrar el vehículo y levantar y bajar cargas. Son entrenados para operar los montacargas de manera segura, adhiriéndose a procedimientos específicos y protocolos de seguridad para prevenir accidentes, lesiones y daños a los bienes. Los montacargas son equipos esenciales en las operaciones de manejo de materiales, ofreciendo eficiencia y versatilidad en el levantamiento y transporte de materiales dentro de entornos industriales y comerciales.

Un recogepedidos, también conocido como seleccionador de stock o seleccionador de pedidos, es un tipo de montacargas diseñado específicamente para su uso en almacenes y centros de distribución para cumplir con los pedidos y recuperar artículos de estantes o racks de almacenamiento. A diferencia de los montacargas tradicionales que levantan y transportan cargas en paletas, los recogepedidos cuentan con una plataforma o jaula que eleva verticalmente al operador para alcanzar artículos almacenados a varias alturas.

Los recogepedidos se utilizan típicamente en instalaciones con sistemas de almacenamiento de alta densidad, donde los artículos se almacenan en múltiples niveles de estanterías o racks. El operador se para en la plataforma, que puede ser elevada y bajada hidráulicamente, permitiéndoles acceder a artículos en diferentes estantes sin la necesidad de una escalera separada o plataforma elevada.

Los operadores utilizan los recogepedidos para navegar a través de los pasillos y seleccionar artículos específicos de los lugares de almacenamiento basados en pedidos de clientes o requisitos de inventario. Este proceso es conocido como recogida de pedidos o selección de pedidos. Los recogepedidos están equipados con controles para dirigir, levantar y bajar la plataforma, así como características de seguridad como barandillas y arneses para proteger al operador mientras trabaja en alturas.

Figura 2: Recogepedidos siendo utilizado en un almacén. Archivos Nacionales en College Park - Imágenes Fijas, Dominio público, a través de Wikimedia Commons.

Los recogepedidos desempeñan un papel crucial en las operaciones de almacén, ayudando a aumentar la eficiencia y precisión en los procesos de cumplimiento de pedidos. Permiten a los operadores acceder de manera rápida y segura a artículos almacenados a diversas alturas, lo que facilita la recogida y el empaquetado de pedidos de manera más eficiente y mejora la productividad general en el almacén.

Un manipulador telescópico, ver Figura 3, también conocido como cargador telescópico o montacargas telescópico, es una pieza versátil de equipo de manejo de materiales comúnmente utilizada en construcción, agricultura y entornos industriales. Cuenta con un brazo o pluma telescópica que puede extenderse hacia adelante y hacia arriba, con accesorios como horquillas, cucharones o plataformas en el extremo.

Figura 3: Manipulador telescópico 3 toneladas. ERab123, CC BY-SA 4.0, a través de Wikimedia Commons.

Los manipuladores telescópicos están diseñados para levantar, mover y colocar cargas pesadas o materiales en áreas que son difíciles de alcanzar con montacargas convencionales o grúas. Ofrecen mayor alcance y flexibilidad en comparación con los montacargas tradicionales, haciéndolos adecuados para una amplia gama de aplicaciones.

Estas máquinas están equipadas con sistemas hidráulicos que controlan la extensión y retracción del brazo, así como el levantamiento y descenso de la carga adjunta. Algunos manipuladores telescópicos también tienen características como la rotación de 360 grados del brazo y estabilizadores para añadir estabilidad al levantar cargas pesadas a gran altura.

En la construcción, los manipuladores telescópicos a menudo se usan para tareas como levantar y posicionar materiales de construcción como paletas de ladrillos o bolsas de cemento, transportar materiales a través de terrenos irregulares y trabajar en altura para colocar cargas en techos o pisos superiores de edificios. En la agricultura, se utilizan para tareas como cargar y apilar balas de heno, mover alimento o equipo, y operar varios accesorios para el manejo de cultivos.

En general, los manipuladores telescópicos son valorados por su versatilidad, maniobrabilidad y capacidad para realizar una amplia gama de tareas en diversos entornos, haciéndolos equipos esenciales en muchas industrias.

Una plataforma de trabajo elevadora (PTE), también conocida como plataforma de trabajo aéreo (PTA) o plataforma elevadora móvil de trabajo (PEMT), es un dispositivo mecánico utilizado para proporcionar acceso temporal a áreas elevadas con fines laborales. Las PTE se utilizan comúnmente en construcción, mantenimiento, reparación, instalación y tareas de limpieza donde los trabajadores necesitan alcanzar alturas que están más allá del alcance de escaleras o andamios.

Estas plataformas típicamente consisten en una plataforma de trabajo o canasta que está montada en un brazo mecánico o pluma, que puede ser elevado, bajado y maniobrado a la altura deseada. La plataforma puede ser soportada por sistemas hidráulicos, neumáticos o mecánicos, permitiéndole ser elevada verticalmente o extendida horizontalmente.

Hay varios tipos de plataformas de trabajo elevadoras, incluyendo:

1. Plataformas de Tijera: Estas plataformas tienen un mecanismo similar a una tijera que se extiende verticalmente, proporcionando un área de trabajo estable y relativamente grande. Las plataformas de tijera se utilizan comúnmente para tareas de mantenimiento y construcción en interiores.

2. Plataformas con Brazo: También conocidas como cestas o brazos telescópicos, estas plataformas cuentan con un brazo ex-

tensible que puede alcanzar hacia arriba y sobre obstáculos, permitiendo a los trabajadores acceder a áreas elevadas a varias alturas y distancias. Vea la Figura 4 para un ejemplo.

3. Elevadores de Mástil Vertical: Estas plataformas tienen un solo mástil vertical que eleva la plataforma de trabajo verticalmente. Son adecuadas para tareas que requieren acceso a espacios estrechos o confinados, como almacenes o pasillos estrechos.

4. Elevadores Personales: Estos elevadores compactos están diseñados para acceso vertical a áreas elevadas y a menudo se utilizan para tareas como cambiar luminarias, pintar o reparaciones de techos.

Las plataformas de trabajo elevadoras están equipadas con características de seguridad como barandillas, puntos de anclaje para arneses, sistemas de bajada de emergencia y controles de estabilidad para asegurar la seguridad de los operadores y trabajadores. Generalmente se requiere una formación y certificación adecuadas para las personas que operan PTEs para prevenir accidentes y asegurar un uso seguro.

Figura 4: Limpiador de ventanas en plataforma de trabajo elevadora Haulotte HA15IP. Dmitry Ivanov., CC BY-SA 4.0, a través de Wikimedia Commons.

Un apilador reach, como se muestra en la Figura 5, es un tipo especializado de equipo de manejo de materiales utilizado en puertos, terminales de envío y patios de contenedores para levantar, mover y apilar contenedores de envío estándar ISO. Estos vehículos de servicio pesado están diseñados para manejar contenedores de varios tamaños y pesos con eficiencia y precisión.

Figura 5: Apilador reach de CVS Ferrari en la Estación de Ferrocarril Haders West. - Ori Baratz, CC BY-SA 4.0, a través de Wikimedia Commons.

Los componentes principales de un apilador reach incluyen un marco de elevación, pluma telescópica, accesorio esparcidor y un chasis con ruedas para movilidad. La pluma telescópica puede extenderse y retraerse, permitiendo que el apilador reach levante contenedores desde el nivel del suelo o desde la parte superior de otros contenedores, alcanzando alturas suficientes para apilarlos o cargarlos en camiones, vagones de ferrocarril o barcos.

Los apiladores reach son altamente versátiles y pueden manejar contenedores en varias configuraciones, incluyendo pilas simples, dobles o triples. Están equipados con sistemas hidráulicos sofisticados para un control preciso del levantamiento, bajada y posicionamiento de los contenedores. Algunos apiladores reach también cuentan con cabinas rotativas, permitiendo a los operadores tener una mejor vista del área de trabajo y mejorar la maniobrabilidad.

Estos vehículos desempeñan un papel crucial en la logística de contenedores, facilitando el movimiento eficiente de contenedores entre diferentes modos de transporte y instalaciones de almacenamiento. Ayudan a optimizar las operaciones de manejo de contenedores, reducir los tiempos de espera y mejorar la productividad en puertos y terminales.

La seguridad es una consideración primordial al operar apiladores reach debido a las cargas pesadas y los riesgos potenciales involucrados. Los operadores deben someterse a una formación y certificación especializada para garantizar una operación segura y competente de estas máquinas. Además, los apiladores reach están equipados con características de seguridad como protección contra sobrecarga, sistemas de control de estabilidad y alarmas para prevenir accidentes y garantizar el bienestar de los trabajadores y el equipo.

Un cargador lateral para remolques de camión, también conocido como sidelift o sidelifter, es un tipo especializado de remolque utilizado para transportar y cargar contenedores de envío ISO. A diferencia de los remolques tradicionales que requieren equipos de elevación externos como grúas o montacargas para cargar y descargar contenedores, un cargador lateral cuenta con mecanismos de elevación hidráulicos incorporados que le permiten levantar contenedores dentro y fuera del remolque sin equipo adicional.

OPERACIÓN DE EQUIPOS DE MANEJO DE MATERIALES   15

Figura 6: Camión con remolque con cargador lateral y contenedor. 111 Emergency de Nueva Zelanda, CC BY 2.0, a través de Wikimedia Commons.

El cargador lateral para remolques de camión consta de varios componentes clave esenciales para su operación. En primer lugar, el chasis proporciona el marco estructural del remolque, construido de acero para soportar el peso de los contenedores cargados. En segundo lugar, el mecanismo de elevación hidráulica, alimentado por cilindros hidráulicos, bombas y controles, facilita el movimiento vertical de los contenedores hacia o desde el remolque. Los brazos telescópicos se extienden horizontalmente desde los lados del remolque para acoplarse con los contenedores, sus ajustes hidráulicos acomodando varios tamaños de contenedores. Los twist locks aseguran los contenedores a los brazos durante el transporte. Un panel de control, situado cerca de la cabina del operador, alberga controles para las funciones hidráulicas y el enganche de los twist locks. Finalmente, la cabina del operador contiene controles de dirección, palancas hidráulicas y medidores de monitoreo, permitiendo una operación segura y eficiente del cargador lateral.

Los cargadores laterales para remolques de camión se utilizan comúnmente en operaciones de transporte de carga intermodal y logística, donde ofrecen ventajas significativas en términos de velocidad, flexibilidad y eficiencia en comparación con los métodos de carga tradicionales. Son particularmente útiles en áreas donde el acceso a grúas o montacargas es limitado o donde se requiere un manejo rápido de contenedores.

Un camión remolcador de retroceso, comúnmente conocido como tractor de retroceso, es un vehículo especializado utilizado en aeropuertos para maniobrar aviones en tierra. Se emplea principalmente para retroceder aviones desde la puerta de la terminal hasta la pista de rodaje, así como para reposicionar aviones dentro del área de la plataforma.

OPERACIÓN DE EQUIPOS DE MANEJO DE MATERIALES 17

Figura 7: Tractor de pushback. Fotografía de Radosław Drożdżewski (Usuario:Zwiadowca21), CC BY-SA 4.0, a través de Wikimedia Commons.

Un tractor de pushback, esencial para maniobrar aeronaves en tierra en los aeropuertos, comprende varios componentes clave. Estos incluyen el chasis, que proporciona soporte estructural para el vehículo y está diseñado para soportar las tensiones de empujar aeronaves pesadas. Impulsado por un motor robusto, típicamente diésel, entrega el torque necesario para mover grandes aviones comerciales. El sistema de transmisión facilita una aceleración y desaceleración suaves, con opciones que van desde transmisiones automáticas hasta manuales. Un enganche de remolque en el frente permite la conexión con las aeronaves para el remolque a través de barras de remolque o sistemas sin barra de remolque. La cabina del operador alberga controles de dirección, pedales e instrumentos de monitoreo para el rendimiento del vehículo, mientras que algunos modelos cuentan con sistemas hidráulicos que ayudan en la dirección, frenado y proporcionan potencia adicional para empujes pesados. Además, el equipo de remolque varía según el tipo de aeronave, acomodando diferentes métodos de remolque como sistemas con barra de remolque o sin ella.

2
Montacargas

Los montacargas son esenciales para transportar y apilar materiales de manera eficiente en varios entornos industriales y de almacén. Típicamente presentan una base de rueda corta y un mástil vertical, facilitando el movimiento vertical de las cargas. Los montacargas se dividen en dos tipos principales: contrabalanceados y no contrabalanceados.

Figura 8: Montacargas Contrabalanceado Komatsu. George Armstrong, Dominio público, a través de Wikimedia Commons.

Los montacargas contrabalanceados, ver Figura 9, utilizan el eje de las ruedas delanteras como fulcro, similar a una palanca. La carga se contrarresta en un lado por el peso de la máquina en el otro lado. Este diseño permite que todo el peso detrás del punto de equilibrio actúe como contrapeso, asegurando estabilidad durante las operaciones de levantamiento y apilamiento.

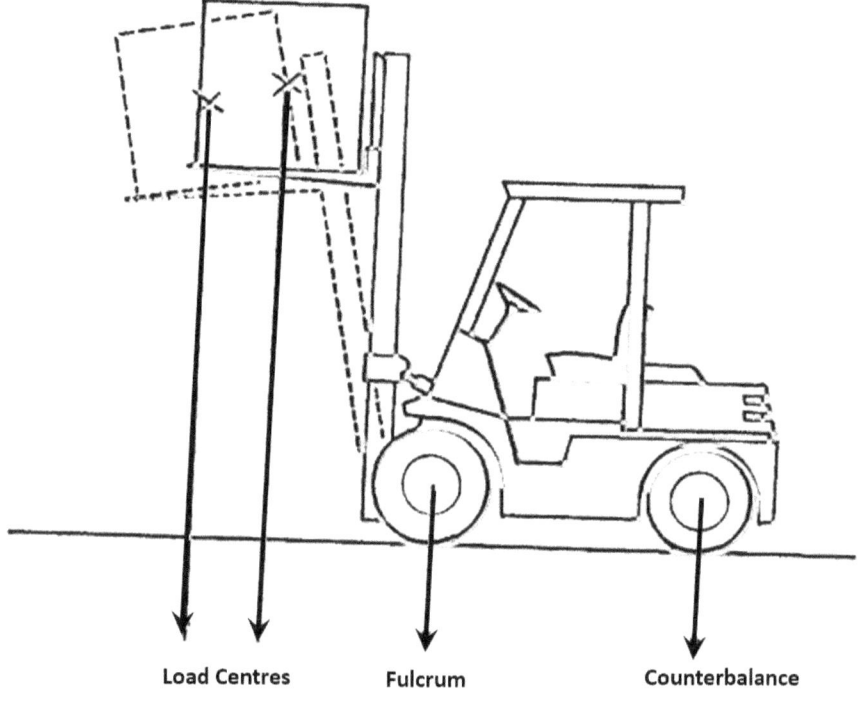

Figura 9: Montacargas Contrabalanceado.

Por otro lado, los montacargas no contrabalanceados, ver Figura 10, como los camiones de "alcance" o de "abrazadera", tienen el centro de la carga posicionado detrás del punto de fulcro. Estos camiones son aptos para extenderse y depositar cargas o para rodear pilas para la deposición de carga. Es crucial señalar que no deben llevar cargas a menos que el alcance esté retraído. Los montacargas no contrabalanceados son particularmente útiles para tareas específicas de apilamiento de cargas y ofrecen una mayor versatilidad que sus contrapartes contrabalanceadas, especialmente en entornos de almacén donde la maniobrabilidad y la colocación precisa de la carga son primordiales.

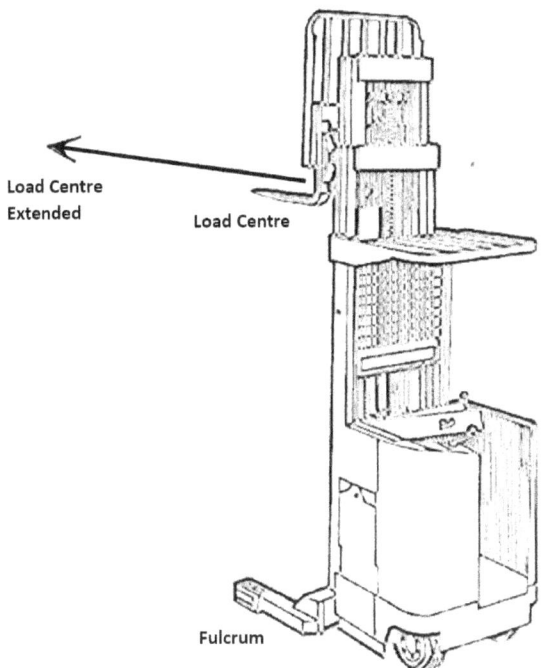

Figura 10: Montacargas No Contrabalanceado.

Los montacargas están diseñados con un sistema de suspensión de 3 puntos, incluso en los montacargas contrabalanceados de cuatro ruedas, donde las ruedas traseras están unidas centralmente al cuerpo principal, permitiendo un movimiento lateral que afecta la estabilidad (Sanders, 2008). La combinación de un centro de gravedad alto y una base de rueda estrecha contribuye aún más a su inestabilidad lateral (Sanders, 2008).

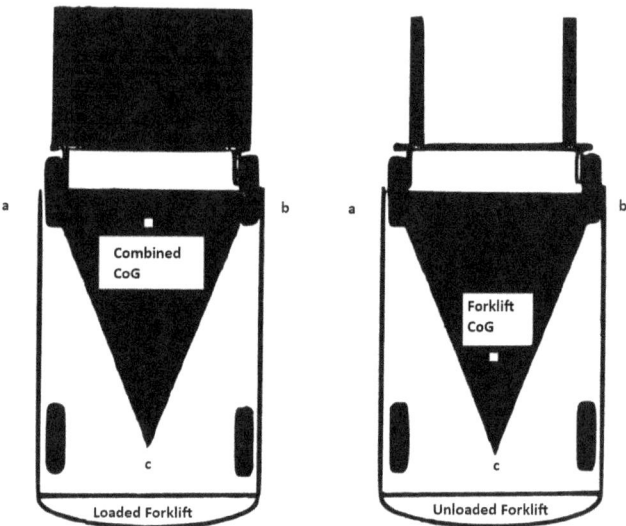

Figura 11: Triángulo de Estabilidad con montacargas cargado y descargado.

Los montacargas tienen una suspensión de 3 puntos formada por el eje motriz delantero (a y b) y el punto del eje de dirección en la parte trasera de la base (c). Como tal, el centro de gravedad (CdG) cambia entre un montacargas cargado y uno descargado como se muestra en la Figura 11 y la Figura 12.

El centro de gravedad (CG) es el punto en el que se puede considerar que actúa todo el peso de un objeto, haciendo que el objeto se comporte como si toda su masa estuviera concentrada en ese único punto. En términos más simples, es el punto alrededor del cual la masa de un objeto está distribuida uniformemente en todas direcciones.

En el contexto de los montacargas, comprender el centro de gravedad es crucial para una operación segura. Los montacargas están diseñados para levantar y transportar cargas pesadas, y la distribución del peso juega un papel significativo en su estabilidad y maniobrabilidad. Aquí está cómo el centro de gravedad se relaciona con los montacargas:

1. Estabilidad: La estabilidad de un montacargas depende de la

posición de su centro de gravedad relativo a su base de rueda. Idealmente, el centro de gravedad debe permanecer dentro del triángulo formado por los tres puntos de contacto del montacargas con el suelo: las dos ruedas delanteras y el eje de dirección trasero. Si el centro de gravedad se desplaza fuera de este triángulo, especialmente hacia la parte trasera o los lados, el montacargas se vuelve inestable y propenso a volcarse.

2. Manejo de Carga: Al levantar una carga con un montacargas, el centro de gravedad del sistema combinado de montacargas y carga cambia. Los operadores de montacargas deben asegurarse de que la carga esté adecuadamente equilibrada y centrada en las horquillas para mantener la estabilidad. Si la carga está distribuida de manera desigual o es demasiado pesada, puede causar que el centro de gravedad se desplace, aumentando el riesgo de volcadura.

3. Viraje y Maniobrabilidad: Durante los giros y maniobras, los operadores de montacargas deben ser conscientes del centro de gravedad cambiante. Los giros bruscos o cambios repentinos de dirección pueden causar que el centro de gravedad del montacargas se desplace, potencialmente llevando a inestabilidad. Los operadores deben evitar movimientos abruptos y mantener una velocidad lenta y controlada para minimizar el riesgo de volcadura.

4. Espacio Libre Superior: Los montacargas a menudo operan en áreas con espacio libre superior limitado, como almacenes y muelles de carga. Los operadores deben ser conscientes de la altura del mástil del montacargas y la ubicación de la carga relativa al centro de gravedad para evitar colisiones con obstáculos aéreos. Elevar el mástil demasiado alto o llevar una carga que se extienda más allá de los límites de estabilidad del montacargas

puede comprometer la seguridad.

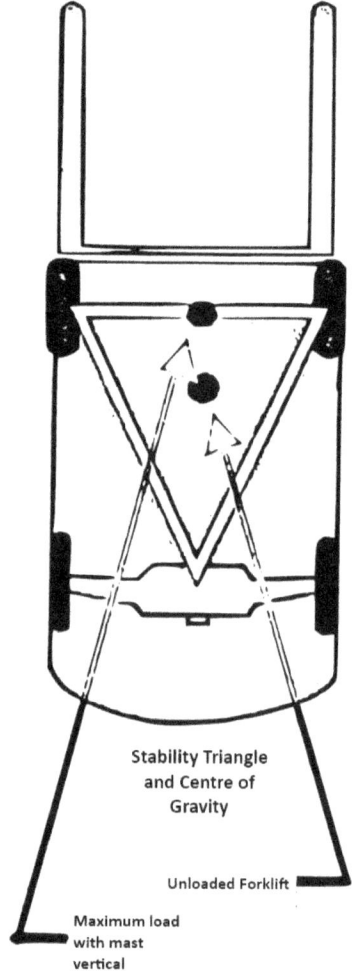

Figura 12: - Triángulo de estabilidad centro de gravedad.

Componentes del Montacargas

Los montacargas constan de numerosos componentes y mecanismos esenciales para su correcto funcionamiento. Familiarizarse con la terminología y estructura de estas partes es crucial para una comunicación clara con los colegas durante las tareas de trabajo. A continuación, se presentan algunos elementos y componentes clave que constituyen la anatomía de un montacargas. Los componentes clave se muestran en la Figura 13.

Figura 13: Componentes del montacargas. Imagen trasera - Davest3r08, CC BY-SA 4.0, a través de Wikimedia Commons.

El mástil de un montacargas sirve como la estructura de soporte vertical responsable de elevar y bajar las cargas. Posicionado típicamente hacia el frente del montacargas, el mástil se encuentra dentro de la línea de visión del operador, permitiendo una operación eficiente. Los mástiles de los montacargas están equipados con varias secciones, como configuraciones dúplex, tríplex o cuádruples, permitiendo la elevación o descenso del carro del montacargas junto con las horquillas. Entender las características y la terminología asociada con los mástiles de montacargas, incluyendo la altura de elevación, altura de elevación libre, altura extendida y altura bajada, es esencial al seleccionar un montacargas adaptado a requisitos operativos específicos (Logisnext, 2024).

El cilindro de elevación de un montacargas es responsable de potenciar el movimiento vertical del mástil, permitiendo la elevación o el descenso del carro del montacargas y las horquillas. Operando hidráulicamente, el cilindro de elevación funciona como un cilindro hidráulico de acción simple, ejerciendo fuerza en una dirección. De manera similar, el cilindro de inclinación controla el movimiento de inclinación del carro y ajusta el ángulo de las horquillas relativo al suelo. El ensamble del carro del montacargas, posicionado frente al mástil, sirve como plataforma para montar objetos controlados por el mástil, incluyendo las horquillas y el respaldo de carga. Las horquillas, también conocidas como tines, son los componentes que se enganchan directamente con las cargas para su transporte, disponibles en varios tamaños y formas para acomodar diversas aplicaciones (Logisnext, 2024).

Adicionalmente, el respaldo de carga, adjunto al carro, proporciona una superficie para apoyar las cargas y prevenir que se deslicen hacia atrás durante la elevación y el transporte. También protege los componentes del mástil de daños. El contrapeso, instalado en el montacargas, ayuda a compensar el peso que se está levantando, asegurando estabilidad durante las operaciones de elevación y transporte. Sirviendo como fuente de poder, los montacargas pueden ser alimentados por motores o baterías, dependiendo del tipo. Los tipos de neumáticos, incluyendo neumáticos de cojín y neumáticos neumáticos, varían basados en los requisitos operativos, con diferentes disposiciones de neumáticos atendiendo a entornos interiores o exteriores. La cabina del operador, ya sea abierta o cerrada, alberga los controles y características necesarias para la operación del montacargas, mientras que la guardia superior mejora la seguridad protegiendo a los operadores de objetos que caen (Logisnext, 2024).

Entender la anatomía de un montacargas es crucial para una operación segura y eficiente en varios entornos industriales.

Los diseños de montacargas varían, y no todos los montacargas incluirán todas las características discutidas anteriormente.

Los montacargas ofrecen una gama de opciones personalizables, incluyendo el tipo de combustible, capacidad, altura de elevación y opciones de mástil, entre otros. Al considerar la compra de un montacargas, es crucial consultar a profesionales experimentados que puedan guiarlo en la toma de la mejor decisión basada en las necesidades de manejo de materiales de su empresa.

Lo siguiente describe los diversos tipos de combustible disponibles para montacargas, delineando sus propósitos y ventajas en diferentes aplicaciones. Entender estos fundamentos ayudará en la selección del montacargas óptimo para las necesidades de manejo de materiales de su empresa.

Montacargas Eléctricos: Montacargas Eléctrico de Batería

Los montacargas alimentados por electricidad se utilizan predominantemente para el manejo de materiales en interiores, especialmente en superficies planas de concreto. Una ventaja significativa de los montacargas eléctricos de batería es su amigabilidad ecológica, ya que no producen emisiones nocivas por la quema de combustibles fósiles. Son rentables de operar y funcionan silenciosamente, reduciendo la contaminación acústica en el lugar de trabajo. Los avances recientes en tecnología han mejorado sustancialmente el rendimiento de las baterías de los montacargas, permitiendo horas de operación más largas, típicamente cubriendo un turno de 8-9 horas. Aunque el costo inicial del equipo de manejo de materiales eléctrico puede parecer más alto, los ahorros a largo plazo en mantenimiento y carga lo convierten en la opción de combustible más rentable.

Figura 14: Montacargas eléctrico Crown 35SCTT (36 Voltios). Rjluna2, CC BY-SA 4.0, a través de Wikimedia Commons.

Montacargas de GLP y Gasolina: Montacargas de Motor de Doble Combustible

Los montacargas impulsados por GLP y gasolina, también conocidos como montacargas de combustión interna, son más adecuados para tareas de manejo más pesadas y entornos exteriores. Los modelos modernos cuentan con tecnología eficiente en combustible y tasas de emisión más bajas en comparación con versiones anteriores. Estos montacargas pueden operar por períodos prolongados y pueden ser convenientemente reabastecidos de combustible cuando sea necesario, a diferencia de los montacargas eléctricos que requieren ciclos de carga entre usos. Los montacargas impulsados por GLP y gasolina a menudo vienen con capacidades de doble combustible, permitiendo a los propietarios cambiar entre tipos de combustible según sea necesario. El GLP es particularmente popular debido a su fácil disponibilidad y proceso rápido de reemplazo. Sin embargo, si las estaciones de reabastecimiento de combustible en el sitio no están disponibles, el GLP puede ser la opción de combustible preferida. Al optar por un montacargas con capacidades de doble combustible, es esencial inspeccionar y dar servicio a ambos sistemas de entrega de combustible regularmente para mantener el rendimiento del motor.

Figura 15: Montacargas alimentado por GLP. TaurusEmerald, CC BY-SA 4.0, a través de Wikimedia Commons.

Montacargas Diésel: Montacargas con Potente Motor Diésel

Los motores diésel ofrecen una mayor salida de potencia, lo que los hace ideales para montacargas más grandes y aplicaciones en exteriores, terrenos difíciles y manejo de cargas pesadas. Aunque los montacargas diésel incurren en mayores costos de combustible y mantenimiento a largo plazo, son bien adecuados para aplicaciones industriales con requisitos de manejo rigurosos.

Figura 16: Un montacargas con motor diésel. Plenumchamber, Dominio público, a través de Wikimedia Commons.

Montacargas GLP, Gasolina y Diésel: Los montacargas alimentados por combustibles fósiles pueden emplearse para aplicaciones interiores y de manejo de contenedores, siempre que las áreas interiores estén bien ventiladas. Los operadores y el personal en el sitio deben estar equipados con equipo de protección personal apropiado para mitigar los riesgos asociados con la inhalación de emisiones peligrosas y el ruido industrial. El servicio regular y las inspecciones diarias de los niveles de fluidos son cruciales para minimizar los costos de mantenimiento continuo y asegurar un rendimiento óptimo del montacargas durante su vida útil. Apegarse a las especificaciones del fabricante para el servicio previene daños a componentes principales y mejora el rendimiento general del montacargas.

Carga de Trabajo

La carga de trabajo de un montacargas se refiere al peso máximo que el montacargas puede levantar y transportar de manera segura bajo condiciones normales de operación. Entender y adherirse a los límites de carga de trabajo de un montacargas es crucial para asegurar la seguridad en el lugar de trabajo y prevenir accidentes, lesiones y daños a la propiedad.

Cada modelo de montacargas está diseñado con una capacidad de carga de trabajo específica, determinada por factores como el diseño del montacargas, la resistencia estructural de sus componentes y la estabilidad de su operación. Exceder la capacidad de carga de trabajo de un montacargas puede llevar a inestabilidad, volcamiento o falla estructural, posando serios riesgos para operadores y transeúntes.

Para determinar la capacidad de carga de trabajo de un montacargas, los operadores deben referirse a las especificaciones del fabricante, que típicamente se muestran en una placa de calificación o placa de capacidad fijada al montacargas. Esta información incluye la capacidad máxima de carga en varios centros de carga, alturas de elevación y configuraciones de horquilla. Es esencial consultar esta información antes de operar el montacargas y asegurarse de que las cargas no excedan estos límites especificados.

Factores que pueden afectar la capacidad de carga de trabajo de un montacargas incluyen la posición de la carga en las horquillas, la altura a la que se levanta la carga y la estabilidad de la superficie del suelo. Los operadores también deben considerar condiciones ambientales como el viento, la pendiente y los obstáculos que puedan impactar la operación segura del montacargas.

Además de conocer la capacidad de carga de trabajo del montacargas, los operadores también deben estar entrenados en técnicas adecuadas de manejo de carga, incluyendo cómo posicionar, asegurar y transportar cargas de manera segura. El mantenimiento regular y las inspecciones del montacargas, incluyendo sus mecanismos de elevación y componentes estructurales, son esenciales para asegurar una operación segura continua y prevenir problemas de sobrecarga.

Al entender y adherirse a los límites de carga de trabajo de un montacargas, los operadores pueden ayudar a mantener un ambiente de trabajo seguro y prevenir accidentes y lesiones asociados con cargas sobrecargadas o manejadas de manera inapropiada.

La capacidad de carga de un montacargas se refiere al peso máximo que puede transportar de manera segura en un centro de carga especificado. Si la carga no está posicionada precisamente en el centro designado, la capacidad del montacargas se reducirá en consecuencia.

La placa de datos de capacidad de carga proporciona información sobre la carga que cada montacargas puede manejar de manera segura bajo diversas condiciones, incluyendo diferentes ángulos del mástil o cuando está equipado con accesorios. Esta placa típicamente incluye detalles como la capacidad de carga, altura de elevación, distancia del centro de carga, marca y número de modelo. Adicionalmente, puede indicar:

- Cualquier reducción en la capacidad de elevación cuando se adjunta un mástil.

- Rebajas específicas para accesorios identificados listados en la placa de capacidad.

Como ejemplo de una placa de carga, la Figura 17 muestra la placa de carga para un Clark CY100PD, mostrado como Figura 18.

OPERACIÓN DE EQUIPOS DE MANEJO DE MATERIALES 33

Figure 17: Placa de datos de capacidad de carga para Clark CY100PD. Norbert Schnitzler, CC BY-SA 3.0, a través de Wikimedia Commons.

Figura 18: Montacargas alemán Clark modelo CY100PD. Norbert Schnitzler, CC BY-SA 3.0, a través de Wikimedia Commons.

La placa de datos de capacidad de carga mostrada en la Figura 17 indica que el montacargas tiene un centro de carga de 600 mm y una altura máxima de elevación de 3403 mm. El centro de carga se refiere a la distancia horizontal desde la cara de las horquillas hasta el centro de gravedad de la carga que se transporta. Es un factor crucial para determinar la estabilidad y el manejo seguro de las cargas por parte de un montacargas.

OPERACIÓN DE EQUIPOS DE MANEJO DE MATERIALES 35

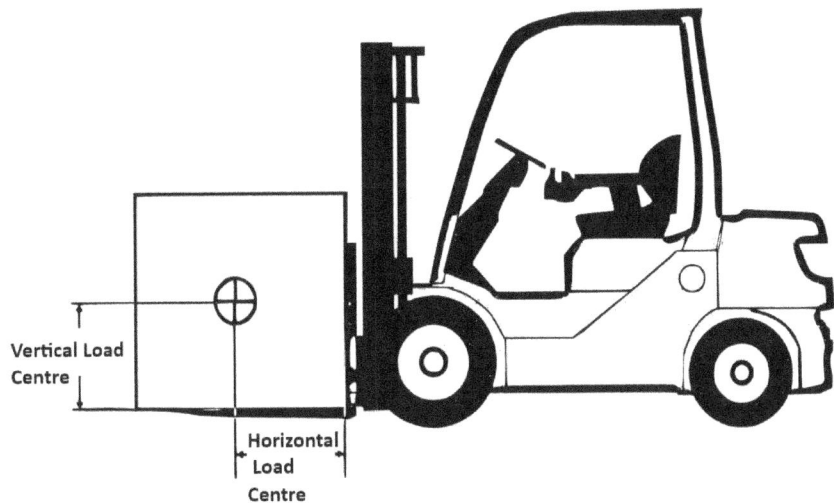

Figura 19: Centros de carga verticales y horizontales.

El centro de carga se mide típicamente desde la cara frontal de las horquillas hasta el centro de la carga que se está levantando. Para cargas estándar, esta distancia a menudo se estandariza, como 24 pulgadas (600 mm) o 48 pulgadas (1200 mm). Sin embargo, puede variar dependiendo de las dimensiones y la distribución del peso de la carga. La Figura 20 muestra otra placa de datos de ejemplo, también con un centro de carga de 600 mm.

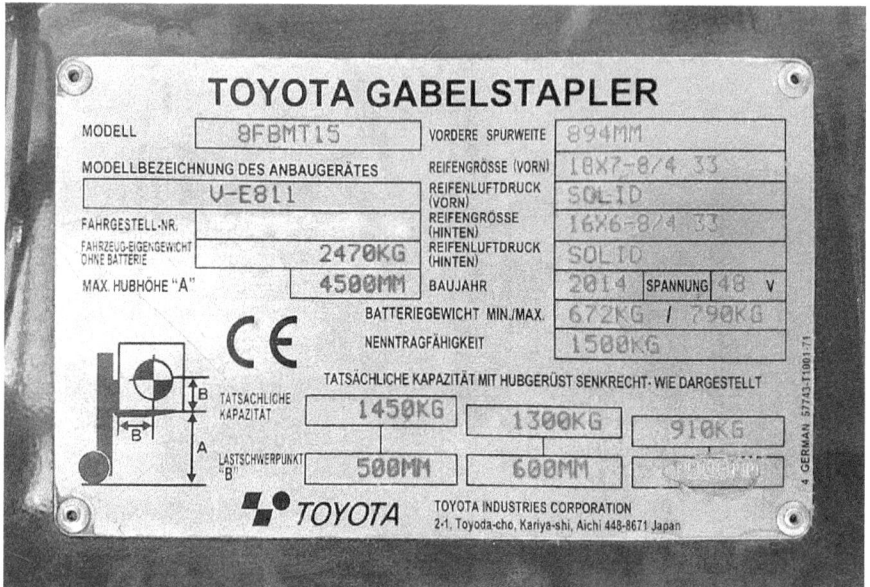

Figura 20: Placa de datos de montacargas Toyota. D-Kuru, CC BY-SA 4.0, a través de Wikimedia Commons.

Comprender el centro de carga es esencial porque afecta directamente la estabilidad y la capacidad de elevación del montacargas. Cuando una carga se coloca más lejos del mástil del montacargas, crea un mayor momento o palanca, lo que puede hacer que el montacargas sea menos estable y reducir su capacidad de elevación. Por el contrario, posicionar la carga más cerca del mástil disminuye la palanca y mejora la estabilidad.

Cuando se añaden accesorios a un montacargas, pueden alterar las características dinámicas y operativas del vehículo. Es crucial que los accesorios tengan capacidades nominales y reducidas. Los operadores deberían tener acceso a información sobre la capacidad reducida del montacargas cuando se utilizan accesorios.

La capacidad de carga de un montacargas está significativamente influenciada por la altura de elevación o la altura máxima de las horquillas. Los montacargas con mástiles más altos pueden tener una mayor capacidad de carga a menores alturas de elevación en comparación con las alturas máximas de elevación. Por lo tanto, algunos montacargas con mástiles altos pueden tener una clasificación de capacidad dual, lo que permite a los operadores manejar cargas más pesadas a menores alturas.

Un entendimiento insuficiente de la capacidad de carga de un montacargas representa serios riesgos para los operadores y aquellos a su alrededor. Los operadores de montacargas deberían estar informados sobre:

- Cómo el peso, la forma y el tamaño de una carga afectan al montacargas.

- El método correcto para posicionar una carga.

- La distinción entre el número de modelo del montacargas y su placa de capacidad de carga.

Estabilidad

La inestabilidad lateral, en el contexto de los montacargas, se refiere a la tendencia de un montacargas a volcarse de lado debido a un desequilibrio en la distribución del peso. Los montacargas están diseñados con una base de ruedas estrecha en relación con su altura, lo que puede hacerlos susceptibles a volcarse si no se operan con cuidado, especialmente al transportar cargas pesadas o navegar por terrenos irregulares.

Varios factores pueden contribuir a la inestabilidad lateral en los montacargas:

1. Distribución Desigual del Peso: Si la carga que lleva el montacargas no está correctamente centrada o es desproporcionadamente pesada de un lado, puede causar que el montacargas se incline hacia un lado, aumentando el riesgo de volcarse.

2. Centro de Gravedad Alto: Los montacargas típicamente tienen un centro de gravedad alto debido a sus mástiles elevados y las cargas que se llevan a cierta altura. Este alto centro de gravedad

los hace más propensos a volcarse de lado, especialmente al girar o negociar pendientes.

3. Tomar Curvas a Alta Velocidad: Hacer giros bruscos o tomar curvas a alta velocidad puede desestabilizar un montacargas, particularmente si el operador no reduce la velocidad o contrarresta la fuerza centrífuga generada durante el giro. Esto puede llevar a inestabilidad lateral y potencial volcadura.

4. Terreno Irregular o Inclinado: Operar un montacargas en terreno irregular o inclinado puede exacerbar la inestabilidad lateral. La inclinación del terreno puede cambiar el centro de gravedad del montacargas y su carga, aumentando el riesgo de volcarse de lado.

5. Paradas Bruscas o Aceleración Rápida: Las paradas bruscas o la aceleración rápida pueden alterar el equilibrio de un montacargas, especialmente si lleva una carga pesada. La inercia generada por cambios súbitos en el movimiento puede hacer que el montacargas se incline hacia un lado, llevando a inestabilidad lateral.

Para mitigar el riesgo de inestabilidad lateral y volcaduras, los operadores de montacargas deberían recibir una formación adecuada sobre procedimientos seguros de operación. También deben asegurarse de que las cargas estén debidamente aseguradas y distribuidas de manera uniforme en las horquillas, evitar velocidades excesivas y giros bruscos, y ser cautelosos al operar en terrenos irregulares. El mantenimiento regular de los montacargas, incluyendo la verificación de la presión de los neumáticos y asegurando el correcto funcionamiento de los sistemas de estabilidad, también puede ayudar a prevenir accidentes por inestabilidad lateral.

Tenga en cuenta los siguientes factores que pueden influir en la inestabilidad lateral:
- Hacer giros bruscos a alta velocidad.
- Conducir a través de terreno irregular.
- Distribución de la carga que no está equilibrada.
- Operar con un neumático desinflado o pinchado.
- Velocidad excesiva al conducir.
- Viajar con la carga elevada.
- Aplicar fuerza de frenado excesiva durante los giros.
- Desalineación de la función de desplazamiento lateral.
- Levantar una carga con solo un brazo de la horquilla.
- Moverse de lado en una superficie inclinada.
- Tirar de una carga de lado utilizando un accesorio de pluma.

En un montacargas, las ruedas delanteras sirven como punto de pivote, con las horquillas en un lado y el cuerpo de la máquina en el otro. Si el peso en los extremos de las horquillas supera el contrapeso, puede llevar a inestabilidad longitudinal, causando que las horquillas se inclinen hacia arriba.

La inestabilidad longitudinal, en el contexto de un montacargas, se refiere a la tendencia del montacargas a volcarse hacia adelante o hacia atrás debido a un desequilibrio en la distribución del peso a lo largo de su longitud. Este desequilibrio puede ocurrir cuando el peso de la carga que levantan las horquillas supera el contrapeso del montacargas, causando que el extremo delantero o trasero del montacargas se levante del suelo.

Cuando ocurre la inestabilidad longitudinal, representa un riesgo de seguridad significativo ya que puede llevar al montacargas a volcarse, potencialmente causando lesiones al operador y daños a la propiedad. Los factores que pueden contribuir a la inestabilidad longitudinal incluyen llevar cargas pesadas, una distribución de carga inapropiada y operar en terrenos irregulares.

Para mitigar el riesgo de inestabilidad longitudinal, los operadores de montacargas deben adherirse a prácticas de operación seguras, como asegurar una distribución de carga adecuada, evitar velocidades excesivas y no levantar cargas más allá de la capacidad nominal del montacargas. Además, el mantenimiento regular y las inspecciones de los componentes del montacargas, como sus neumáticos, frenos y sistemas hidráulicos, son esenciales para prevenir accidentes relacionados con la inestabilidad.

Los operadores deben ser conscientes de los siguientes factores que pueden contribuir a la inestabilidad longitudinal:

- Exceder la capacidad de carga del montacargas
- Aplicar frenado brusco o severo
- Ajustar incorrectamente la inclinación del mástil, particularmente al transportar cargas a alturas elevadas
- No posicionar la carga de manera segura contra el talón de los brazos de la horquilla
- Desplazar el centro de gravedad de la carga hacia adelante
- Tirar de una carga hacia el frente del montacargas usando un accesorio de pluma
- Levantar una carga con el mástil inclinado hacia adelante al usar una pluma

- Manejar cargas de gran tamaño
- Instalar horquillas deslizantes
- Operar el montacargas con el alcance extendido.

Planificación para el Trabajo

Para asegurar la ejecución adecuada de las tareas y los protocolos de seguridad, se deben seguir varios pasos: En primer lugar, los requisitos de la tarea deben extraerse de las órdenes de trabajo o documentos equivalentes y verificarse con el personal relevante involucrado. Esto implica una revisión exhaustiva de las instrucciones proporcionadas y la consulta con supervisores o colegas para asegurar la alineación y claridad respecto al alcance del trabajo.

A continuación, es crucial adherirse a los procedimientos del lugar de trabajo para las inspecciones del sitio. Es esencial familiarizarse con estos protocolos, seguido de una evaluación exhaustiva del área de trabajo para identificar cualquier peligro potencial o limitaciones que podrían impactar las operaciones del montacargas. La documentación detallada de los hallazgos, incluidos los peligros identificados, es imperativa para acciones futuras.

Posteriormente, evaluar la idoneidad de la superficie operativa para el uso del montacargas es primordial. Esto implica evaluar las condiciones de la superficie, como el terreno y los gradientes, para determinar la conformidad con los requisitos de seguridad. Cualquier problema detectado debe abordarse de inmediato para mitigar los riesgos para la operación del montacargas.

Además, determinar la compatibilidad del montacargas y sus accesorios con los requisitos de carga previstos es esencial. Esto implica referenciar las especificaciones del fabricante para determinar los límites de carga de trabajo y evaluar el peso y las dimensiones de la(s) carga(s) a manejar. Cumplir con los límites especificados asegura la manipulación segura de las cargas.

También es vital identificar y gestionar rutas apropiadas para la operación del montacargas dentro del área de trabajo. Esto implica trazar rutas seguras, gestionar el flujo de tráfico y comunicar de manera efectiva las rutas designadas a los operadores de montacargas y otro personal.

Además, identificar y reportar medidas de control de peligros y riesgos al personal relevante es crítico. Esto requiere un enfoque proactivo para identificar posibles peligros asociados con las operaciones del montacargas, evaluar los riesgos asociados y reportar rápidamente los hallazgos a los supervisores para su mitigación.

Asegurar la implementación de un plan de gestión de tráfico de acuerdo con los procedimientos del lugar de trabajo también es esencial. Esto implica revisar y confirmar la adherencia a los protocolos de gestión de tráfico establecidos, incluyendo rutas designadas, señalización y protocolos de comunicación.

Además, identificar procedimientos de comunicación apropiados con las personas relevantes es imperativo para garantizar una coordinación efectiva y seguridad. Esto implica determinar las necesidades de comunicación, seleccionar métodos adecuados y comunicar claramente los procedimientos a todas las partes involucradas.

Finalmente, confirmar la cobertura de los requisitos del trabajo/tarea para el área de trabajo relevante es esencial para la finalización de la tarea y el cumplimiento. Esto implica revisar los requisitos identificados, confirmar la finalización de la tarea y documentar cualquier desviación o tarea pendiente para el registro y referencia futura.

Cada lugar de trabajo presenta riesgos potenciales que podrían llevar a situaciones peligrosas. Por lo tanto, los operadores deben realizar inspecciones exhaustivas del lugar de trabajo para identificar y mitigar cualquier peligro antes de comenzar las operaciones con el montacargas. En algunos casos, puede ser necesario obtener un permiso de trabajo para asegurar el cumplimiento de la seguridad.

Factores clave a tener en cuenta incluyen:

- Dirección del flujo de tráfico

- Puntos ciegos y esquinas

- Tráfico cruzado en callejones sin salida

- Inclinaciones o pendientes

- Altura libre, incluyendo tuberías colgantes bajas

- Claridad de las puertas

- Características de la carga (inflamable, frágil, inestable, caliente)

- Altas temperaturas, especialmente en áreas donde se usa gas LP

- Condición de las superficies de las carreteras

- Emisiones del montacargas

- Presencia de cables eléctricos aéreos

Es crucial que otros trabajadores y peatones comprendan la importancia de mantener una distancia segura de las operaciones de los montacargas, especialmente durante la carga, apilamiento o cuando las cargas están elevadas. Cualquier práctica insegura observada debe ser informada de inmediato a la gerencia. Medidas de seguridad como señalización, barreras y el uso de bocinas y luces de advertencia deben emplearse para alertar al personal sobre las actividades de los montacargas, particularmente cuando se operan en áreas públicas.

Los empleadores tienen la responsabilidad de proporcionar lugares de trabajo seguros para todos los empleados y visitantes. Todas las partes involucradas en el lugar de trabajo deben asegurarse de que los montacargas se operen de manera segura. Diseñar zonas separadas para peatones y montacargas en nuevos lugares de trabajo puede mejorar aún más las medidas de seguridad.

Figura 21: Se requiere un cuidado extra donde los peatones no están separados de la vía de tránsito.

Antes de operar un montacargas, se debe realizar una evaluación exhaustiva del lugar de trabajo y las condiciones ambientales para identificar y abordar cualquier riesgo potencial de lesiones o daños al equipo o las cargas. Aunque la lista de verificación proporcionada sirve como una guía útil, debe personalizarse para adaptarse a los montacargas individuales y sus entornos operativos. Utilizar la lista de verificación puede ayudar a garantizar operaciones seguras y eficientes de los montacargas, minimizar lesiones y corregir cualquier práctica insegura.

Si estás involucrado en el almacenamiento o manejo de bienes peligrosos inflamables, es esencial adherirse a las siguientes pautas:

- Revisar las Hojas de Datos de Seguridad de Materiales (MSDS) y el etiquetado de los paquetes para identificar las propiedades peligrosas de cada bien peligroso inflamable.

- Clasificar áreas dentro del lugar de trabajo donde se almacenen o manejen líquidos, gases o sólidos inflamables como áreas peligrosas según los estándares relevantes, por ejemplo AS/NZS 60079.10.1:2009 Atmósferas explosivas - Clasificación de áreas - Atmósferas de gas explosivo (IEC 60079-10-1, Ed.1.0(2008) MOD).

- Marcar cada área peligrosa con señalizaciones, luces de advertencia y letreros apropiados.

- Mantener fuentes de ignición separadas de áreas peligrosas por una distancia adecuada o barreras físicas.

- Proporcionar capacitación integral y supervisión a los trabajadores sobre el riesgo de fuentes de ignición y métodos para prevenir incendios o explosiones.

- Evitar usar montacargas con ignición de chispa (incluidos los impulsados por gasolina y gas LP) en cualquier área peligrosa.

- Abstenerse de usar cualquier montacargas en áreas donde existan atmósferas inflamables continuamente (área de zona 0), asegurando que estas áreas estén libres de fuentes que contribuyan a la atmósfera inflamable antes de la entrada del montacargas.

- Adherirse estrictamente a los permisos de trabajo en caliente en todo momento, incluyendo medidas como monitorear vapores y gases inflamables, inspeccionar el área y el montacargas antes de la entrada, asegurar ventilación adecuada y cerrar procesos o materiales que puedan contribuir a una atmósfera inflamable.

- Utilizar montacargas que cumplan con los estándares relevantes, como AS 2359.12-1996 o motores de ignición no chispeante en áreas de zona 1, implementando un sistema de permiso de trabajo en caliente apropiado.

- Usar montacargas modificados o montacargas con motor de ignición no chispeante con un sistema de permiso de trabajo en caliente efectivo en áreas de zona 2 donde las atmósferas inflamables pueden ocurrir por períodos cortos.

- Emplear montacargas diseñados específicamente para uso en áreas explosivas o inflamables, asegurando el cumplimiento de los Estándares Australianos relevantes.

- Proporcionar capacitación exhaustiva a todos los empleados para eliminar riesgos asociados con el manejo de atmósferas y materiales inflamables, así como posibles fuentes de ignición.

- Imponer una estricta política de "no fumar" en áreas de reabastecimiento de combustible o carga de baterías.

- Evitar usar llamas desnudas al verificar niveles de células de batería.

- Manejar y almacenar combustible líquido y gas LP de acuerdo con los Estándares Australianos relevantes.

- Asegurar ventilación adecuada en lugares de trabajo que usen montacargas impulsados por gas LP, gasolina o diésel.

- Reabastecer, estacionar y almacenar montacargas impulsados por gas LP en áreas bien ventiladas, lejos de material combustible y fuentes de calor o ignición, asegurando que el cilindro de gas LP esté apagado cuando no esté en uso.

- Reemplazar cilindros de gas LP siguiendo procedimientos conforme a los Estándares Australianos relevantes.

- Recargar y cambiar baterías siguiendo procedimientos correctos y de acuerdo con los estándares relevantes, asegurando que el freno de estacionamiento esté aplicado y los tapones de ventilación sean funcionales.

- Prevenir la acumulación de gases inflamables durante la carga de la batería manteniendo la tapa de la batería abierta.

- Usar herramientas apropiadas y mantener objetos metálicos alejados de las células de la batería durante el cambio o la carga de la batería.

- Evitar usar líquidos con un punto de inflamación por debajo de 61 grados Celsius para limpiar montacargas.

- Seguir las recomendaciones de las empresas de ignifugación respecto a la inspección y mantenimiento de características ignífugas para montacargas ignifugados.

- Establecer y mantener procedimientos para montacargas diésel con ignifugación, asegurando que se atienda el tanque de arresto de chispas en la línea de escape como lo recomienda la empresa de ignifugación.

Las áreas donde se almacenan o utilizan líquidos inflamables suelen designarse como áreas con "atmósfera peligrosa". Antes de ser utilizados en tales entornos, los montacargas deben someterse a modificaciones o "prueba de llama" y tener una placa de cumplimiento que indique esto. Los montacargas diésel a prueba de llamas cuentan con una caja de lavado de agua de escape, que debe ser enjuagada y rellenada al inicio de cada turno. Los montacargas a batería a prueba de llamas no deben conectarse al cargador de baterías cerca de áreas donde se manejen líquidos inflamables en contenedores abiertos. Los montacargas de gasolina y gas LP no están a prueba de llamas debido a su sistema de ignición por chispa.

Es necesaria una extrema precaución al operar montacargas en atmósferas inflamables o al manejar materiales inflamables. Las prácticas de trabajo seguras son cruciales durante el reabastecimiento de combustible o la carga de baterías. Las fuentes potenciales de ignición incluyen chispas o llamas del escape, calor del motor, retroceso de vapores absorbidos por el motor, exceso de revoluciones, exceso de velocidad, chispas de los componentes del freno, chispas de los dientes al golpear el concreto, electricidad estática de los neumáticos o arcos de equipos eléctricos.

Usar montacargas no a prueba de llamas en áreas donde se manejan bienes peligrosos inflamables puede representar un riesgo inmediato de incendio o explosión. Tales montacargas no deberían permitirse en áreas donde los combustibles y otros materiales inflamables se mezclan, transfieren o decantan.

No es típico que los montacargas se fabriquen a prueba de llamas. La ignifugación suele realizarse como una actividad de ingeniería especializada después del proceso de fabricación inicial. El grado de ignifugación depende de las zonas inflamables donde operará la máquina (Zona 1 o Zona 2, nunca Zona 0). No todos los montacargas pueden ser ignifugados de manera económica. Generalmente, es rentable ignifugar montacargas con motores de compresión (combustible diésel) o motores eléctricos, pero no aquellos con motores de ignición por chispa (combustible LPG o gasolina).

Preparación para el Trabajo

En las operaciones de montacargas, mantener la consulta con el personal del lugar de trabajo es crucial para asegurar que el plan de trabajo se alinee con los requisitos del sitio y cumpla con los procedimientos de trabajo seguros. Esto implica una comunicación continua con las personas relevantes para aclarar cualquier incertidumbre y asegurar la consistencia en la ejecución de tareas.

Evaluar las condiciones climáticas y ambientales es esencial para determinar su impacto potencial en las operaciones de los montacargas. Esta evaluación sigue los requisitos del fabricante y los procedimientos de trabajo seguros para garantizar una operación segura bajo diversas condiciones.

Las medidas de control de riesgos para los peligros identificados se verifican sistemáticamente para su implementación para mitigar riesgos potenciales. Este proceso implica verificar que las medidas prescritas estén en su lugar y abordando eficazmente los peligros identificados de acuerdo con los procedimientos de trabajo seguros.

Acceder al montacargas de manera segura es primordial y debe adherirse tanto a los requisitos del fabricante como a los procedimientos del lugar de trabajo. Esto implica seguir protocolos establecidos para entrar y salir del montacargas de manera segura, minimizando el riesgo de accidentes o lesiones.

Se realizan chequeos regulares del libro de registro del montacargas para asegurar el cumplimiento con las especificaciones del fabricante, los requisitos reglamentarios y los procedimientos de trabajo seguros. Cualquier discrepancia o problema identificado se informa, registra y aborda de acuerdo con los protocolos establecidos.

Los chequeos previos al inicio se llevan a cabo diligentemente para evaluar la condición del montacargas antes de la operación. Cualquier daño o defecto observado durante estos chequeos se informa, registra y aborda siguiendo los procedimientos de trabajo seguros y los requisitos del fabricante para mantener los estándares de seguridad.

Según el 29 CFR 1910.178(g)(7) de OSHA, todos los montacargas deben ser examinados al menos una vez al día antes de ser puestos en servicio (Vector Solutions, 2023). Si un montacargas opera continuamente, las inspecciones deben ocurrir después de cada turno.

El operador del montacargas es responsable de realizar dos tipos de inspecciones:

1. Inspección visual preoperativa con la llave apagada.

2. Inspección operativa con el motor en marcha. Ambas inspecciones se detallarán en esta sección, comenzando con la inspección preoperativa. Si el operador del montacargas identifica la necesidad de reparación o servicio durante estas inspecciones, el montacargas debe retirarse inmediatamente del servicio.

Elementos de Inspección Preoperacional General

Antes de arrancar el montacargas, inspeccionar visualmente lo siguiente (Vector Solutions, 2023):

- Nivel de aceite
- Nivel de agua
- Nivel de fluido hidráulico
- Mangueras hidráulicas en busca de fugas, grietas o defectos
- Cadenas del mástil en busca de grietas, roturas o defectos. La tensión de la cadena debe verificarse usando un palo o dispositivo similar, nunca con la mano.
- Neumáticos para comprobar su estado y presión, inspeccionando cortes y muescas
- Horquillas, incluyendo el pasador de retención del clip superior y el talón
- Extensión del respaldo de carga
- Protectores para dedos
- Calcomanías de seguridad y placas de identificación para su correcta colocación y legibilidad, asegurando que la informa-

ción coincida con los números de modelo y de servicio y los accesorios

- Manual del operador por su integridad y legibilidad

- Compartimento del operador en busca de escombros o grasa

- Cinturón de seguridad y todos los demás dispositivos de seguridad para su correcto funcionamiento

Inspecciones Preoperacionales para Montacargas Eléctricos

Para los montacargas eléctricos, incluir estos elementos en la inspección preoperacional además de la lista general:

- Cables y conectores en busca de desgaste, exposición o daño

- Sujeciones de la batería

- Niveles de electrolito, asegurando el uso del equipo de protección personal adecuado

Inspecciones Preoperacionales para Montacargas de Combustión Interna Para los montacargas impulsados por un motor de combustión interna, incluir estos elementos en la inspección preoperacional además de la lista general:

- Tanque de propano líquido, comprobando montaje, abolladuras, grietas y ajuste dentro del perfil del tanque

- Alineación de la válvula de alivio de presión

- Mangueras, conectores y soportes de sujeción del tanque en busca de fugas o daños, asegurando el uso del equipo de protección personal adecuado

Inspecciones Preoperacionales para Montacargas de Propano Líquido Para los montacargas impulsados por propano líquido, incluir estos elementos en la inspección preoperacional además de la lista general:

- Aceite del motor

- Reservorio de frenos

- Refrigerante del motor

- Filtro de aire

- Estado de correas, mangueras y radiador

- Funcionalidad del pestillo del capó

La configuración correcta del montacargas, incluida la colocación de accesorios relevantes, es esencial según el plan de trabajo y los requisitos del fabricante correspondiente. Esto asegura que el montacargas esté configurado adecuadamente para la tarea prevista, promoviendo una operación eficiente y segura.

Las lesiones ocurren frecuentemente cuando las personas intentan montar el montacargas que están a punto de operar. Los peligros comunes incluyen:

- Golpearse la cabeza con la jaula superior

- Resbalones, tropiezos y caídas, especialmente si los pies resbalan del escalón

Aquí hay algunas estrategias para mitigar estos riesgos:

- Asegurarse de que las manos estén limpias, secas y vacías antes de montar el montacargas.

- Usar zapatos o botas adecuados con propiedades antideslizantes.

- Revisar el calzado en busca de grasa o cualquier sustancia resbaladiza.

- Agarrar firmemente el asidero para estabilidad. Evitar usar el volante como apoyo, ya que puede moverse y llevar a la pérdida de equilibrio.

- Tener cuidado con el apoyo de los pies, proceder lentamente y ser deliberado en las acciones.

- Subir al montacargas con precaución sin saltar.

Figura 22: Agarra el asidero para estabilidad al entrar al montacargas.

La adhesión a estas sencillas prácticas de seguridad es esencial. Además, al desembarcar de un montacargas, siempre verifica que el freno de estacionamiento esté activado, las horquillas estén bajadas y los controles estén neutralizados.

Figura 23: Se debe usar el cinturón de seguridad.

La visibilidad es crucial. Evita operar montacargas en áreas poco iluminadas o cuando la visibilidad esté obstruida.

Una parte significativa de las lesiones relacionadas con montacargas surge durante el montaje o desmontaje, resultando a menudo en lesiones musculoesqueléticas de espalda. Revisar el diseño de los escalones de acceso, barras de agarre y la posición de los controles y pedales puede ayudar a minimizar esta lesión prevalente.

Los montacargas deberían contar con escalones con apoyo seguro, superficies antideslizantes y asas de agarre para asegurar tres puntos de contacto al montar o desmontar. Estas consideraciones son vitales al adquirir un montacargas nuevo.

Reducir la frecuencia de montaje y desmontaje también puede disminuir la incidencia de resbalones, tropiezos y caídas.

Los operadores de montacargas comúnmente sufren de tensiones en el cuello y la espalda. Las lesiones de cuello ocurren a menudo debido a la mirada hacia arriba durante el apilamiento alto o mirar hacia atrás mientras se invierte. Implementar ayudas para limitar la tensión del cuello puede ayudar a mitigar estas lesiones.

La tensión en la espalda puede resultar de encontrar baches o conducir en superficies irregulares. Los lugares de trabajo que experimentan estas lesiones deberían evaluar y mejorar la calidad y condición de los asientos de los montacargas y las superficies de las carreteras.

Las lesiones de tejidos blandos en el cuello y la espalda, como esguinces y tensiones, pueden llevar a problemas de salud a largo plazo. Los empleadores pueden obtener retornos sustanciales de la inversión al comprar o alquilar montacargas ergonómicos, previniendo así estas lesiones. Las revisiones operativas se realizan rutinariamente para verificar el correcto funcionamiento del montacargas durante la operación. Cualquier daño o defecto identificado se informa, registra y aborda de acuerdo con los requisitos del fabricante y los procedimientos de trabajo seguros para mantener la integridad operativa.

Las medidas de control de riesgos y peligros se monitorean continuamente para su implementación y se comunican a las personas en el área de trabajo. Esto asegura que todos estén conscientes de los peligros existentes y las medidas de control correspondientes en su lugar, promoviendo un ambiente de trabajo seguro de acuerdo con los procedimientos establecidos.

Lo siguiente proporciona una secuencia de arranque generalizada para montacargas:

1. Girar la llave en el encendido para arrancar el montacargas.

2. Asegurarse de que la palanca de cambio, ubicada debajo del lado izquierdo del volante, esté en la posición central para neutral.

3. Activar la palanca del freno de emergencia en el lado izquierdo de la máquina tirándola hacia abajo.

4. Insertar la llave en el encendido en el lado derecho de la columna del volante y girarla hacia adelante para arrancar el motor del montacargas.

5. Levantar la horquilla de 2 a 4 pulgadas (5,1 a 10,2 cm) usando las palancas de control ubicadas a la derecha del volante. Ajustar las palancas según el manual del montacargas para levantar las puntas de la horquilla del suelo.

6. Pisar el pedal de freno, ubicado a la izquierda del pedal del acelerador, antes de soltar el freno de emergencia. Mantener el pie en el pedal de freno para evitar que la máquina se mueva.

7. Usar la palanca de cambio para seleccionar la dirección de viaje. Empujar la palanca hacia adelante para movimiento hacia adelante o tirarla hacia atrás para reversa. Asegurarse de que la palanca esté en posición neutral cuando se detenga.

8. Pisar el pedal del acelerador, ubicado debajo del volante en el lado derecho, con el pie derecho para comenzar a moverse. Comenzar con una velocidad lenta hasta acostumbrarse a operar el montacargas.

9. Utilizar el claxon, ubicado en el centro del volante, al pasar por áreas concurridas o intersecciones para alertar a otros.

10. Girar el volante en la dirección deseada mientras se conduce, usando el pomo en la parte superior para un mejor control. Hacer giros cerrados con precaución, especialmente cuando la parte trasera de las puntas de la horquilla se acerca a las esquinas.

11. Al conducir en reversa, mantener conciencia del entorno y usar precaución, especialmente al hacer giros cerrados debido a la dirección de las ruedas traseras.

Figura 24: Mantener conciencia del entorno y usar precaución al ir en reversa. Maria Rachel Melchor, Dominio público, a través de Wikimedia Commons.

Los controles de un montacargas pueden variar dependiendo de su modelo. Antes de operar un montacargas, es esencial que los operadores se familiaricen con los controles mediante un recorrido exhaustivo por la cabina del operador. Esto asegura que el operador pueda maniobrar y controlar el montacargas de manera efectiva y segura.

Los operadores pueden consultar el manual del propietario del montacargas para aclaraciones sobre los controles de la unidad.

Controles Manuales: El primer conjunto de controles del montacargas se opera manualmente y generalmente están situados cerca de la columna del volante. Estos controles son responsables de dirigir el movimiento de la unidad y las horquillas.

Controles de Dirección: Similar a conducir un coche u otra maquinaria pesada, los montacargas cuentan con un conjunto de controles de dirección que incluyen un volante, indicadores, freno de estacionamiento y controles de transmisión. Estos controles, combinados, permiten al operador maniobrar el montacargas de manera segura y precisa dentro de un entorno de trabajo.

Volante: Posicionado en el centro de la cabina del operador, el volante permite al operador girar las ruedas a la izquierda o derecha para navegar el montacargas en la dirección deseada.

Controles de Transmisión: Los montacargas están equipados con controles de transmisión simplificados - adelante, neutral o reversa. Los operadores pueden seleccionar adelante o reversa para mover el montacargas en la dirección elegida.

Freno de Estacionamiento: Similar a un coche, los montacargas cuentan con un freno de estacionamiento que, cuando es activado por el operador, sostiene de manera segura la unidad en su lugar.

Indicadores: Una característica de seguridad crucial en entornos concurridos, los indicadores señalan a otros operadores de montacargas y peatones la dirección intencionada del montacargas.

Controles Hidráulicos de las Horquillas: Ubicados al lado de la columna del volante, los controles hidráulicos de las horquillas permiten al operador manipular los movimientos hidráulicos de las horquillas. Dependiendo del modelo del montacargas, estos controles pueden consistir en perillas de elevación o controles de punta de dedo.

Los montacargas típicamente tienen tres o cuatro controles hidráulicos, incluyendo aquellos para elevar y bajar las horquillas, inclinar las horquillas, y ajustar el movimiento lateral del carro y las horquillas. Algunos montacargas también pueden contar con un cuarto control hidráulico para ajustar con precisión el ancho de las horquillas para acomodar paletas más pequeñas o cargas irregulares.

Controles con los Pies: Dentro de la cabina del operador del montacargas, varios pedales de control se sitúan en el suelo. Fabricantes líderes como Hyster y Yale mantienen un diseño estándar automotriz para estos pedales a través de sus modelos de montacargas.

Pedal Acelerador: Este pedal regula la aceleración y velocidad del montacargas, con presionar o soltar el pedal controlando la velocidad de viaje.

Pedal de Freno: Sirviendo como una característica de seguridad crítica, aplicar presión al pedal de freno activa los frenos, reduciendo de manera segura la velocidad del montacargas para cumplir con los límites de velocidad o detenerlo completamente.

Pedal de Embrague: Los montacargas de motor de combustión más grandes pueden estar equipados con un pedal de embrague, permitiendo a los operadores ajustar la aceleración cambiando de marcha.

Pedal de Avance Lento: A menudo posicionado a la izquierda de la columna del volante, opuesto a los otros pedales, el pedal de avance lento permite a los operadores hacer movimientos precisos mientras proporciona potencia completa a los controles hidráulicos.

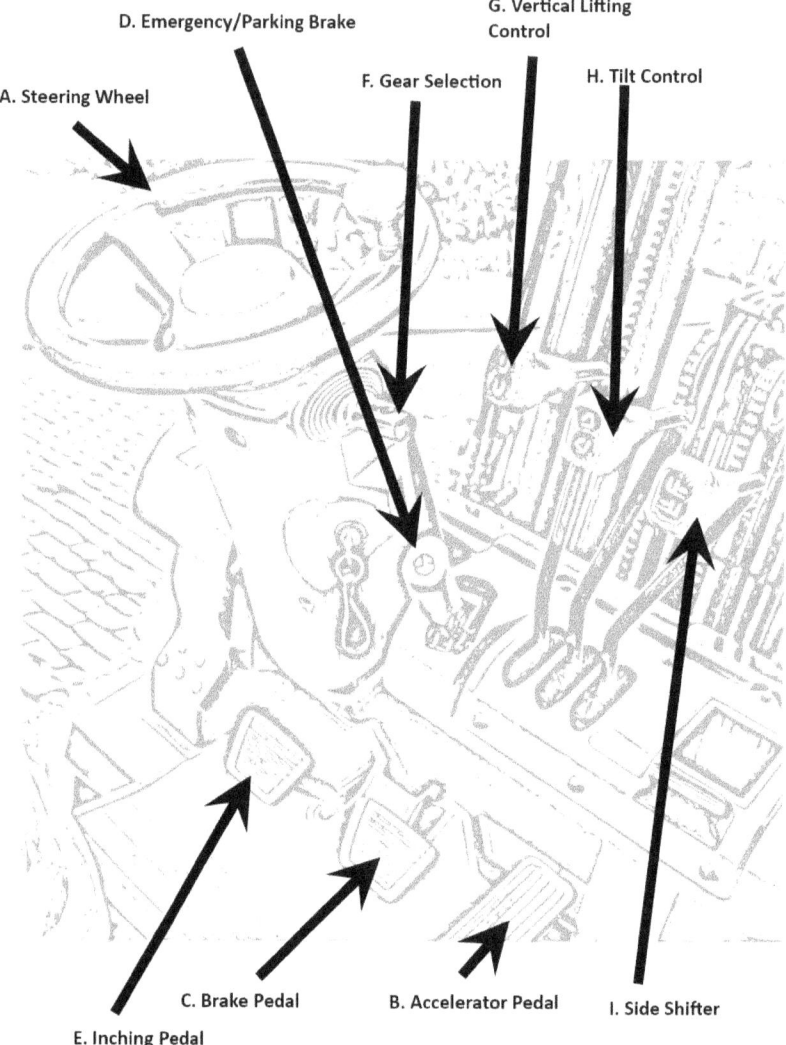

Figura 25: Controles de montacargas, disposición típica.

La mayoría de los montacargas operan de manera similar a un coche estándar con transmisión automática, con un encendido con llave, un volante posicionado centralmente (A), un pedal acelerador a la derecha (B) y un pedal de freno (C) a la izquierda o en el centro (refiriéndose a la Figura 25). El freno de emergencia/estacionamiento, dependiendo del modelo, puede ser una palanca más grande en el lado izquierdo (D) o un pedal en el suelo.

Un pedal de avance lento (E) también podría estar presente en algunos montacargas, situado en el extremo izquierdo. El pedal de avance lento desacopla la transmisión sin requerir que el montacargas se cambie a neutral durante una elevación, similar a la función de un embrague en un coche con transmisión estándar. Esto permite al operador hacer pequeños ajustes cerca de una carga sin depender únicamente del pedal principal de freno. Sin embargo, no todos los modelos incluyen un pedal de avance lento y algunos operadores pueden optar por no usarlos.

Para cambiar de marchas en un montacargas, típicamente se utiliza un brazo en el lado izquierdo del volante (F), similar a donde estaría ubicado un indicador de giro en un coche con conducción a la izquierda. Mover la palanca hacia arriba cambia el montacargas a conducción, posicionarla en el medio activa el neutral y moverla hacia abajo coloca el montacargas en reversa, a menudo acompañado de un sonido de pitido audible.

A pesar de tener un eje de dirección trasero con maniobrabilidad limitada, los controles del volante operan de la misma manera que los de un automóvil estándar: girar en sentido horario dirige el montacargas hacia la derecha, mientras que girar en sentido antihorario lo dirige hacia la izquierda.

Para operar los controles de elevación de un montacargas, las palancas necesarias suelen estar ubicadas al lado derecho del operador en una serie de tres o cuatro palancas.

- (G) La primera palanca desde la izquierda controla la elevación vertical, permitiendo al operador tirar hacia atrás para levantar el accesorio frontal y empujar hacia adelante para bajarlo.

- (H) La segunda palanca desde la izquierda controla la inclinación, permitiendo al operador inclinar todo el conjunto del accesorio hacia atrás o hacia adelante tirando hacia atrás o empujando hacia adelante. Algunos montacargas pueden tener un botón en esta palanca para el nivelado automático del accesorio de la horquilla.

- (I) La tercera palanca desde la izquierda es el desplazador lateral, permitiendo el movimiento horizontal del accesorio de la horquilla. Tirarla hacia atrás mueve la horquilla hacia la derecha, mientras que empujarla hacia adelante la mueve hacia la izquierda.

Operar el Montacargas

Muchas personas asumen que operar un montacargas es sencillo, similar a conducir un coche (Vector Solutions, 2023). Sin embargo, conducir un montacargas difiere significativamente de conducir un coche, lo que requiere comprender varios factores antes de operar el camión. Los montacargas solo deben utilizarse en superficies estables y niveladas. En casos de terreno inestable, se deben emplear tipos con tracción en las cuatro ruedas o para terrenos difíciles.

Procedimientos de Seguridad: Es imperativo implementar un conjunto completo de procedimientos de operación segura para cada dispositivo en el lugar de trabajo. Estos procedimientos deben actualizarse regularmente y estar accesibles para todo el personal a través de sesiones de capacitación. Esto es lo que hay que hacer:

- Proporcionar capacitación e información exhaustiva para los operadores que cubra todos los aspectos de la operación y mantenimiento de los montacargas. Mantener registros de las sesiones de capacitación a las que asista cada operador.

- Usar el equipo de protección personal (EPP) adecuado cuando sea necesario, como durante actividades de cambio o carga de baterías.

- Antes de comenzar cada turno, realizar una inspección exhaustiva del montacargas y los accesorios, incluidos sistemas de elevación e inclinación, frenos, dirección, controles, neumáticos, dispositivos de advertencia y más.

- Establecer protocolos de seguridad para el manejo y almacenamiento de combustible, así como procedimientos para cambiar y cargar baterías.

- Desarrollar un método para determinar los pesos de las cargas que se manejan.

- Asegurar que las áreas de trabajo sean seguras para el uso de montacargas, implementando medidas como colocar bordes elevados en los muelles de carga, instalar señales de advertencia o barricadas, imponer límites de velocidad, proporcionar iluminación adecuada y usar rampas seguras para acceder a las áreas de trabajo.

Al Elevar la Carga: Asegura prácticas seguras al levantar cargas adhiriéndote a las siguientes pautas:

- Mantener las cargas lo más bajas posible en todo momento.

- Aplicar el freno de mano al elevar o bajar la carga.

- Usar controles hidráulicos suavemente para evitar movimientos bruscos.

- Asegurar que las horquillas estén centradas al ingresar a un palet y evitar inclinar el mástil hacia atrás o hacia adelante.

- Evitar que las horquillas sobresalgan a través de un palet.

- Asegurar que la carga descanse contra el talón de los brazos de la horquilla para un centrado adecuado de la carga.

- Si el peso de la carga está distribuido de manera desigual, posicionar el extremo más pesado contra el talón de los brazos de la horquilla.

- Confirmar que las horquillas estén centradas en ambos lados del mástil.

- Adherirse a los límites de capacidad de carga y evitar sobrecargar los palets.

- Prevenir que cargas no envueltas se extiendan más de un tercio por encima de la extensión del respaldo de la carga para evitar posibles peligros.

Preocupaciones de Visibilidad al Operar el Montacargas: Mantén una visibilidad despejada mientras operas el montacargas para minimizar riesgos de accidentes. Sigue estos requisitos y recomendaciones:

- Mantener una vista clara e inspeccionar todas las direcciones antes de comenzar la operación.

- Utilizar observadores, espejos retrovisores y ayudas para mejorar la visibilidad.

- Usar faros en áreas con poca luz o durante operaciones nocturnas.

- Tener precaución al transitar entre áreas claras y oscuras para evitar interrupciones temporales de la visibilidad.

- Reducir la velocidad y sonar el claxon en cruces de pasillos y puntos ciegos para alertar a otros.

- Instalar barreras físicas y pistas de advertencia en áreas propensas a visibilidad limitada.

Al Comenzar a Conducir el Montacargas: Antes de mover el montacargas, asegura un camino despejado inspeccionando la dirección del tráfico. Sonar el claxon o utilizar un observador si la visión está obstruida. Proceder con precaución, observando curvas peligrosas, puntos ciegos, intersecciones y tráfico peatonal.

Al Inclinar la Carga:

- Elevar la carga claramente del montón antes de inclinarla hacia atrás.

- Siempre viajar con la carga inclinada hacia atrás y mantenida cerca del suelo.

- Al colocar la carga, asegurar traerla sobre el montón antes de inclinarla hacia adelante.

- Bajar la carga con el mástil vertical o ligeramente inclinado hacia adelante.

Viajando:

- Los montacargas son vehículos de una sola persona. Evita llevar pasajeros a menos que estén equipados con un asiento aprobado y un reposapiés bajo la protección superior.

- Solo levanta personas usando una plataforma de trabajo aprobada por Workcover y obtén la autorización de Workcover de antemano.

- Mantente a la izquierda en pasillos de tráfico bidireccional y reduce la velocidad en superficies húmedas o grasosas.

- Evita girar un montacargas en una superficie inclinada para prevenir problemas de estabilidad lateral.

- Conduce lentamente hacia arriba y hacia abajo en pendientes, adhiriéndote a las especificaciones del fabricante para la operación en colinas.

- Al retroceder, siempre mira hacia atrás y asegúrate de que el camino esté despejado.

- Revisa los alrededores antes de alejarte y evita giros bruscos a alta velocidad.

- Orienta las horquillas cuesta abajo al conducir en pendientes sin carga para mantener la estabilidad.

- En caso de volcadura, permanece sentado y sujétate, evitando sacar cualquier parte del cuerpo fuera del marco del montacargas.

- Ten cuidado con el balanceo trasero durante los giros y mantén una distancia segura de bordes, peatones u objetos.

- Asegura que el montacargas solo se reabastezca en áreas designadas, siguiendo los protocolos de seguridad.

- Al terminar el turno, estaciona el montacargas en el área designada, baja las horquillas, aplica el freno de estacionamiento, apaga el montacargas y retira la llave, nunca dejándolo funcionando sin vigilancia.

Consejos Generales para la Operación de Montacargas:

1. Asegura que los operadores estén calificados y con licencia.

2. Usa ropa de trabajo de seguridad adecuada para prevenir accidentes.

3. Realiza chequeos de equipo de rutina antes de la operación, reportando cualquier fallo de inmediato.

4. Sigue los procedimientos de arranque adecuados, ajustando la

posición del asiento y los espejos según sea necesario.

5. Adhiérete a las reglas del lugar de trabajo y las vías designadas mientras operas el montacargas.

6. Opera a una velocidad segura, haciendo cambios graduales en la dirección y la velocidad.

7. Evita peligros como baches, superficies resbaladizas y objetos sueltos.

8. Asegura que la carga esté estable, asegurada y distribuida uniformemente en las horquillas.

9. Mantén una visibilidad clara, usando espejos u observadores si es necesario.

10. Usa los montacargas exclusivamente para llevar cargas, evitando pasajeros no autorizados.

11. Mantente alejado del mástil y no camines bajo las cargas o la maquinaria.

12. Ten cuidado al conducir en rampas, moviéndote hacia adelante cuesta arriba y en reversa cuesta abajo.

13. Evita sobrecargar el montacargas, manteniéndote dentro de sus límites de capacidad.

14. Usa procedimientos de reabastecimiento adecuados, evitando llamas abiertas o chispas.

15. Al terminar el turno, estaciona el montacargas correctamente y sigue los procedimientos de apagado.

Figura 26: Se debe tener precaución en rampas e inclinaciones. Foto del Ejército de EE. UU. por el Sargento de Primera Clase Alan B. Owens, Dominio público, a través de Wikimedia Commons.

Al operar el montacargas a velocidades más altas, es crucial anticipar y tomar medidas para evitar posibles peligros, incluyendo:

- Vuelcos debido a la velocidad excesiva.

- Colisiones con peatones y obstáculos debido a la falta de atención y tiempo de detención insuficiente. En esencia, mantén una velocidad más baja y permanece alerta. Además, adhiérete a los siguientes requisitos y recomendaciones:

- Mantén una vista clara del camino a seguir.

- Opera el montacargas a una velocidad que permita una detención segura.

- Ten precaución en superficies húmedas o resbaladizas reduciendo la velocidad.

- Si la carga obstruye la visibilidad hacia adelante, asegúrate de que esté detrás.

- Toca el claxon y reduce la velocidad en intersecciones o áreas con vistas obstruidas.

- Ejecuta giros suavemente a una velocidad segura, particularmente en espacios confinados.

- Asciende o desciende pendientes lentamente y considera conducir con la carga cuesta arriba en inclinaciones pronunciadas.

- Evita pasar sobre objetos sueltos y adhiérete a los límites de velocidad y señales de advertencia publicados.

Cambiando la Dirección de Viaje del Montacargas Cambiar la dirección de un montacargas plantea varios peligros, incluidos vuelcos, colisiones con peatones u objetos y posibles accidentes con otros vehículos. Para mitigar estos riesgos, sigue estos requisitos y recomendaciones:

- Siempre detente por completo antes de cambiar de dirección.

- Utiliza un claxon o luz de advertencia para alertar a los peatones al retroceder.

Girando y Dirigiendo el Montacargas Al dirigir un montacargas, los peligros potenciales incluyen colisiones, caídas de carga y vuelcos resultantes de giros bruscos. Para prevenir estos incidentes, adhiérete a estos requisitos y recomendaciones:

- Planifica tu ruta con anticipación y anticipa los giros.

- Evita girar con las horquillas elevadas o en pendientes.

- Reduce la velocidad al girar, especialmente en espacios confinados.

- Ten cuidado para compensar el amplio giro del extremo trasero del montacargas durante los giros.

- Inicia los giros lo más cerca posible de la esquina interior para mitigar los peligros del giro.

Retrocediendo el Montacargas Retroceder el montacargas aumenta el riesgo de accidentes, incluyendo golpear a peatones u objetos. Ejerce extrema precaución al retroceder y sigue estas pautas:

- Mantén una vista clara y mira hacia atrás al retroceder.

- Sé consciente de la visibilidad limitada y considera usar ayudas como espejos u observadores.

- Ten en cuenta los niveles de ruido y la posibilidad de que los peatones usen protección auditiva.

- Deja espacio suficiente para los peatones y evita agarrar la protección superior al retroceder.

Figura 27: Retrocediendo para descargar. Trondheim Havn de Trondheim, Noruega, CC BY-SA 2.0, a través de Wikimedia Commons.

Operando el Montacargas en Pendientes (Subidas y/o Bajadas) Operar un montacargas en pendientes presenta riesgos como vuelcos y caídas de cargas. Sigue estas precauciones para mitigar estos peligros:

- Conduce montacargas sin carga con las horquillas cuesta abajo.

- Evita conducir montacargas cargados con la carga cuesta abajo.

- Conduce montacargas cargados hacia adelante con la carga cuesta arriba al ascender rampas.

- Conduce montacargas cargados en reversa con la carga cuesta arriba al descender rampas.

- Abstente de girar el montacargas mientras estés en una pendiente.

Al detener un montacargas, inicia la frenada gradualmente al prepararte para detenerte.

Manejando Cargas

El objetivo principal de operar un montacargas es levantar y trasladar cargas, lo que hace esencial comprender las técnicas adecuadas de manejo de cargas al conducir un montacargas. Esta sección explorará varios consejos y consideraciones para manejar cargas de manera segura con un montacargas, cubriendo aspectos como la preparación, acercamiento, posicionamiento del mástil, procedimientos de elevación y descenso, manejo de cargas en niveles altos y manejo de cargas en tráileres de camiones y vagones de ferrocarril.

Antes de interactuar con una carga, ten en cuenta lo siguiente:

- Cargas descentradas, que pueden llevar al vuelco del montacargas o a la inestabilidad de la carga.

- Evitar sobrecargar el montacargas, ya que puede resultar en vuelco o desplazamiento de la carga.

- Verificar si hay cargas dañadas.

- Asegurarse de que las cargas estén debidamente aseguradas y no sueltas.

Además, es crucial adherirse a los siguientes requisitos y prácticas recomendadas:

- Asegurar adecuadamente la carga para mantener la estabilidad y un arreglo seguro.

- Priorizar el embalaje o amarre de la mercancía dañada antes del transporte.

- Centrar la carga siempre que sea posible para un equilibrio óptimo.

- Tener precaución al manejar cargas descentradas que no pueden centrarse.

- Al tratar con cargas no centradas, colocar la parte más pesada lo más cerca posible de las ruedas delanteras del montacargas.

- Familiarizarse con la capacidad de carga del montacargas y evitar exceder sus límites.

- Reconocer que la capacidad de carga del montacargas asume cargas centradas; cualquier desviación puede afectar la capacidad y presentar riesgos.

- Utilizar el respaldo de extensión de carga para mejorar la estabilidad y seguridad de la carga.

Es imperativo que los operadores prioricen las precauciones de seguridad y se familiaricen con los diferentes tipos de cargas y montacargas para prevenir posibles accidentes. Descuidar hacerlo podría resultar en consecuencias graves, subrayando la importancia de una capacitación y conciencia exhaustivas.

Al maniobrar un montacargas en una pendiente, se deben observar precauciones específicas, incluyendo inclinar la carga hacia atrás y elevarla solo lo necesario para despejar la superficie de la carretera. Además, los operadores deben adherirse a la capacidad nominal del montacargas, asegurándose de que las cargas no excedan sus límites especificados para prevenir peligros.

El transporte de cargas presenta riesgos inherentes, dada la naturaleza y el peso de los montacargas. Incluso al viajar a bajas velocidades, los montacargas representan un peligro, con riesgos aumentados cuando están completamente cargados y conducidos a mayores velocidades. Los operadores tienen la responsabilidad de asegurar que cada carga se transporte, baje y deposite de acuerdo con las directrices del fabricante y los protocolos de la compañía.

La capacidad del montacargas, indicada por las placas de datos de capacidad de carga, sirve como un punto de referencia crucial para los operadores, delineando el peso máximo que puede levantar de manera segura en un centro de carga especificado. La sobrecarga debe evitarse a toda costa, ya que puede llevar a daños en el montacargas y presentar riesgos de seguridad para los operadores y peatones.

Además, la forma y el tamaño de una carga influyen en el proceso de elevación, requiriendo consideración cuidadosa para mantener la estabilidad. Elevar una carga compromete la estabilidad del montacargas, especialmente al inclinar hacia adelante o hacia atrás, enfatizando la necesidad de precaución durante la operación.

Los procedimientos de carga para camiones y furgonetas grandes requieren atención meticulosa para prevenir accidentes. La carga alternada de palets en ambos lados de un camión previene el desequilibrio y el potencial vuelco. De manera similar, la carga de pantechnicons (furgonetas grandes) requiere confirmar factores como el aclaramiento de altura del mástil, ventilación, soporte de peso, colocación segura de la placa de puente, calzar las ruedas de la furgoneta y asegurar la ausencia del conductor de la cabina durante las operaciones de carga. Además, mantener la carga baja minimiza riesgos durante los procedimientos de carga.

Los accidentes pueden ocurrir cuando un operador de montacargas se acerca a una carga demasiado rápido o gira bruscamente al acercarse.

Para prevenir incidentes durante el acercamiento a la carga, adhiérete a estos requisitos y recomendaciones:

- Acércate a la carga lentamente y con precaución.

- Detente a 8-12 pulgadas (20-30 centímetros) frente a la carga.

- Asegúrate de que el montacargas esté posicionado cuadrangularmente frente a la carga.

- Confirma que las horquillas estén a la altura correcta para levantar.

- Coloca el control de dirección en neutral.

- Evita elevar o bajar las horquillas a menos que el montacargas esté estacionario y el freno esté activado.

- Antes de levantar, asegúrate de que haya suficiente espacio libre por encima, ya que la visibilidad puede estar obstruida después de que la carga esté elevada.

- Usa el pedal de avance lento para maniobrar lentamente la carga hacia el montón.

OPERACIÓN DE EQUIPOS DE MANEJO DE MATERIALES 75

Figura 28: Acercamiento correcto a la carga. Aristidek5maya, CC BY-SA 4.0, a través de Wikimedia Commons.

El mástil, ubicado en la parte frontal del montacargas, es crucial para levantar y bajar cargas. Ten precaución para prevenir vuelcos y caídas de cargas al ajustar el mástil:

- Ten cuidado al inclinar cargas con el mástil.

- Evita inclinar el mástil hacia adelante con las horquillas elevadas a menos que estés recogiendo o depositando una carga.

- Al apilar materiales, inclina el mástil hacia atrás solo lo suficiente para estabilizar la carga.

- Para cargas que se acercan a la capacidad máxima del camión, inclina el mástil hacia atrás y posiciona la parte más pesada de la carga contra el carro.

- Ten precaución al inclinar el mástil hacia adelante para posicionar la carga en el montón.

- Nunca viajes con la carga inclinada hacia adelante, ya que aumenta la inestabilidad.

Figura 29: Mástil inclinado hacia adelante para alinearse con el palé y recoger la carga. Aristidek5maya, CC BY-SA 4.0, a través de Wikimedia Commons.

Al posicionar las horquillas para levantar una carga, ten en cuenta posibles peligros como vuelcos, caídas de cargas y colisiones. Para minimizar estos riesgos, adhiérete a estos requisitos y recomendaciones:

- Asegúrate de que las horquillas estén niveladas antes de insertarlas en un palé.

- Inserta las horquillas bajo la carga suficientemente, con al menos dos tercios de la longitud de la horquilla bajo la carga.

- Evita que las horquillas sobresalgan a través de palés apilados cercanamente.

- Centra el peso de la carga entre las horquillas.

- Ajusta las horquillas para distribuir el peso de manera uniforme, ya sea manualmente o con un posicionador de horquillas.

- Inclina el mástil hacia atrás ligeramente para estabilizar la carga después de levantarla.

- Ejerce extremada precaución al levantar cargas descentradas, ya que aumentan el riesgo de vuelcos.

Después de posicionar adecuadamente las horquillas, procede a levantar la carga, teniendo en cuenta posibles peligros como espacio libre insuficiente, cargas que caen y cargas atascadas.

Para mitigar estos riesgos, sigue estos requisitos y recomendaciones:

- Verifica el espacio libre por encima antes de levantar.

- Levanta la carga aproximadamente 4 pulgadas por encima del montón inferior.

- Inclina el mástil hacia atrás ligeramente para asegurar que la carga descanse contra la extensión del respaldo.

- Asegúrate de que la carga no esté enganchada en nada.

- Regresa la palanca de control de elevación a neutral gradualmente.

Después de transportar la carga, prepárate para bajarla y descargarla, teniendo en cuenta posibles peligros como cargas que caen y colisiones con objetos.

Realizar apilamientos en altura, que implica apilar materiales en múltiples niveles usando montacargas, introduce riesgos específicos que deben abordarse. Estos peligros incluyen:

- Sobrecargar el montón.

- Riesgo de vuelco.

Para mitigar estos riesgos, adhiérete a los siguientes requisitos y recomendaciones:

- Prioriza colocar cargas más pesadas en la parte inferior del montón y cargas más ligeras en la parte superior.

- Asegúrate de que la carga permanezca por debajo de la capacidad del montacargas cuando el mástil esté completamente extendido.

- Ten cuidado al extender el mecanismo de alcance hacia adelante al depositar una carga en el nivel superior, procediendo lentamente y con atención.

- Ten en cuenta al inclinar una carga hacia adelante o hacia atrás durante operaciones de apilamiento en altura.

Los montacargas deben sacarse de servicio de inmediato si surge alguno de los siguientes problemas:

- Avería mecánica.

- Fugas.

- Sobrecalentamiento.

- Incendio.

Adhiérete a estos requisitos y recomendaciones para retirar montacargas del servicio. Si un operador de montacargas identifica cualquiera de las siguientes señales, es imperativo cesar la operación, estacionar el montacargas de forma segura y buscar asistencia:

- El montacargas se considera inseguro para la operación por cualquier motivo.

OPERACIÓN DE EQUIPOS DE MANEJO DE MATERIALES 79

- Se detectan defectos durante la operación.

- Chispas peligrosas o llamas emanan del sistema de escape del montacargas.

- Cualquier componente del montacargas supera la temperatura normal de operación.

- Se detecta una fuga en el sistema de combustible.

Accesorios para Montacargas

Los accesorios pueden impactar significativamente en la estabilidad y la Carga de Trabajo Segura de un montacargas, subrayando la importancia de utilizar accesorios de brazo articulado aprobados.

Al emplear un accesorio, adhiérete a las siguientes pautas:

- Abstente de rotar la carga mientras esté en movimiento si se ha instalado un mecanismo de giro de carga.

- Ten precaución, reconociendo que los accesorios de brazo tienden a ser menos estables que las horquillas debido a su centro de gravedad más alto.

- Opera el montacargas como si estuviera parcialmente cargado, incluso cuando el accesorio de brazo esté vacío.

- Mantén el brazo lo más bajo posible y mantén el mástil en posición vertical o inclinado hacia atrás.

- Evita levantar cargas con el mástil inclinado hacia adelante cuando uses un accesorio de brazo.

- No inclines el mástil hacia adelante cuando el brazo esté cargado.

- Mantén la carga a baja altura.

- Viaja a velocidades reducidas y ejecuta giros lentamente.

- Asegura que los accesorios de brazo estén correctamente asegurados con el perno de bloqueo activado.

- Inspecciona las eslingas antes de usarlas para operaciones de elevación.

- Alinea el gancho directamente sobre la carga antes de levantarla para asegurar la estabilidad.

- Muestra la Carga de Trabajo Segura en todos los accesorios de brazo por encima de los puntos de elevación donde se adjunta un gancho de elevación.

- Confirma que los ganchos puedan moverse al menos 15 grados en todas las direcciones y girar libremente.

- Abstente de rotar cargas en accesorios mientras el montacargas esté en movimiento.

- Ten en cuenta que las horquillas alargadas, a menudo utilizadas, pueden alterar el centro de carga.

- Asegúrate siempre de que el montacargas esté aprobado para usar accesorios. Las Cargas de Trabajo Seguras para accesorios aprobados se indicarán en la placa de datos.

Los accesorios para montacargas son integrales para diversas tareas en el lugar de trabajo, ofreciendo beneficios como la disminución del tiempo de movimiento de carga, reducción de la mano de obra, menos horas empleadas por los empleados operando montacargas, disminución del tamaño de la fuerza laboral, menor consumo de combustible y minimización de daños al inventario. Sin embargo, la capacitación adecuada para operar los accesorios es esencial para los operadores,

OPERACIÓN DE EQUIPOS DE MANEJO DE MATERIALES

complementando sus habilidades existentes de operación de montacargas.

Al usar accesorios, es crucial reconocer que afectan la capacidad de carga y el centro de gravedad del montacargas, disminuyendo su estabilidad. Por lo tanto, los operadores deben conducir como si el montacargas estuviera parcialmente cargado incluso antes de recoger cualquier carga. Se recomienda viajar a velocidades lentas y hacer giros suaves. Además, asegúrate de que el accesorio esté listado en la placa de datos para determinar su compatibilidad con el camión y el tipo de carga.

Antes de utilizar un accesorio en un montacargas, realiza controles exhaustivos:

- Verifica que el accesorio sea adecuado para el montacargas y el tipo de carga.

- Asegura un acoplamiento apropiado al montacargas con un dispositivo de bloqueo adecuado.

- Confirma que la placa de datos del montacargas permita el uso del accesorio.

Figura 30: Gama de accesorios para montacargas.

Seleccionar el accesorio apropiado para tu aplicación específica puede mejorar significativamente la productividad de tus operaciones logísticas. Pero con numerosas configuraciones disponibles, elegir la correcta puede ser desalentador. Hoy, discutiremos algunos de los accesorios más comunes y sus beneficios para ayudarte a tomar una decisión informada.

DESPLAZADORES LATERALES (SS): Los Desplazadores Laterales están entre los accesorios más utilizados hoy en día, a menudo vienen de serie con los montacargas. Permiten a los operadores desplazar las horquillas (tynes) lateralmente, haciendo pequeños ajustes sin maniobrar todo el montacargas. Este accesorio hidráulico bidireccional proporciona un movimiento preciso de lado a lado, mejorando la precisión del apilamiento y reduciendo la necesidad de una posición precisa del camión.

Beneficios:

- Posicionamiento preciso de las horquillas sin maniobras extensas del camión.

- Reducción del consumo de combustible y desgaste del camión.

- Tiempos de carga o descarga más rápidos.

- Minimización del daño a los palets.

POSICIONADORES DE HORQUILLAS (Fpos): Los Posicionadores de Horquillas son otro accesorio prevalente, permitiendo el ajuste hidráulico del espaciado de las tynes del montacargas. Esto facilita el manejo de palets de diversos tamaños y objetos irregulares, permitiendo a los operadores alinear las horquillas con los palets de manera más precisa y eficiente.

Beneficios:

- Posicionamiento preciso de las horquillas sin ajustes manuales.

- Reducción del trabajo manual para el posicionamiento de las horquillas.

- Disminución del consumo de combustible y desgaste del camión.

- Reducción del daño a los palets.

- Mejora en la eficiencia del manejo de cargas.

PINZAS PARA ROLLOS DE PAPEL (PRC): Las Pinzas para Rollos de Papel están diseñadas para manejar rollos de papel de varios tamaños, comúnmente utilizadas en la industria del papel. Equipadas con controles automáticos de presión, estas pinzas aseguran una asignación de presión adecuada sin dañar el rollo de papel. El diseño de brazo curvado permite un manejo eficiente, incluyendo una rotación de 360°.

Beneficios:
- Aumento de la eficiencia en el manejo con rotación de 360°.

- Reducción de daños en el papel con presión automática de la pinza y diversas almohadillas de pinza.

- Diseñado específicamente para la industria del papel.

PUSH/PULL O PLACA DESLIZANTE (Ppull): Los accesorios Push/Pull son ideales para manejar cargas apiladas en láminas deslizantes, eliminando la necesidad de palets. Empujan para descargar y tiran para cargar utilizando láminas deslizantes, reduciendo los costos de mantenimiento, el espacio de almacenamiento y el daño al inventario.

Beneficios:
- Instalación y remoción rápidas sin necesidad de quitar las horquillas.

- Manejo fácil de bienes con láminas deslizantes. Beneficios de las Láminas Deslizantes:

- Reducción del peso del embalaje y aumento del espacio de almacenamiento.

- Bajo costo en comparación con los palets.

- Eliminación del intercambio de palets.

PINZA PARA CARTONES: Las pinzas para cartones están diseñadas para manejar objetos grandes rectangulares o cuadrados sin palets, comúnmente utilizadas en diversas industrias. Estas pinzas sujetan de manera segura cargas uniformes y cuadradas en láminas deslizantes, ahorrando espacio de almacenamiento y reduciendo los tiempos de manejo.

Beneficios:
- Eliminación de la necesidad de palets para objetos rectangulares/cuadrados.

- Reducción de los costos de compra y reparación de palets.

- Reducción de los costos de envío debido a la ausencia de palets.

- Aumento del espacio de almacenamiento.

- Especialización en el manejo de objetos rectangulares y cuadrados.

- Reducción de los tiempos de manejo para diversos bienes.

MANIPULADOR DE PALETS SIMPLE-DOBLE: Los Manipuladores de Palets Simple-Doble transportan un palet o dos palets lado a lado, duplicando la capacidad de manejo. Reducen los tiempos de carga y descarga y minimizan las maniobras del camión.

Beneficios:
- Potencialmente duplica la capacidad de manejo de palets.

- Maneja tanto palets simples como dobles.

- Disminuye los tiempos de carga y descarga.

- Minimiza las maniobras del camión.

- Reduce el consumo de combustible y el desgaste del camión.

ROTADORES: Los Rotadores facilitan el vertido o inversión de cargas, capaces de rotar 360 grados completos para opciones de manejo versátiles.

Concluyendo Operaciones

Para ejecutar los procedimientos de apagado de un montacargas de acuerdo con los requisitos del fabricante y los procedimientos de trabajo seguros, sigue estos pasos:

1. Consulta las Guías del Fabricante: Consulta el manual o las guías del fabricante específicas para el modelo de montacargas que se está utilizando. Estos documentos suelen esbozar los procedimientos de apagado adecuados recomendados por el fabricante.

2. Preparación para el Apagado: Asegúrate de que el montacargas esté en un lugar seguro lejos del tráfico de peatones y vehículos. Baja las horquillas al suelo y retrae cualquier accesorio. Estaciona el montacargas en una superficie nivelada.

3. Activa el Freno de Estacionamiento: Activa el freno de estacionamiento para prevenir que el montacargas se mueva de manera no intencionada durante el apagado.

4. Apaga el Motor: Apaga el motor utilizando los controles desig-

nados o el interruptor de encendido. Deja que el motor funcione al ralentí durante un corto período antes de apagarlo completamente para permitir una refrigeración y lubricación adecuadas.

5. Desactiva la Energía: Si es aplicable, desactiva la fuente de energía o retira la llave para prevenir el uso no autorizado del montacargas.

6. Inspecciona el Área: Realiza una inspección breve del área inmediata alrededor del montacargas para asegurarte de que no haya peligros u obstáculos que puedan representar un riesgo durante la próxima operación.

7. Asegura el Montacargas: Implementa cualquier medida de seguridad adicional según lo requieran los procedimientos de trabajo seguros o las políticas de la empresa para prevenir el acceso o uso no autorizado del montacargas.

Estacionar el montacargas es un aspecto crítico de la operación del montacargas, ya que un montacargas estacionado puede representar peligros tanto para el operador como para otros cercanos. Estos peligros incluyen el riesgo de que el montacargas se estacione incorrectamente, lo que lleva a posibles colisiones con personas u objetos, así como la posibilidad de que el montacargas se mueva de manera inesperada.

Para mitigar estos riesgos, es esencial asegurar adecuadamente el montacargas estacionado. Una consideración importante es que un montacargas se considera desatendido si el operador se encuentra a 25 pies de distancia o más, incluso si el montacargas permanece a la vista del operador. Además, siempre que el operador deje el montacargas y este ya no esté a la vista, incluso si está a menos de 25 pies de distancia, se considera desatendido.

Al estacionar un montacargas, es crucial adherirse a requisitos y recomendaciones específicos para garantizar la seguridad:

- Evita estacionar en una pendiente siempre que sea posible.

- Nunca estaciones en áreas designadas como no autorizadas.

- Asegura que el montacargas no obstruya pasillos o salidas cuando esté estacionado.

- Selecciona un área de estacionamiento apropiada, siguiendo las pautas y recomendaciones de la empresa.

- Aplica el freno gradualmente al prepararte para detener el montacargas.

- Después de detenerte completamente, inclina ligeramente el mástil hacia adelante y baja completamente la carga.

- Neutraliza los controles del montacargas para prevenir movimientos no intencionados.

- Activa el freno de estacionamiento una vez que el montacargas esté estacionario.

- Apaga el encendido para asegurar aún más el montacargas.

- Sal del montacargas sin saltar, como se detalla en el procedimiento de desmontaje.

- Si estacionas en una pendiente, utiliza calzos para ruedas para prevenir que el montacargas ruede.

Siguiendo estos procedimientos y pautas, los operadores pueden asegurar que los montacargas estacionados estén posicionados de manera segura, reduciendo el riesgo de accidentes y mejorando la seguridad general en el lugar de trabajo.

Bajarse del montacargas requiere el mismo nivel de precaución que subirse. Para evitar posibles peligros durante el desmontaje, considera las siguientes medidas:

- Asegúrate de que tus manos estén limpias, secas y libres de cualquier objeto antes de desmontarte del montacargas.

- Usa calzado apropiado que proporcione tracción y minimice el riesgo de resbalones.

- Revisa tus zapatos por cualquier grasa u otras sustancias resbaladizas que podrían causar inestabilidad.

- Utiliza el asidero para apoyo al desmontarte en lugar de confiar en el volante, que puede moverse inesperadamente.

- Mantén un apoyo cuidadoso durante todo el proceso de desmontaje, procediendo lentamente y de manera deliberada.

- Evita saltar del montacargas; en su lugar, sácate de manera segura del vehículo.

Para asegurar el montacargas y prevenir el acceso o uso no autorizado de acuerdo con los procedimientos de trabajo seguros, sigue estas pautas:

1. Activa el Freno de Estacionamiento: Asegúrate de que el freno de estacionamiento esté activado para prevenir que el montacargas se mueva de manera no intencionada.

2. Retira la Llave: Si el montacargas está equipado con una llave de encendido, retira la llave del interruptor de encendido para prevenir el arranque no autorizado del vehículo.

3. Implementa Barreras Físicas: Utiliza barreras físicas como cadenas, puertas o barreras para restringir el acceso al montacargas cuando no esté en uso.

OPERACIÓN DE EQUIPOS DE MANEJO DE MATERIALES 89

4. Bloquea los Controles: Si está disponible, bloquea o asegura los controles del montacargas para prevenir la operación no autorizada.

5. Guarda la Llave de Forma Segura: Guarda la llave de encendido en un lugar designado y seguro conocido solo por el personal autorizado.

6. Implementa Controles de Acceso: Implementa controles de acceso como lectores de tarjetas de acceso o contraseñas para restringir el acceso al montacargas solo a operadores autorizados.

7. Comunica las Políticas: Comunica claramente y aplica las políticas respecto al uso y acceso de los montacargas a todos los empleados para asegurar el cumplimiento y la seguridad.

3

Recolectores de Pedidos

Un recolector de pedidos es un tipo de montacargas utilizado principalmente en almacenes y centros de distribución para recoger artículos individuales o cajas de lugares de almacenamiento elevados, como estanterías o baldas. A diferencia de los montacargas tradicionales que levantan palets, un recolector de pedidos está equipado con una plataforma o jaula que permite al operador elevarse a la altura de recolección deseada. Esto permite al operador acceder a artículos en varios niveles dentro del sistema de almacenamiento, facilitando la satisfacción de pedidos de clientes de manera eficiente. Los recolectores de pedidos se utilizan comúnmente en centros de cumplimiento de comercio electrónico, almacenes de distribución minorista y otras instalaciones donde se requiere la recolección de artículos individuales.

OPERACIÓN DE EQUIPOS DE MANEJO DE MATERIALES 91

Figura 31: Seleccionador de Pedidos. Nuevo Seleccionador de Pedidos de TMHE – BT Optio OSE250, Toyota Material Handling Europe, sin modificar, CC BY-SA 2.0, vía Flickr.

Un seleccionador de pedidos representa una herramienta especializada diseñada para agilizar la recogida de piezas y manejar cargas sin la necesidad de paletas. Aquí tienes consejos de seguridad esenciales para garantizar que los operadores mantengan los estándares de seguridad al utilizar este equipo en diversos entornos, como almacenes de pedidos de clientes, instalaciones de almacenamiento, plantas de fabricación o almacenes minoristas (JLG, 2020):

1. Prioriza completar la formación requerida para el seleccionador de pedidos antes de operar la maquinaria. Reconocido como un montacargas eléctrico de motor Clase II para pasillos estrechos por la OSHA en EE. UU., la formación adecuada asegura el cumplimiento de las directrices de seguridad y minimiza el riesgo de incidentes en el lugar de trabajo, protegiendo así a tu organización contra posibles sanciones y protegiendo al personal de los peligros asociados.

2. Realiza una evaluación de riesgos exhaustiva adaptada a tu entorno de trabajo, identificando y abordando los riesgos potenciales asociados con la operación del elevador. Factores como la navegación por pasillos congestionados, la gestión de cargas, la evitación de obstáculos y la inspección del equipo deben considerarse detenidamente para implementar estrategias efectivas de mitigación de riesgos.

3. Utiliza medidas de protección contra caídas asegurándote con un arnés corporal mientras trabajas a alturas elevadas. Además, aprovecha las características de seguridad incorporadas, como barandillas y puertas, para evitar salidas accidentales de la plataforma.

4. Mantén el control del equipo manteniendo ambas manos en los controles durante la operación, ya sea conduciendo, deteniéndote o levantando. Esta práctica asegura la seguridad del operador y mejora la maniobrabilidad, especialmente en espacios confinados.

5. Cumple con los carriles de tráfico designados y permanece alerta a los peatones y otros objetos móviles dentro del espacio de trabajo. La implementación de protocolos de seguridad vial, el respeto a los límites de velocidad y el cumplimiento de las reglas de prioridad de paso ayudan a minimizar el riesgo de accidentes en espacios compartidos.

6. Comprende la capacidad de carga del seleccionador de pedidos y evita exceder los límites de peso especificados. Consulta el manual de la máquina para determinar la capacidad máxima de carga, teniendo en cuenta el peso combinado de la carga, el operador y cualquier herramienta acompañante.

7. Usa el equipo de protección personal (EPP) adecuado para entornos de almacén, incluyendo gafas de seguridad, botas antideslizantes, guantes, chalecos de alta visibilidad y cascos. Estos elementos ofrecen una protección vital contra varios peligros en el lugar de trabajo, asegurando la seguridad del operador durante la operación del elevador.

Un seleccionador de pedidos, también conocido como recogedor de stock y como se muestra de forma esquemática en la Figura 32, generalmente consta de varios componentes clave que facilitan su operación y funcionalidad en entornos de almacén. Aquí tienes una visión general de las principales partes o componentes de un seleccionador de pedidos:

1. Mástil: El mástil es la estructura vertical del seleccionador de pedidos que alberga el mecanismo de elevación. Consiste en rieles o canales verticales por los cuales viaja el carro, permitiendo que la plataforma o las horquillas se eleven y bajen para acceder a diferentes alturas dentro del almacén.

2. Plataforma o Horquillas: La plataforma o las horquillas son los componentes que soportan la carga del seleccionador de pedidos que sostienen los artículos que se están recogiendo o transportando. Dependiendo del diseño, la plataforma puede estar equipada con características de seguridad como barandillas o puertas para prevenir caídas.

3. Controles: Los seleccionadores de pedidos están equipados con paneles de control o consolas que permiten al operador maniobrar el vehículo, subir y bajar la plataforma o las horquillas, y realizar otras funciones necesarias. Estos controles incluyen típicamente botones, interruptores, palancas o joysticks.

4. Compartimento del Operador: El compartimento del operador

es el área donde el operador se para o se sienta mientras opera el seleccionador de pedidos. Puede incluir una plataforma, cabina o área de pie con características de seguridad como una superficie antideslizante y barandillas para la estabilidad.

5. Fuente de Energía: Los seleccionadores de pedidos son impulsados por motores eléctricos, ya sean alimentados por batería o conectados a una fuente de energía externa. La fuente de energía proporciona la energía necesaria para operar el mecanismo de elevación, el sistema de conducción y otros componentes eléctricos del vehículo.

6. Ruedas: Los seleccionadores de pedidos están equipados con ruedas o ruedecillas que les permiten moverse suavemente y maniobrar dentro del almacén. Algunos modelos pueden tener ruedecillas giratorias para una mayor agilidad y facilidad de navegación en espacios reducidos.

7. Características de Seguridad: Los seleccionadores de pedidos modernos están equipados con varias características de seguridad para proteger tanto al operador como al entorno circundante. Estas pueden incluir sensores de proximidad, alarmas audibles, botones de parada de emergencia e indicadores visuales para advertir de posibles peligros.

8. Accesorios: Dependiendo de la aplicación específica, los seleccionadores de pedidos pueden estar equipados con varios accesorios o complementos para mejorar su funcionalidad. Los accesorios comunes incluyen desplazadores laterales, posicionadores de horquillas, pinzas para cajas y pinzas para rollos de papel, entre otros.

La combinación de estos componentes permite que los seleccionadores de pedidos manejen de manera eficiente y segura la recogida y el transporte de mercancías dentro de entornos de almacén y centros de distribución.

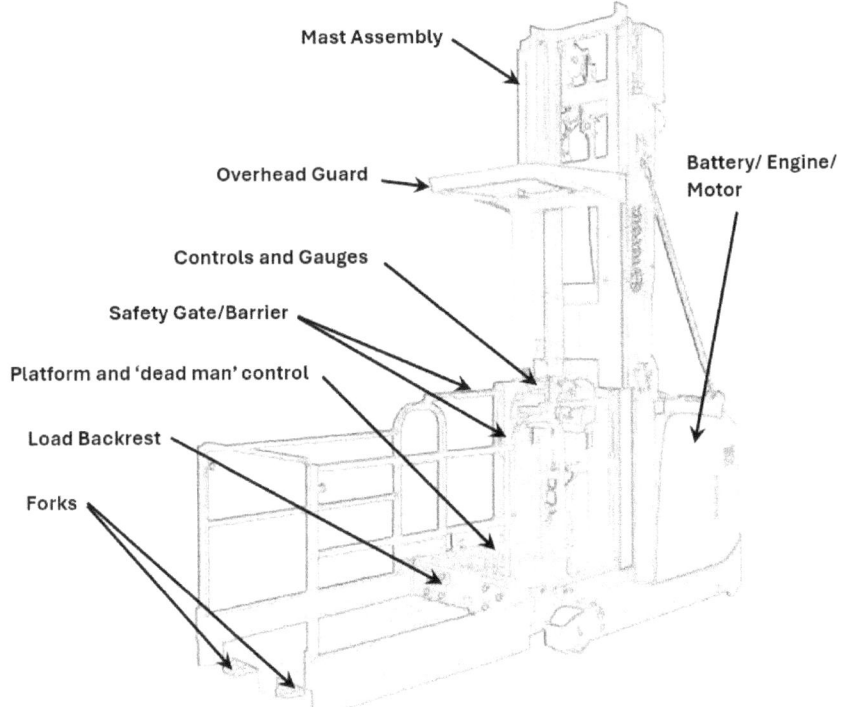

Figura 32: Componentes de un seleccionador de pedidos.

Las características operativas de un seleccionador de pedidos juegan un papel vital en dictar su funcionalidad y rendimiento dentro de los confines de un almacén o centro de distribución. Aquí tienes una visión general exhaustiva de los atributos operativos clave que definen un seleccionador de pedidos:

La Capacidad de Elevación Vertical se destaca como una de las principales características operativas que definen un seleccionador de pedidos. Equipados con mástiles verticales, estos vehículos facilitan el acceso de los operadores al inventario almacenado en estantes o racks a diversas alturas. Esta capacidad permite a los operadores recuperar de manera eficiente artículos individuales o pedidos completos desde ubicaciones de almacenamiento elevadas.

La Maniobrabilidad es otra característica crítica de los seleccionadores de pedidos. Diseñados para ser altamente ágiles, estos vehículos pueden navegar a través de pasillos estrechos y espacios apretados dentro del entorno del almacén. Tal agilidad es esencial para el movimiento sin interrupciones entre ubicaciones de almacenamiento y para acceder al inventario en toda la instalación.

La Capacidad de Carga denota el peso máximo que un seleccionador de pedidos puede levantar y transportar de manera segura. Adherirse a la capacidad de carga especificada es primordial para prevenir la sobrecarga, lo que podría comprometer tanto la seguridad como el rendimiento. Los operadores deben asegurar el cumplimiento de estos límites durante las actividades operativas. La Plataforma del Operador típicamente cuenta con un área de pie designada donde los operadores controlan los movimientos del vehículo. Esta plataforma proporciona una posición estable y segura para que los operadores accedan al inventario a varias alturas, asegurando la seguridad durante la operación.

Los Controles en los seleccionadores de pedidos son intuitivos y facilitan la conducción, los ajustes de elevación de la plataforma y otras funciones. Estos controles pueden incluir botones, interruptores, palancas o joysticks, dependiendo del modelo específico y el fabricante, permitiendo una operación suave y eficiente.

Las Características de Seguridad son integrales en el diseño de los seleccionadores de pedidos, con el objetivo de proteger a los operadores y prevenir accidentes. Las características de seguridad comunes incluyen barandillas, superficies antideslizantes, botones de parada de emergencia, sensores de proximidad e indicadores visuales, mejorando la seguridad operativa dentro del entorno del almacén.

La Eficiencia es un objetivo clave en el diseño de los seleccionadores de pedidos, con el fin de agilizar los procesos de recogida y reducir el tiempo y esfuerzo requeridos para el acceso al inventario. Velocidades de elevación rápidas, aceleración y desaceleración rápidas, y un diseño ergonómico contribuyen a la eficiencia operativa, mejorando la productividad dentro de la instalación.

La Versatilidad es inherente a la funcionalidad del seleccionador de pedidos, permitiendo su uso en diversas tareas como la recogida de pedidos, la reposición de inventario y la reposición de stock. Su capacidad para acceder a ubicaciones de almacenamiento elevadas los hace adecuados para manejar diversos productos y materiales dentro del almacén.

La plataforma del operador sirve como el área designada donde el operador se para para maniobrar el montacargas (también referido como la estación del operador), facilitando las tareas de selección de pedidos que típicamente involucran cantidades menores a un pallet completo. Se deben cumplir varios requisitos para la plataforma del operador (Association Sectorielle Transport Entreposage, 2010):

1. Debe incorporar una protección superior para asegurar la seguridad del operador.

2. La superficie de la plataforma debe estar equipada con un revestimiento antideslizante para prevenir resbalones y caídas.

3. Debe haber uno o más protectores laterales en su lugar, fácilmente desplegables para proteger al operador de riesgos de caídas durante la selección de pedidos.

Respecto al pallet de madera sobre el cual se posicionan los artículos:
- Debe estar en buenas condiciones y utilizarse únicamente para la colocación de mercancía.

- Un agarre seguro en el pallet se asegura mediante un mecanismo de sujeción.

- Se desaconseja el movimiento sobre el pallet por parte del operador por razones de seguridad.

Las dimensiones estándar de un pallet de madera suelen ser de 1220 mm x 1016 mm (48 in x 40 in), con un centro de carga establecido a 600 mm (24 in). La pinza para pallets está diseñada para acomodar variados grosores de los largueros del pallet, permitiendo versatilidad en el manejo de diferentes formatos de pallets. La alineación adecuada con el dispositivo de agarre es esencial para evitar la inestabilidad, ya que un soporte inadecuado puede resultar si el pallet no está nivelado.

La placa de capacidad del montacargas proporciona orientación sobre los límites de capacidad de carga. Distribuir los artículos en el pallet de acuerdo con las pautas del fabricante es esencial para prevenir la desestabilización de la carga y el descentramiento, lo que podría disminuir la capacidad de carga y comprometer la seguridad.

Generalmente hay dos tipos de pallets de uso común: pallets expendables y pallets reusables.

- Los pallets expendables, también conocidos como pallets de un solo uso, están diseñados para un único uso y generalmente se consideran parte del embalaje. Estos pallets a menudo están hechos de madera de baja calidad, madera prensada, cartón o poliestireno expandido debido a su naturaleza desechable.

- No es aconsejable utilizar pallets de un solo uso con un montacargas de selección de pedidos debido a su limitada durabilidad e integridad estructural.

Por otro lado, los pallets reusables ofrecen múltiples ciclos de uso, distinguiéndolos de los pallets expendables. Estos pallets suelen ser más resistentes, mejor construidos y tienen una vida útil más larga, promediando alrededor de cinco a seis años.

OPERACIÓN DE EQUIPOS DE MANEJO DE MATERIALES   99

Figura 33: Pallet de madera reutilizable. Dbenbenn, CC BY-SA 3.0, vía Wikimedia Commons.

Al operar un montacargas de selección de pedidos, se recomienda priorizar el uso de pallets reusables. Estos pallets deben cumplir ciertos criterios, incluyendo estar en buen estado, ser robustos y compatibles tanto con el montacargas como con la carga que se transporta. Diseñada exclusivamente para propósitos de selección de pedidos, la plataforma adicional no está destinada para levantar personal y se puede instalar o remover fácilmente sin necesidad de desmontar ninguna parte del sistema de elevación. Sus dimensiones pueden variar dependiendo de los requisitos específicos.

Típicamente construida de metal antideslizante, la plataforma cuenta con dos aberturas para acomodar las horquillas del montacargas para levantar. Se asegura firmemente o se fija de manera permanente al montacargas para garantizar estabilidad durante la operación. En comparación con un pallet de madera estándar, la plataforma adicional es más pesada y tiene un centro de carga posicionado más lejos, típicamente a 600 mm (24 in). En consecuencia, el uso de la plataforma reduce la capacidad de carga del montacargas hasta en un 50% (Association Sectorielle Transport Entreposage, 2010).

Al emplear una plataforma adicional, es esencial equipar el montacargas de selección de pedidos con una placa de capacidad secundaria que refleje las capacidades de carga reducidas. La capacidad de carga de la plataforma es determinada por el fabricante del montacargas basada en una distribución centrada de cargas en la plataforma.

La capacidad de carga se determina por varios rangos de altura de elevación especificados en la placa de capacidad proporcionada por el fabricante del montacargas. A medida que aumenta la altura de la estación del operador, la capacidad de carga disminuye en consecuencia. Por lo tanto, la capacidad de carga podría inadvertidamente ser excedida simplemente al elevar la estación del operador, incluso sin añadir artículos adicionales.

Sin un indicador de altura para la estación del operador, se vuelve desafiante para el operador adherirse a las capacidades de carga prescritas.

La selección de pedidos en la plataforma adicional generalmente comienza con el operador colocando artículos en el extremo lejano de la plataforma y moviéndose gradualmente hacia su estación de operación. Sin embargo, este enfoque puede resultar en una distribución desigual del peso en la plataforma, llevando a una posible subestimación del peso real de la carga. En consecuencia, a menudo se vuelve desafiante, y a veces imposible, para el operador del montacargas adherirse a la capacidad indicada en la placa de capacidad de la plataforma adicional proporcionada por el fabricante del montacargas.

Además, el operador debe tener en cuenta su propio peso al navegar en la plataforma adicional. El efecto acumulativo de cargas descentradas (referido como el "efecto palanca"), combinado con la altura de elevación de la estación del operador y el peso del operador en la plataforma adicional, contribuye a una subestimación del impacto de la carga en la estabilidad del montacargas, incluso cuando el peso total permanece por debajo del límite de capacidad especificado.

Varios factores, incluyendo las cargas totales descentradas, la altura de elevación y el peso del operador en la plataforma adicional, interactúan para subestimar el efecto de la carga, potencialmente excediendo las capacidades máximas de carga especificadas. Para los operadores que trabajan a alturas considerables, las consecuencias de un vuelco del montacargas debido a la inestabilidad resultante de este efecto de carga subestimado podrían ser graves. Por lo tanto, es imperativo que el operador gestione meticulosamente el peso total en la plataforma adicional bajo tales condiciones.

Orientación

Existen tres metodologías principales para la dirección y guía de los seleccionadores de pedidos:

1. Guía Controlada por el Operador: Este enfoque convencional depende de los operadores para navegar manualmente los seleccionadores de pedidos dentro del almacén. Los operadores suelen usar paneles de control o joysticks para maniobrar la unidad hacia adelante, atrás y de lado a lado. Este método se emplea comúnmente en almacenes más pequeños o donde los diseños son sencillos. Sin embargo, su dependencia del control del operador puede aumentar la probabilidad de accidentes y daños al equipo debido a la mayor libertad otorgada a los operadores.

2. Guía por Rodillos: La guía por rodillos emplea sensores, cámaras y tecnologías avanzadas para automatizar la navegación de los seleccionadores de pedidos dentro de entornos de almacén más grandes o más complejos. Los rodillos montados en el marco del seleccionador de pedidos interactúan con protectores posi-

cionados a lo largo de los lados del pasillo, guiando la unidad a lo largo de un camino predefinido sin requerir dirección manual. Este sistema se asemeja a una configuración de tren y vía y ofrece ventajas como la reducción de daños al equipo, menores riesgos de lesiones y una mayor productividad en el almacén.

3. Guía por RFID o Alambre: La guía por alambre de seleccionadores de pedidos integra la tecnología de identificación por radiofrecuencia (RFID), en la cual el seleccionador de pedidos está equipado con un detector RFID y un alambre está incrustado debajo del suelo del almacén. A medida que el seleccionador de pedidos se desplaza sobre el alambre RFID, recibe señales que permiten al sistema de navegación a bordo ajustar su ruta de forma autónoma, evitando obstáculos y peligros. Este enfoque comparte los beneficios de la guía por rodillos sin necesitar modificaciones en el seleccionador de pedidos o la instalación de protectores de pasillo. Sin embargo, la guía por alambre conlleva gastos iniciales significativos y alteraciones operativas durante la instalación, lo que implica personal capacitado cortando muescas en el suelo, enterrando el alambre y sellándolo con epoxi. No obstante, estos inconvenientes representan una inversión única a menos que se requieran modificaciones de ruta o expansiones en el futuro.

Trabajando en Altura

Dado que los seleccionadores de pedidos están diseñados para operaciones en alturas elevadas, es imperativo comprender los protocolos de seguridad adicionales que entran en juego. Hay varias medidas de seguridad cruciales a tener en cuenta al operar seleccionadores de pedidos dentro de un entorno de almacén (Hinz, 2013).

Operaciones Más Allá de 1 Metro del Nivel del Suelo: Al trabajar en alturas que superan 1 metro, es esencial bajar la máquina a 600mm o por debajo antes de proceder hacia adelante o retroceder a la siguiente ubicación. Esta precaución es crucial ya que la estabilidad de la carga en elevación podría verse comprometida durante el movimiento. Después de esto, la máquina debe detenerse completamente antes de ser elevada nuevamente a la altura de trabajo deseada. Todos los seleccionadores de pedidos están equipados con interruptores de límite para prevenir el movimiento en alturas, y manipular estos interruptores debe ser estrictamente evitado.

Figura 34: Trabajando en altura con un seleccionador de pedidos.

Altura Segura de Desplazamiento: Antes de realizar un giro o salir de un pasillo, el seleccionador de pedidos debe ser bajado a una altura segura de desplazamiento, la cual está libre del suelo pero por debajo de la altura del eje. Esta medida asegura que el seleccionador de pedidos permanezca estable y no corra el riesgo de volcarse durante las maniobras.

Uso del Arnés: Los operadores deben llevar puesto un arnés en todo momento al operar un seleccionador de pedidos, y cuando esté en movimiento, la barandilla de la plataforma debe estar cerrada. Esta práctica reduce significativamente el riesgo de caídas desde el seleccionador de pedidos.

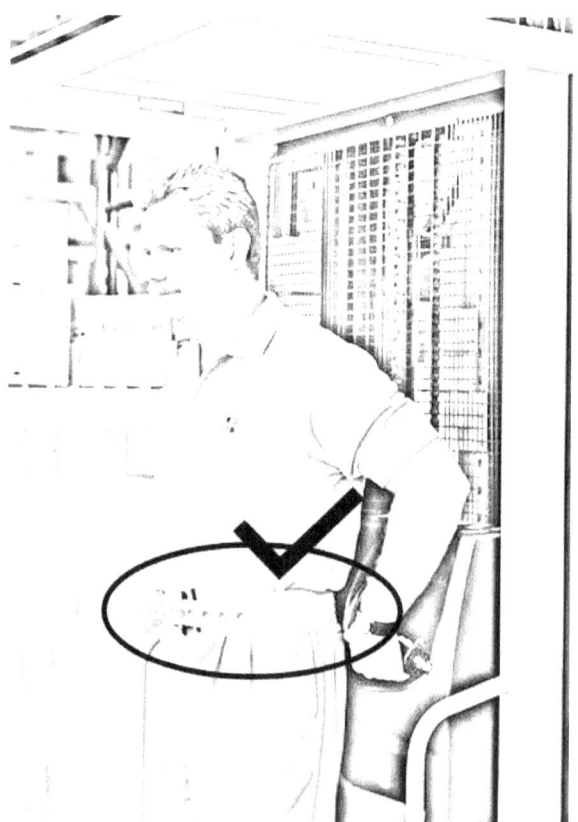

Figura 35: Usando un arnés en altura.

Gestión del Tráfico: Una gestión eficaz del tráfico juega un papel fundamental para garantizar la seguridad al operar un seleccionador de pedidos. Crear conciencia entre los individuos sobre las áreas operativas es la manera más sencilla de mitigar riesgos. Esto se puede lograr mediante métodos como colocar señales, erigir barreras o desplegar a una persona con bandera para regular el flujo de tráfico.

Identificación de Peligros Potenciales: Mantener la vigilancia respecto a los peligros potenciales dentro del área de trabajo es de suma importancia. Se debe considerar cuidadosamente para determinar el camino más seguro para mover cargas y operar el seleccionador de pedidos para prevenir accidentes, lesiones al personal y daños a la maquinaria, equipo e inventario. Los factores clave a tener en cuenta en el área de trabajo incluyen la presencia de peligros, puntos de parada designados, áreas que requieren velocidad reducida, puntos de señalización con bocina, la necesidad de reversa, adecuación de la ventilación e iluminación, espacio de maniobra disponible, condiciones adecuadas de la superficie del suelo y requisitos de espacio libre.

Indicador del Efecto de la Carga

Existe un dispositivo diseñado para proporcionar al operador información sobre el peso total en la plataforma adicional. Toma en cuenta tanto la altura de elevación como el efecto palanca, que abarca las cargas totales descentradas. Cuando el operador alcanza una altura de elevación donde la capacidad de carga se acerca o supera el límite máximo permitido, se le alerta a través de señales audibles y visuales. Este dispositivo es específicamente compatible con el montacargas de selección de pedidos y ofrece actualizaciones en tiempo real al operador respecto a los cambios en la carga total en la plataforma adicional durante la selección de pedidos. Considera factores como el efecto palanca resultante de la disposición de artículos en la plataforma adicional, los variados rangos de altura de elevación y el propio peso del operador cuando sube a la plataforma adicional.

Planificación para Operaciones de Selección de Pedidos

ara las operaciones de selección de pedidos, la planificación del trabajo incluye:

1. Identificar los Requisitos de la Tarea:

   - Revisar órdenes de trabajo o documentos equivalentes para identificar los requisitos de la tarea.
   - Confirmar los requisitos de la tarea con el personal relevante.
   - Realizar una inspección del sitio de acuerdo con los procedimientos del lugar de trabajo para asegurar la alineación con los requisitos de la tarea.

2. Confirmar la Cobertura del Trabajo:

   - Verificar que todo el trabajo esté confirmado para asegurar la cobertura de los requisitos de la tarea para el área de trabajo relevante.
   - Asegurar la adherencia a los procedimientos del lugar de trabajo durante el proceso de confirmación.

3. Seleccionar el Montacargas para Selección de Pedidos:

   - Utilizar la metodología relevante para seleccionar el montacargas adecuado para la selección de pedidos.
   - Considerar factores como el tipo de carga y las característi-

cas del peso, las condiciones del lugar de trabajo, las especificaciones del fabricante y los procedimientos del lugar de trabajo.

4. Evaluar el Área de Trabajo:

    - Inspeccionar el área de trabajo para identificar posibles peligros y obstáculos.

    - Determinar los caminos apropiados para operar el montacargas para selección de pedidos y moverse dentro del área de trabajo.

    - Asegurar el cumplimiento con los procedimientos del lugar de trabajo durante el proceso de evaluación.

5. Confirmar la Implementación del Plan de Gestión de Tráfico:

    - Verificar la implementación del plan de gestión de tráfico para el área de trabajo.

    - Entender y adherirse al plan de gestión de tráfico de acuerdo con los procedimientos del lugar de trabajo.

6. Identificar los Procedimientos de Comunicación:

    - Determinar los procedimientos de comunicación apropiados para coordinar las operaciones de selección de pedidos.

    - Probar los métodos de comunicación con el personal relevante para asegurar su efectividad.

7. Evaluar la Calidad de la Superficie Operativa:

    - Evaluar la calidad y adecuación de la superficie operativa del área de trabajo para uso operacional.

- Seguir los procedimientos del lugar de trabajo para evaluar la condición de la superficie operativa.

Para empezar, al prepararse para el uso del seleccionador de pedidos, el primer paso es identificar los requisitos de la tarea. Esto implica revisar las órdenes de trabajo o cualquier documento equivalente que describa las tareas específicas a completar. Al examinar detenidamente estos documentos, los operadores pueden obtener una comprensión clara de lo que necesita ser realizado durante el proceso de selección de pedidos. Además, es crucial confirmar estos requisitos de la tarea con el personal relevante, como supervisores o líderes de equipo, para asegurar claridad y alineación.

Después de confirmar los requisitos de la tarea, el siguiente paso es realizar una inspección del sitio de acuerdo con los procedimientos del lugar de trabajo. Esta inspección sirve para verificar que el entorno de trabajo sea adecuado y esté alineado con los requisitos de la tarea identificados. Durante la inspección del sitio, los operadores evalúan factores como la disposición de las áreas de almacenamiento, la accesibilidad del inventario y cualquier peligro o obstáculo potencial que pueda impactar el proceso de selección de pedidos. Al realizar esta inspección, los operadores pueden asegurarse de que el área de trabajo esté debidamente preparada y sea propicia para una operación segura y eficiente del seleccionador de pedidos.

Después de identificar los requisitos de la tarea, el siguiente paso en la preparación para el uso del seleccionador de pedidos es confirmar la cobertura del trabajo. Esto implica verificar que todas las tareas necesarias para el área de trabajo relevante hayan sido reconocidas y tenidas en cuenta. Los operadores deben asegurarse de que ningún aspecto del trabajo asignado sea pasado por alto u omitido, ya que cada tarea contribuye a la eficiencia y productividad general de la operación.

Durante el proceso de confirmación, es esencial adherirse estrictamente a los procedimientos del lugar de trabajo. Esto asegura que se tomen todos los pasos necesarios para confirmar la cobertura del trabajo de manera precisa y efectiva. Los operadores deben seguir los protocolos y directrices establecidos para prevenir errores u omisiones que podrían llevar a retrasos o ineficiencias operativas. Manteniendo la adherencia a los procedimientos del lugar de trabajo, los operadores pueden mantener la integridad y confiabilidad del proceso de selección de pedidos.

Al seleccionar un montacargas para la selección de pedidos, los operadores deben emplear un enfoque sistemático para asegurar que el vehículo apropiado sea elegido para la tarea en cuestión. Esto implica utilizar una metodología relevante adaptada a los requisitos específicos de la operación. Factores como el tipo y las características de peso de la carga, así como las condiciones predominantes del lugar de trabajo, deben ser cuidadosamente considerados durante el proceso de selección.

Los operadores deben tener en cuenta las especificaciones del fabricante de cada modelo de montacargas disponible para determinar cuál se adapta mejor a la tarea prevista. Esto incluye evaluar factores como la capacidad de elevación, la maniobrabilidad y las características operativas para asegurar la compatibilidad con las demandas del trabajo. Además, la adherencia a los procedimientos del lugar de trabajo es esencial para garantizar que el montacargas seleccionado cumpla con todos los estándares de seguridad y operativos necesarios.

Al evaluar cuidadosamente estos factores y emplear un enfoque metódico para la selección, los operadores pueden elegir el montacargas para selección de pedidos más adecuado para la tarea en cuestión. Esto asegura un rendimiento óptimo, eficiencia y seguridad durante todo el proceso de selección de pedidos, contribuyendo al éxito general de las operaciones del almacén.

Antes de comenzar las operaciones de selección de pedidos, es imperativo realizar una evaluación exhaustiva del área de trabajo para asegurar un entorno seguro y eficiente para la tarea en cuestión. Esto comienza con una inspección completa para identificar cualquier peligro potencial u obstáculo que pueda representar riesgos tanto para el personal como para el equipo. Peligros como superficies irregulares, obstrucciones o espacios confinados deben ser notados y abordados adecuadamente para mitigar posibles accidentes o incidentes.

Después del proceso de identificación de peligros, los operadores deben determinar los caminos apropiados para operar el montacargas para selección de pedidos y navegar dentro del área de trabajo. Esto implica planificar rutas que optimicen la eficiencia mientras minimizan el riesgo de colisiones o interferencias con otro personal o equipo. Factores como el ancho del pasillo, la visibilidad y el espacio libre deben ser cuidadosamente considerados al seleccionar caminos operativos para asegurar un flujo de trabajo suave e ininterrumpido.

A lo largo del proceso de evaluación, la estricta adherencia a los procedimientos del lugar de trabajo es primordial para asegurar el cumplimiento con las regulaciones de seguridad y las directrices operativas. Esto incluye seguir los protocolos establecidos para la identificación de peligros, la planificación de rutas y las estrategias de mitigación de riesgos. Al adherirse a estos procedimientos, los operadores pueden mantener un entorno de trabajo seguro y minimizar la probabilidad de accidentes o lesiones durante las operaciones de selección de pedidos.

Pautas Generales (Association Sectorielle Transport Entreposage, 2010):

- Verificar que el montacargas de selección de pedidos esté equipado con una segunda placa de capacidad, teniendo en cuenta el peso de la plataforma adicional.

- Proporcionar formación a los operadores sobre cómo interpretar las placas de capacidad tanto del montacargas como de las diversas plataformas adicionales.

- Supervisar la implementación de medidas de protección contra caídas, incluido el uso obligatorio de arneses de seguridad.

- Cuando haya peatones en las proximidades, asegurar el área de trabajo del montacargas de selección de pedidos con postes de delimitación.

- Asegurar que el desplazamiento ocurra en un suelo libre de escombros para mantener una operación segura.

- Solo iniciar un giro cuando la estación del operador esté bajada para minimizar riesgos.

- Adherirse constantemente a las capacidades máximas de carga permitidas, ya que frenazos bruscos o cambios de dirección pueden llevar a la descentralización de la carga o al vuelco del montacargas.

- Evitar que los pallets o la mercancía se extiendan excesivamente sobre el borde de los estantes de pallets, obstaculizando los movimientos ascendentes y descendentes.

- Verificar que el diseño de la plataforma adicional incluya protecciones contra caídas, como barandillas en los lados abiertos. Evitar colocar artículos en las barandillas a menos que estén diseñadas para ese propósito.

Evaluar el área de trabajo antes de iniciar las actividades de selección de pedidos es esencial para identificar y mitigar posibles peligros, planificar rutas operativas apropiadas y asegurar el cumplimiento con los procedimientos del lugar de trabajo. Al realizar una evaluación exhaustiva y adherirse a los protocolos establecidos, los operadores pueden crear un entorno seguro y eficiente propicio para operaciones exitosas de selección de pedidos.

Una vez que el área de trabajo ha sido evaluada y los posibles peligros identificados, es crucial confirmar la implementación del plan de gestión de tráfico para asegurar la seguridad de todo el personal y equipo dentro de la instalación. Esto implica verificar que el plan de gestión de tráfico establecido esté en su lugar y se esté implementando efectivamente para regular el movimiento de vehículos y peatones en el área de trabajo.

Los operadores deben tener un claro entendimiento del plan de gestión de tráfico y adherirse a sus directrices de acuerdo con los procedimientos del lugar de trabajo. Esto incluye seguir las rutas de tráfico designadas, obedecer los límites de velocidad y ceder el paso a otros vehículos o peatones según se especifique en el plan. Al adherirse a estos protocolos, los operadores pueden ayudar a mantener un flujo de tráfico seguro y ordenado dentro de la instalación, reduciendo el riesgo de accidentes o colisiones.

Además, los operadores deben permanecer vigilantes y proactivos al identificar cualquier desviación o problema con el plan de gestión de tráfico y reportarlos de inmediato al personal apropiado para su resolución. La comunicación regular y la cooperación entre los miembros del equipo son esenciales para asegurar la implementación efectiva del plan y abordar cualquier preocupación de seguridad potencial que pueda surgir durante las operaciones de selección de pedidos.

Una comunicación efectiva es vital para coordinar las operaciones de selección de pedidos y asegurar la seguridad y eficiencia del flujo de trabajo. Para comenzar, es esencial determinar procedimientos de comunicación apropiados que faciliten una comunicación clara y concisa entre el personal involucrado en las tareas de selección de pedidos. Esto puede incluir el uso de radios portátiles, sistemas de intercomunicación u otros dispositivos de comunicación, dependiendo del tamaño y la disposición del área de trabajo.

Una vez establecidos los procedimientos de comunicación, es crucial probar la efectividad de estos métodos realizando ejercicios de comunicación o simulaciones con el personal relevante. Esto permite a los operadores familiarizarse con los dispositivos y protocolos de comunicación y asegura que todos entiendan cómo comunicarse efectivamente durante las operaciones de selección de pedidos.

Durante la fase de prueba, los operadores deben verificar que los canales de comunicación estén claros y libres de interferencias, y que los mensajes puedan transmitirse y recibirse de manera precisa y rápida. Cualquier problema o preocupación relacionada con la comunicación debe abordarse y resolverse antes de proceder con las tareas reales de selección de pedidos para minimizar el riesgo de malentendidos o errores durante las operaciones.

Además de los procedimientos formales de comunicación, también se debe alentar a los operadores a mantener líneas de comunicación abiertas con sus compañeros de equipo y supervisores a través de intercambios verbales y señales visuales. Esto permite la colaboración en tiempo real y la resolución de problemas, mejora la conciencia situacional y promueve una cultura de seguridad y trabajo en equipo dentro del lugar de trabajo.

Evaluar la calidad y adecuación de la superficie operativa es crucial antes de iniciar operaciones de selección de pedidos con un seleccionador de pedidos. Esto implica evaluar la condición de la superficie operativa del área de trabajo para asegurar que cumple con los estándares necesarios para un uso seguro y eficiente. Los operadores deben seguir los procedimientos del lugar de trabajo diseñados para evaluar la condición de la superficie operativa, que pueden incluir inspecciones visuales y evaluaciones físicas.

Durante el proceso de evaluación, los operadores deben buscar posibles peligros o irregularidades en la superficie operativa que podrían representar riesgos de seguridad o impactar el rendimiento del seleccionador de pedidos. Esto puede incluir grietas, baches, escombros o áreas resbaladizas que podrían afectar la tracción o estabilidad durante la operación. Cualquier problema identificado debe abordarse o reportarse de inmediato a los supervisores para su resolución.

Adicionalmente, los operadores deben considerar factores como el material de la superficie, la pendiente y la capacidad de carga para determinar la adecuación de la superficie operativa para las tareas de selección de pedidos. Las superficies deben ser planas, niveladas y capaces de soportar el peso del seleccionador de pedidos y su carga sin riesgo de hundimiento o desplazamiento. Si la superficie operativa no cumple con estos criterios, los operadores pueden necesitar tomar medidas correctivas o buscar ubicaciones operativas alternativas para asegurar operaciones seguras y eficientes.

Al evaluar la calidad y adecuación de la superficie operativa antes de comenzar las actividades de selección de pedidos, los operadores pueden mitigar el riesgo de accidentes, lesiones y daños al equipo. Este enfoque proactivo ayuda a crear un entorno de trabajo más seguro y asegura que las operaciones de selección de pedidos se puedan llevar a cabo de manera fluida y efectiva.

Preparación para Operaciones de Selección de Pedidos

Para prepararse y asegurar operaciones de selección de pedidos seguras y eficientes, se deben realizar los siguientes pasos:

- Mantener Consulta con el Personal del Lugar de Trabajo: La comunicación continua con el personal relevante es esencial para asegurar la alineación del plan de trabajo con los requisitos del sitio. Esta consulta continua ayuda a aclarar cualquier incertidumbre y asegura la consistencia con los procedimientos del lugar de trabajo.

- Evaluar las Condiciones Ambientales: Evaluar las condiciones del área de trabajo para identificar cualquier factor que pudiera impactar la posición del montacargas para selección de pedidos. Adherirse a procedimientos de trabajo seguros durante esta evaluación ayuda a mitigar los riesgos asociados con peligros ambientales.

- Verificar la Implementación de Medidas de Control de Riesgos: Verificar que las medidas de control de riesgos para los peligros identificados estén efectivamente implementadas de acuerdo con los procedimientos de trabajo seguros. Esto asegura que los riesgos potenciales se minimicen, manteniendo un entorno de trabajo seguro para todo el personal.

- Acceder al Montacargas de Forma Segura: Acceder al montacargas para selección de pedidos siguiendo las especificaciones del fabricante y los procedimientos de trabajo seguros. La adherencia a protocolos de acceso adecuados es crucial para prevenir accidentes y lesiones durante la operación.

- Inspeccionar el Libro de Registro del Montacargas: Revisar el libro de registro del montacargas para selección de pedidos para asegurar su precisión, completitud y las rectificaciones necesarias. La adherencia a los requisitos del fabricante y los procedimientos de trabajo seguros mantiene la confiabilidad y seguridad del equipo.

- Realizar Chequeos Previos al Inicio: Realizar chequeos completos previos al inicio en el montacargas para selección de pedidos para identificar cualquier daño o defecto. Informar y registrar cualquier problema encontrado, tomando la acción apropiada de acuerdo con los procedimientos de trabajo seguros y las especificaciones del fabricante.

- Verificar Visualmente el Equipo de Seguridad: Antes de la operación, inspeccionar visualmente el equipo de seguridad para trabajar en altura para asegurar que esté en buenas condiciones. Informar cualquier daño o defecto, registrar los hallazgos y tomar la acción necesaria de acuerdo con los procedimientos de trabajo seguros.

- Iniciar el Montacargas: Iniciar el montacargas para selección de pedidos siguiendo las especificaciones del fabricante y los procedimientos de trabajo seguros, escuchando cualquier ruido anormal. Identificar sonidos inusuales puede ayudar a detectar posibles problemas mecánicos que requieran atención.

- Realizar Chequeos Operativos: Realizar chequeos operativos en todos los dispositivos de seguridad y mecanismos del montacargas para selección de pedidos. Informar cualquier daño o defecto, registrar las observaciones y tomar la acción apropiada según las especificaciones del fabricante y los procedimientos de trabajo seguros.

Antes de comenzar las operaciones, es importante que el operador (EP Equipment, 2019):

- Entienda la capacidad máxima de elevación de la máquina, típicamente indicada en la placa de datos metálica fijada al chasis. Si esta información no está disponible fácilmente, informe a su supervisor.

- Examine detenidamente toda la documentación del operador, incluyendo manuales, ya que pueden contener detalles esenciales específicos para su equipo que no son inmediatamente aparentes.

- Inspeccione cualquier parte desconectada, desgastada o dañada. Informe de inmediato cualquier problema identificado a su supervisor.

- Familiarícese con las características de seguridad de la máquina, como el interruptor de reversa o el sistema de frenado automático.

- Mantenga un agarre firme en los controles y asegure un equilibrio corporal adecuado antes de operar la máquina.

Pautas de Organización del Trabajo (Association Sectorielle Transport Entreposage, 2010):

- Determinar el peso de los artículos antes de que el operador comience la selección.

- Organizar los artículos en el estante de pallets con los ítems más ligeros en la parte superior y los más pesados en la parte inferior.

- Coordinar la selección de artículos considerando su peso combinado en la plataforma adicional y su colocación en el estante de pallets.

- Monitorear el control del operador sobre la carga total en la plataforma adicional, asegurando que nunca supere la capacidad máxima especificada en la placa de capacidad. Dos principios clave están en juego:

  ○ A medida que avanza la selección de pedidos, el peso total en la plataforma adicional aumenta.

  ○ Con la estación del operador a mayores alturas, la capacidad de carga del montacargas disminuye.

Realizar chequeos previos al inicio en un seleccionador de pedidos es esencial para asegurar su operación segura y efectiva. Aquí tienes una guía paso a paso sobre cómo realizar estos chequeos:

1. Inspección Visual:

    - Comienza inspeccionando visualmente el seleccionador de pedidos desde todos los ángulos. Busca señales visibles de daño, como grietas, abolladuras o fugas.

    - Examina la estructura, incluyendo el mástil, las horquillas y el chasis, en busca de anomalías o desgaste.

    - Verifica si hay tornillos, tuercas o fijaciones sueltas o faltantes que podrían afectar la estabilidad u operación del seleccionador de pedidos.

2. Pruebas Funcionales:

    - Prueba todas las funciones clave del seleccionador de pedidos, incluyendo los mecanismos de elevación, descenso, dirección y frenado.

    - Opera los controles para asegurar un rendimiento suave y sensible.

    - Escucha cualquier ruido o vibración inusual que pueda indicar problemas mecánicos.

3. Características de Seguridad:

    - Verifica que todas las características de seguridad, como los botones de parada de emergencia, bocinas y luces, funcionen correctamente.

    - Prueba los sistemas de interbloqueo de seguridad para asegurar que se activan y desactivan adecuadamente.

- Revisa el estado de los arneses de seguridad o restricciones, asegurando que estén seguros y sin daños.

4. Batería y Fuente de Energía:

    - Si el seleccionador de pedidos funciona con electricidad, verifica la batería o fuente de energía para asegurar una carga adecuada y cualquier señal de daño.

    - Inspecciona los terminales de la batería en busca de corrosión y asegura que estén conectados firmemente.

    - Si el seleccionador de pedidos funciona con un motor de combustión interna, verifica el nivel de combustible, el nivel de aceite y el nivel de refrigerante según las especificaciones del fabricante.

5. Revisión de Documentación:

    - Revisa el libro de registro y los registros de mantenimiento del seleccionador de pedidos para asegurar que todas las inspecciones y tareas de mantenimiento requeridas se hayan completado.

    - Verifica que cualquier problema o defecto anterior haya sido abordado y documentado adecuadamente.

6. Registro:

    - Registra los resultados de los chequeos previos al inicio en el libro de registro o registros de mantenimiento del seleccionador de pedidos.

    - Documenta cualquier problema o defecto identificado durante el proceso de inspección, incluyendo su ubicación y gravedad.

7. Reporte y Acción:

- Reporta cualquier daño, defecto o preocupación de seguridad identificados durante los chequeos previos al inicio al personal apropiado, como un supervisor o técnico de mantenimiento.

- Sigue los procedimientos establecidos para reportar y abordar problemas, lo que puede incluir etiquetar el seleccionador de pedidos como fuera de servicio hasta que se completen las reparaciones.

- Toma las medidas adecuadas para abordar cualquier problema identificado de acuerdo con los procedimientos de trabajo seguros y las especificaciones del fabricante.

Al realizar chequeos previos al inicio de manera exhaustiva y abordar prontamente cualquier problema, los operadores pueden asegurar la seguridad, fiabilidad y rendimiento del seleccionador de pedidos antes de su uso. Estos chequeos ayudan a prevenir accidentes, minimizar el tiempo de inactividad y mantener el cumplimiento con las regulaciones de seguridad y los estándares operativos. La inspección visual debe abarcar (pero no limitarse a):

- Verificar la batería y sus conectores (si se utiliza una batería de plomo-ácido, asegurar un mantenimiento adecuado es esencial).

- Verificar la presencia de todas las protecciones y cubiertas.

- Revisar el nivel de fluido hidráulico para asegurar su adecuación.

- Inspeccionar las ruedas, cadenas de elevación y mangueras en busca de signos de daño o desgaste.

- Confirmar la presencia y legibilidad de todas las luces de advertencia, calcomanías y documentos relevantes. Inspeccionar la condición del arnés y el cordón de seguridad.

- Revisar cualquier otra ocurrencia inusual o anomalía.

La inspección operativa debe abarcar (pero no limitarse a):
- Asegurar que las funciones de elevación y descenso operen correctamente.

- Revisar la efectividad de los frenos.

- Verificar que el pedal de hombre muerto funcione según lo previsto.

- Asegurar el correcto funcionamiento del control de velocidad, la dirección, la bocina, el botón de emergencia de corte de energía y todos los demás interruptores y alarmas.

Realizar la inspección diaria no es solo un requisito de OSHA, sino también una medida de seguridad prudente. Ayuda a identificar cualquier problema menor antes de que se conviertan en problemas más significativos (y costosos).

Al igual que los montacargas eléctricos convencionales, los seleccionadores de pedidos también necesitan mantenimiento regular para asegurar un rendimiento óptimo y seguridad. Al tener menos partes móviles en comparación con los montacargas de combustión interna, los seleccionadores de pedidos generalmente requieren menos mantenimiento. Como parte de un servicio de mantenimiento preventivo, los técnicos de montacargas típicamente realizan las siguientes tareas:
- Inspeccionar y lubricar las cadenas de elevación para asegurar una operación suave.

- Revisar las mangueras hidráulicas en busca de signos de desgaste, grietas o daños para prevenir posibles problemas hidráulicos.

- Inspeccionar los frenos en busca de desgaste y evaluar su efectividad para detener el vehículo de manera segura.

- Cambiar el fluido hidráulico y el/los filtro(s) para mantener la funcionalidad adecuada del sistema hidráulico.

- Inspeccionar todas las protecciones de seguridad, incluida la protección superior, así como el equipo de seguridad como luces, alarmas y extintores de incendios, asegurando la presencia y legibilidad de todas las calcomanías y placas de identificación.

- Reemplazar partes desgastables como interruptores, escobillas, puntas de contactores, cojinetes, etc., para mantener la eficiencia operativa.

- Inspeccionar las horquillas en busca de signos de desgaste y daño para asegurar un manejo seguro de los materiales.

- Asegurar la presencia de todos los manuales y documentos necesarios para fines de referencia y cumplimiento.

Es esencial enfatizar que solo el personal calificado y autorizado debe realizar mantenimiento e inspecciones en montacargas industriales. Si necesita asistencia para mantener su seleccionador de pedidos o flota de seleccionadores de pedidos, por favor contáctenos hoy. También puede encontrar más información sobre nuestros servicios de mantenimiento de montacargas y sus beneficios asociados.

Operando un Seleccionador de Pedidos

OPERACIÓN DE EQUIPOS DE MANEJO DE MATERIALES 123

Aunque existen diversos modelos de seleccionadores de pedidos en el mercado, sus principios operativos fundamentales permanecen consistentes. Típicamente alimentados por electricidad, estas máquinas están equipadas con baterías de 24, 36 o 48 voltios, un motor eléctrico y diversas bombas hidráulicas. Con una rueda de tracción centralizada y un conjunto de ruedecillas no motorizadas ya sea en el frente o en la parte trasera, su diseño puede posicionar la placa de control electrónico y la batería predominantemente en el extremo frontal, dependiendo del modelo específico.

Para operaciones de selección de pedidos eficientes y seguras, es crucial adherirse a las siguientes pautas:

1. Implementación de Medidas de Prevención/Control de Peligros:

    - Identificar posibles peligros en el área de trabajo e implementar medidas de control para mitigar riesgos.

    - Comunicar estas medidas de manera efectiva a todo el personal que trabaja en el área, asegurando la conciencia y el cumplimiento de los procedimientos de trabajo seguros.

2. Evaluación del Peso y Posicionamiento de la Carga:

    - Evaluar el peso y posicionamiento de las cargas en la plataforma para asegurar que cumplen con las especificaciones descritas en la placa de datos del montacargas para selección de pedidos.

    - Adherirse a las especificaciones del fabricante y a los procedimientos de trabajo seguros al evaluar y ajustar la carga para mantener la estabilidad y prevenir accidentes.

3. Operación Segura del Montacargas:

- Operar el montacargas para selección de pedidos de acuerdo con las especificaciones del fabricante y los procedimientos de trabajo seguros establecidos.

- Asegurar una formación y certificación adecuadas para los operadores para manejar el equipo de manera segura y eficiente.

4. Monitoreo del Camino y Estabilidad de la Carga:

- Monitorear constantemente el camino del montacargas y la estabilidad de la carga al mover, bajar y colocar artículos.

- Adherirse a los procedimientos de trabajo seguros para evitar peligros y asegurar la estabilidad de los materiales a lo largo del proceso de selección.

5. Transporte de Cargas Usando Movimientos Relevantes:

- Utilizar todos los movimientos relevantes del montacargas para selección de pedidos de acuerdo con los procedimientos de trabajo seguros para transportar cargas de manera eficiente y segura.

- Seguir los protocolos establecidos para levantar, bajar y maniobrar el montacargas para minimizar el riesgo de accidentes o lesiones.

6. Respuesta a Situaciones Imprevistas e Inseguras:

- Estar preparado para responder de manera rápida a cualquier situación imprevista o insegura que pueda surgir durante las operaciones de selección de pedidos.

- Seguir los procedimientos de trabajo seguros para abordar y resolver los problemas de manera efectiva, priorizando la seguridad del personal y los materiales.

7. Trabajo Seguro en Alturas:

- Al trabajar en alturas, asegurar que el equipo de arresto de caídas/restricción se use de manera segura y eficiente de acuerdo con los procedimientos de trabajo seguros.

- Proporcionar la formación y el equipo adecuados al personal que trabaja en alturas para minimizar el riesgo de caídas o accidentes.

8. Estacionamiento y Aislamiento del Montacargas:

- Estacionar y aislar el montacargas para selección de pedidos adecuadamente de acuerdo con las especificaciones del fabricante y los procedimientos de trabajo seguros.

- Inmovilizar de forma segura el vehículo y seguir los protocolos establecidos para apagar y aislar el equipo para prevenir su uso no autorizado y asegurar la seguridad cuando no esté en operación.

Operar un montacargas seleccionador de pedidos es generalmente sencillo. Los controles clave incluyen:

1. Pedal de Hombre Muerto:

- Posicionado en la parte inferior, el pedal de hombre muerto requiere la presión del operador para activar el seleccionador de pedidos. Sin presionar este pedal, la máquina permanece inactiva.

2. Joystick:

- Utilizado con movimientos de muñeca, el joystick facilita el movimiento hacia adelante o hacia atrás del seleccionador de pedidos.

3. Volante:

    ◦ Utilizado para maniobrar el seleccionador de pedidos, especialmente en modelos donde la visibilidad de las ruedas o la determinación de la orientación a través del volante es desafiante. Algunos modelos cuentan con un indicador de dirección digital para ayudar en la visualización de la trayectoria.

4. Controles de Plataforma:

    ◦ Ubicados cerca o en el joystick, estos controles gestionan la elevación de la plataforma, permitiendo a los operadores ajustarla según sea necesario para las tareas de selección.

5. Garra para Pallets:

    ◦ Encontrada en muchos modelos modernos de seleccionadores de pedidos, la garra para pallets, operada por una palanca de pie, sujeta los largueros del pallet para evitar que se deslicen de las horquillas.

OPERACIÓN DE EQUIPOS DE MANEJO DE MATERIALES 127

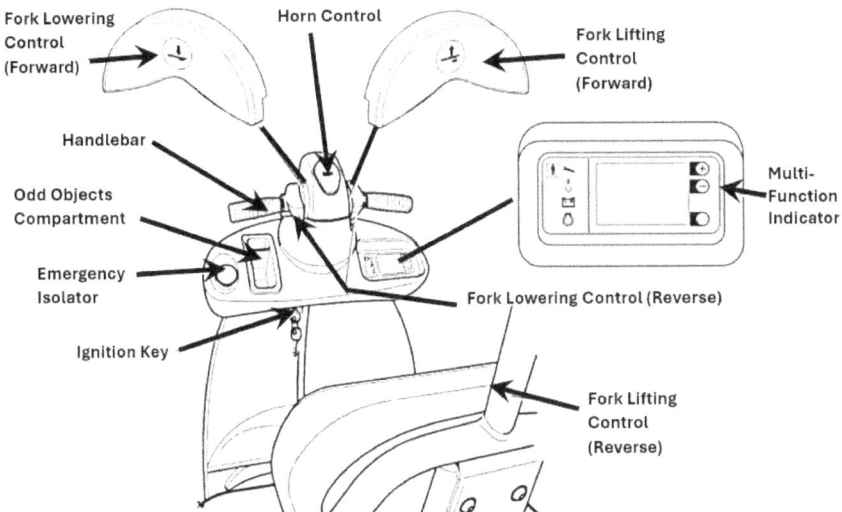

Figura 36: Controles de muestra para seleccionador de pedidos.

Además, ciertos montacargas seleccionadores de pedidos incorporan sistemas de rodillos en la base, facilitando la carga de baterías. Una vez cargadas en los carritos de manejo, las baterías pueden deslizarse fácilmente en su lugar sobre los rodillos y asegurarse con placas de metal de alta resistencia. Una vez en posición, la batería se conecta al chasis del seleccionador de pedidos utilizando un conector SB. Negocios como almacenes, centros de distribución, minoristas y centros de cumplimiento pueden beneficiarse del uso de montacargas seleccionadores de pedidos, dada su practicidad en el manejo de tareas físicas diarias.

La mayoría de los seleccionadores de pedidos de tamaño estándar típicamente tienen una capacidad máxima de carga (límite de peso) que varía de 1,500 lbs. a 3,000 lbs. (680 kg a 1,360 kg). Seleccionadores de pedidos más pequeños, como el CLARK OSQ192, tienen capacidades de levantamiento de peso alrededor de 600 lbs. (272 kg), mientras que las unidades más grandes pueden manejar cargas de hasta 3,000 lbs. (1,360 kg) (Conger, 2024).

Asegúrese de referirse a la etiqueta de datos para conocer la capacidad de carga específica de su seleccionador de pedidos. Además, brinde capacitación a sus trabajadores sobre los límites de peso y asegúrese de que no excedan la capacidad de carga nominal de los seleccionadores de pedidos.

No todos los seleccionadores de pedidos alcanzarán la misma altura. Los seleccionadores de pedidos de nivel medio típicamente alcanzan alturas que van de 15 a 25 pies (4.6 a 7.6 metros), mientras que los seleccionadores de alto nivel pueden extenderse hasta alturas entre 20 y 35 pies (6.1 a 10.7 metros). Es esencial seleccionar seleccionadores de pedidos capaces de alcanzar los estantes más altos en su almacén. Esta información se puede encontrar en la placa de datos del seleccionador de pedidos (Conger, 2024).

Secuencia de Inicio para un Seleccionador de Pedidos:

1. Preparación:

a. Asegúrese de que el seleccionador de pedidos esté estacionado en un área designada lejos del tráfico peatonal y vehicular.

b. Apague todos los accesorios, luces y fuentes de energía.

c. Aplique el freno de estacionamiento y asegúrese de que el vehículo esté firmemente en su lugar.

d. Realice una inspección visual del seleccionador de pedidos, buscando señales de daño o anomalías.

1. Chequeo de Seguridad:

a. Verifique que todas las protecciones de seguridad, cubiertas y dispositivos protectores estén en su lugar y funcionando correctamente.

b. Revise el cinturón de seguridad y asegúrese de que esté bien abrochado.

c. Inspeccione la plataforma del operador para estabilidad y asegúrese de que no haya obstrucciones.

d. Confirme que el pedal de hombre muerto funcione y responda adecuadamente.

1. Secuencia de Encendido:

OPERACIÓN DE EQUIPOS DE MANEJO DE MATERIALES

a. Gire la llave de encendido a la posición "on" mientras presiona simultáneamente el pedal de hombre muerto.

b. Observe el panel de instrumentos para cualquier luz de advertencia o indicador. Aborde cualquier problema indicado antes de proceder.

c. Escuche cualquier sonido o vibración inusual que pueda indicar problemas mecánicos.

1. Chequeos Operativos:

a. Pruebe la funcionalidad de las funciones de elevación y descenso elevando y bajando ligeramente la plataforma.

b. Verifique la respuesta de la dirección girando el volante hacia la izquierda y hacia la derecha.

c. Pruebe la bocina y asegúrese de que emita un sonido claro y audible.

d. Enganche las marchas hacia adelante y hacia atrás y confirme una aceleración y frenado suaves.

e. Verifique el funcionamiento de cualquier característica o accesorio adicional específico del modelo del seleccionador de pedidos.

1. Preparativos Finales:

a. Ajuste los espejos y la posición del asiento para una visibilidad y comodidad óptimas.

b. Confirme que todo el equipo y herramientas necesarias estén asegurados en el seleccionador de pedidos.

c. Revise brevemente las tareas y rutas planificadas para el turno con el personal relevante.

1. Listo para Operar:

a. Una vez completados todos los chequeos, suelte el freno de estacionamiento.

b. Acelere gradualmente y comience a maniobrar el seleccionador de pedidos hacia el área de trabajo designada.

c. Mantenga la conciencia de su entorno y adhiera a las prácticas de operación seguras durante el turno.

Al seguir esta secuencia de inicio, los operadores pueden asegurarse de que el seleccionador de pedidos esté debidamente preparado para una operación segura y eficiente en el entorno del almacén o centro de distribución.

Efectos del Centro de Carga, Centro de Gravedad y Palanca en Seleccionadores de Pedidos

Los efectos del Centro de Carga, Centro de Gravedad y Palanca en los Seleccionadores de Pedidos son factores cruciales que impactan la estabilidad, capacidad de elevación y operación segura de estos vehículos.

Centro de Carga: El centro de carga, a menudo referido como la distancia del centro de carga, es una medida crítica utilizada en las operaciones de montacargas y seleccionadores de pedidos. Representa la distancia desde la cara de las horquillas hasta el centro de gravedad de la carga que se levanta. Típicamente se expresa en pulgadas o milímetros y juega un papel crucial en determinar la capacidad de elevación segura de un montacargas o seleccionador de pedidos. Cuando la carga está centrada y distribuida uniformemente en las horquillas, el centro de carga está en su posición estándar. Sin embargo, si la carga está distribuida de manera desigual o se extiende más allá del centro de carga estándar, puede afectar la estabilidad y la capacidad de elevación del equipo.

Centro de Gravedad: El centro de gravedad (COG) se refiere al punto en el cual todo el peso de un objeto está concentrado. En el contexto de los seleccionadores de pedidos, es esencial entender el COG tanto de la carga que se levanta como del equipo mismo. Al levantar una carga con un seleccionador de pedidos, el objetivo es mantener el centro de gravedad combinado de la carga y el equipo dentro de un rango estable para prevenir volcamientos o inestabilidad. Los operadores deben considerar la posición de la carga, la altura del levantamiento y cualquier plataforma o accesorio adicional al evaluar el COG. La colocación y distribución adecuada de la carga son cruciales para mantener la estabilidad y prevenir accidentes.

Palanca: La palanca, en el contexto de los seleccionadores de pedidos, se refiere a la ventaja mecánica obtenida al usar el mecanismo de elevación para subir y bajar cargas. Implica la aplicación de fuerza a cierta distancia de un punto de pivote, como el fulcro de un mecanismo de elevación. La palanca ejercida por un seleccionador de pedidos depende de factores como la longitud de las horquillas, la altura de elevación y la distancia del centro de carga. Entender la palanca es importante para que los operadores controlen efectivamente el levantamiento y descenso de cargas, así como para mantener la estabilidad y el equilibrio durante la operación. El uso indebido de la palanca puede llevar a sobrecarga, volcamiento u otros riesgos de seguridad. Por lo tanto, los operadores deben estar capacitados para operar seleccionadores de pedidos de manera segura y eficiente mientras consideran los principios de palanca.

Los efectos de estos conceptos en un seleccionador de pedidos incluyen:

1. Centro de Carga:

    - Determina la distancia desde la cara de las horquillas hasta el centro de gravedad de la carga levantada.

    - Efectos:
        - A medida que aumenta la distancia del centro de carga, la palanca de la carga en las horquillas aumenta, potencialmente reduciendo la capacidad de elevación del seleccionador de pedidos.

- Distancias más largas del centro de carga desplazan el centro de gravedad más lejos de las horquillas, haciendo al seleccionador de pedidos menos estable.

- Los operadores deben asegurarse de que las cargas estén correctamente centradas y distribuidas uniformemente en las horquillas para mantener la estabilidad y prevenir volcamientos.

2. Centro de Gravedad (COG):

   - Se refiere al punto en el cual todo el peso de un objeto está concentrado.

   - Efectos:

     - La posición del centro de gravedad de la carga influye significativamente en la estabilidad del seleccionador de pedidos.

     - Si el centro de gravedad combinado de la carga y el equipo se extiende más allá del rango estable, puede causar que el seleccionador de pedidos se vuelque.

     - Los operadores deben evaluar cuidadosamente el COG de la carga y el equipo, considerando factores como la colocación de la carga, la altura de elevación y cualquier accesorio adicional.

3. Palanca:

   - Involucra la ventaja mecánica obtenida al usar el mecanismo de elevación del seleccionador de pedidos.

   - Efectos:

- Entender y controlar adecuadamente la palanca es esencial para levantar y bajar cargas de manera segura.

- El uso indebido de la palanca puede llevar a sobrecarga, volcamiento o pérdida de control del seleccionador de pedidos.

- Los operadores deben considerar la longitud de las horquillas, la altura de elevación, la distancia del centro de carga y el peso de la carga al aplicar palanca para asegurar una operación segura y eficiente.

- La capacitación en principios de palanca es crítica para que los operadores prevengan accidentes y mantengan la estabilidad durante las operaciones de selección de pedidos.

Por lo tanto, la estabilidad juega un papel crucial para asegurar la operación segura de los montacargas para selección de pedidos. Varios factores influyen en la estabilidad de un seleccionador de pedidos, incluyendo el centro de gravedad (CG) y la distancia del centro de carga.

El centro de gravedad (CG) representa el punto alrededor del cual un objeto está equilibrado en todas direcciones. En el caso de un seleccionador de pedidos, que consta de partes móviles, el CG se desplaza a medida que el mástil se inclina hacia adelante o hacia atrás y a medida que el montante se mueve hacia arriba o hacia abajo. Cuando se recoge una carga, el CG combinado del seleccionador de pedidos y la carga debe permanecer dentro del triángulo de estabilidad, definido por el área entre las ruedas delanteras y el pivote del eje de dirección, para que el montacargas permanezca estable. Si el CG se desplaza más allá de este triángulo, el montacargas se vuelve susceptible a volcarse hacia adelante o caerse de lado.

Factores como el tamaño, peso, forma y posición de la carga, así como la altura a la que se eleva, la presión de los neumáticos y las fuerzas dinámicas durante el movimiento, impactan el centro de gravedad y la estabilidad del montacargas cargado. Las fuerzas dinámicas, como la aceleración, el frenado, operar en superficies irregulares o girar, también pueden afectar la estabilidad.

Incluso cuando no está cargado, un montacargas para selección de pedidos debe operarse con precaución, ya que puede volcarse más fácilmente que un montacargas cargado, especialmente si el centro de gravedad se desplaza debido a factores como recoger una carga en la punta de las horquillas o movimientos del propio montacargas.

La distancia del centro de carga, que se refiere a la distancia desde la cara vertical de la plataforma de carga hasta el centro de gravedad de la carga, también afecta la capacidad del montacargas. A medida que aumenta la distancia del centro de carga, la capacidad del montacargas disminuye. Si la carga no se posiciona correctamente contra el borde de la plataforma del operador, tanto la capacidad nominal como la estabilidad del seleccionador de pedidos pueden verse comprometidas.

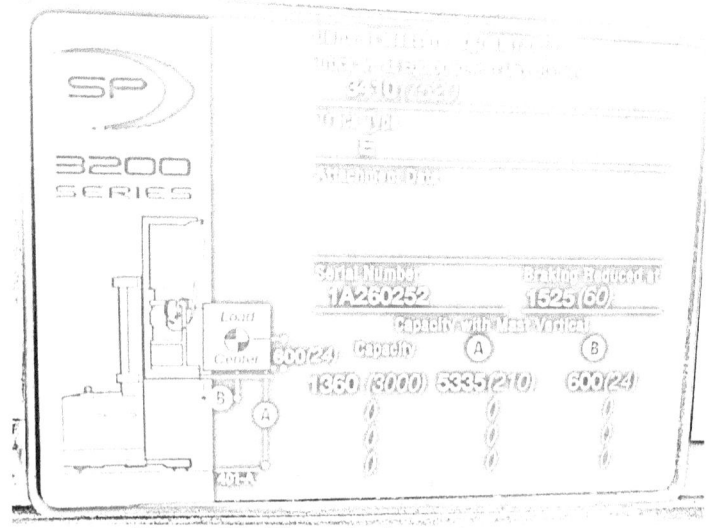

Figura 37: Placa de datos de muestra.

Es esencial referirse al gráfico de carga o a la placa de datos del seleccionador de pedidos específico que se está utilizando para determinar su capacidad nominal. La capacidad nominal indica la carga máxima que el seleccionador de pedidos puede llevar de manera segura a una altura de carga y distancia del centro de carga dadas, asegurando una operación segura y eficiente.

Manejo de Cargas

Al manejar cargas con el montacargas, es crucial adherirse a ciertas pautas para garantizar la seguridad y prevenir daños al equipo:
- Evite llevar la carga solo en un brazo del montacargas, ya que esto puede comprometer la estabilidad del seleccionador de pedidos y potencialmente dañar el montacargas.

- Antes de retroceder el seleccionador de pedidos, asegúrese de que los dispositivos de advertencia funcionen correctamente y siempre revise por encima de ambos hombros.

- Cuando sea posible, enfrente la dirección del viaje y asegúrese de que todos los dispositivos de advertencia estén operativos para alertar al personal cercano.

- Al viajar con una carga, asegúrese de que el seleccionador de pedidos no se eleve más de 600mm del suelo, ya que exceder esta altura puede comprometer la estabilidad. No manipule las características de seguridad diseñadas para prevenir el viaje mientras está elevado.

- Baje la carga lo más cerca posible del suelo para estabilidad mientras viaja. Toque la bocina antes de bajar o viajar mientras está elevado.

- Si la carga obstruye la visibilidad, conduzca hacia adelante si es factible, asegúrese de que el camino esté despejado y utilice dispositivos de advertencia como una bocina y luces intermitentes. Considere reempacar la carga si es necesario y solicite a alguien que asista con la guía.

- Tenga en cuenta el balanceo trasero y mantenga una velocidad de operación segura basada en factores como el tamaño de la carga, las condiciones climáticas, las condiciones del suelo/piso, y la presencia de personal y otro equipo.

- Monitoree continuamente el movimiento de la carga para asegurar la seguridad del personal en el área y la estabilidad de la carga y el seleccionador de pedidos.

- Evite viajar en pendientes, rampas o inclinaciones, ya que los montacargas para selección de pedidos son propensos a volcarse en tales superficies. Manténgase en superficies duras y niveladas mientras viaja.

- Al cargar en un camión desde un muelle de carga, asegúrese de que las placas de muelle o placas de puente estén en su lugar. Nunca gire hacia otro estante mientras la plataforma está elevada; primero baje la plataforma.

- Tenga en cuenta las condiciones ambientales como superficies resbaladizas, terreno fangoso, vientos fuertes y deslumbramiento solar, y tome precauciones adecuadas como usar el EPP adecuado y ajustar el comportamiento de conducción en consecuencia.

- En caso de contacto con líneas eléctricas, advierta a otros que se mantengan alejados, intente romper el contacto con las líneas eléctricas y siga los procedimientos de seguridad para salir del montacargas. Informe el incidente a los supervisores, la compañía eléctrica y los reguladores de seguridad, y absténgase de usar el montacargas hasta que haya sido revisado y autorizado para el servicio.

Al colocar una carga con un montacargas para selección de pedidos, siga estos pasos:

1. Acérquese gradual y cautelosamente al destino de la carga.

2. Baje suavemente la carga a la posición deseada.

3. Si está equipado, suelte el dispositivo de bloqueo del pallet.

4. Retroceda el seleccionador de pedidos para retirar las horquillas, asegurándose de que no raspen contra el pallet.

Al reponer stock en estanterías o estantes, es esencial considerar lo siguiente:

- Asegúrese de que la estantería o los estantes puedan soportar el peso de la carga.

- Apile las cargas en una superficie estable y nivelada.

- Coloque los artículos más pesados en la parte inferior del montón.

- Evite apilar stock a alturas que puedan comprometer la estabilidad.

En caso de una falla del Seleccionador de Pedidos, una acción rápida es imperativa para mitigar los riesgos potenciales y garantizar la seguridad del personal y el equipo. Si hay una caída repentina de la plataforma o sospecha de problemas con los frenos, la dirección o el sistema hidráulico, se deben tomar precauciones inmediatas. En primer lugar, baje la carga que se lleva y apague de inmediato el seleccionador de pedidos para prevenir cualquier complicación adicional.

Al encontrarse con tal malfuncionamiento, realice una inspección minuciosa del montacargas para selección de pedidos para identificar cualquier signo visible de daño o desgaste. Preste especial atención a las líneas hidráulicas, buscando cualquier división o abultamiento que pueda indicar un problema con el sistema hidráulico. Es esencial abordar estos problemas potenciales de manera pronta para prevenir cualquier escalada de la situación.

Posteriormente, informe la falla detectada a una persona autorizada dentro de la organización. Esto asegura que se pueda tomar la acción adecuada para rectificar el problema y prevenir cualquier operación adicional del equipo malfuncionante. Al operar un seleccionador de pedidos, cualquier malfuncionamiento o defecto en componentes críticos como el motor, los frenos, la dirección u otro equipo, presenta riesgos significativos. Estos riesgos pueden incluir accidentes potenciales, lesiones a individuos, inestabilidad del equipo e incapacidad para completar tareas esenciales de selección de pedidos. Por lo tanto, el informe y la resolución oportunos de fallas son cruciales para mantener un entorno de trabajo seguro y garantizar la eficiencia operativa.

Conclusión de Operaciones con Seleccionadores de Pedidos

Para asegurar el apagado seguro de un montacargas para selección de pedidos, es esencial seguir las especificaciones del fabricante y adherirse a los procedimientos de trabajo seguros. Así es cómo lograrlo:

1. Apagar el Montacargas:

    ◦ Estacione el montacargas para selección de pedidos en una superficie nivelada lejos de cualquier peligro u obstáculo.

- Active el freno de estacionamiento para prevenir cualquier movimiento no intencionado del vehículo.

- Apague el motor o la fuente de energía del montacargas según las instrucciones del fabricante.

- Siga cualquier procedimiento específico de apagado descrito en el manual del operador proporcionado por el fabricante.

- Asegúrese de que todos los controles vuelvan a su posición neutral o apagada.

- Baje las horquillas o la plataforma al suelo, si aplica, para estabilizar el montacargas.

- Espere a que todas las partes móviles se detengan completamente antes de salir del vehículo.

2. Asegurar el Montacargas:

- Una vez que el montacargas esté apagado, asegúrelo para prevenir el acceso o uso no autorizado.

- Retire la llave del encendido y guárdela en un lugar seguro designado.

- Si está disponible, active cualquier dispositivo antirrobo o inmovilizador instalado en el vehículo.

- Asegúrese de que el montacargas esté estacionado en un área designada o ubicación de almacenamiento según los procedimientos del lugar de trabajo.

- Si lo requieren las obligaciones legislativas o las políticas del lugar de trabajo, instale medidas de seguridad adicionales como bloqueos de rueda o cadenas.

- Comunique el estado del montacargas al resto del personal para indicar que no está disponible para su uso.

Una vez que haya terminado de usar el montacargas, es esencial realizar una revisión exhaustiva para asegurarse de que esté preparado para el próximo operador. Esto es lo que necesita hacer:

1. Si aplica, conecte las baterías a un cargador. Durante el proceso de carga, las baterías emiten gases explosivos que deben ser ventilados fuera del área de trabajo para prevenir explosiones potenciales. Es crucial cargar las baterías en un espacio bien ventilado, lejos de cualquier llama abierta, ya que el gas de hidrógeno puede acumularse e inflamarse durante la carga.

2. Evite fumar cerca de una batería que se está cargando, ya que los humos del cigarrillo podrían inflamarse, lo que llevaría a una explosión o incendio.

3. Al conectar o desconectar una batería eléctrica del transformador (fuente de energía) y/o del montacargas:

    - Apague la energía antes de realizar cualquier conexión o desconexión.
    - Inspeccione todas las conexiones para asegurarse de que estén seguras.
    - Encienda la energía solo después de que la reconexión esté completa.
    - Asegúrese de que nadie acceda al seleccionador de pedidos mientras la batería se está cargando.

4. Verifique las baterías para asegurarse de que estén adecuadamente llenas de agua, según sea necesario.

5. Realice chequeos operativos una vez que la batería esté reconectada al montacargas antes de operar el vehículo.

Si encuentra algún fallo o problema mientras opera el montacargas:

1. Cese inmediatamente cualquier operación y retire las llaves del encendido.

2. Etiquete el montacargas con una etiqueta de peligro para evitar que alguien lo use.

3. Registre el problema en el libro de registro del montacargas o en la lista de inspección, proporcionando información detallada.

4. Informe la falla a una persona autorizada o supervisor.

Las reparaciones menores al montacargas pueden ser realizadas por personal competente y autorizado.

4
Manipuladores Telescópicos

Los manipuladores telescópicos, también conocidos como manejadores telescópicos, elevadores de brazo, montacargas de alcance o teleportadores, se utilizan extensamente en las industrias agrícolas y de construcción para transportar cargas a áreas inaccesibles para los montacargas convencionales. Los manipuladores telescópicos modernos, como se muestra en la Figura 38, son unidades híbridas versátiles que combinan las capacidades de elevación de carga de un montacargas con el rango de elevación de una grúa. Equipados con un brazo telescópico, pueden acomodar varios accesorios, facilitando una amplia gama de tareas con un diseño de enganche rápido simple que permite cambios de accesorios rápidos y seguros según sea necesario.

OPERACIÓN DE EQUIPOS DE MANEJO DE MATERIALES   143

Figura 38: Manipulador Telescópico JCB 531-70. Bob Adams de Amanzimtoti, Sudáfrica, CC BY-SA 2.0, vía Wikimedia Commons.

Su funcionalidad varía, sirviendo como montacargas telescópicos, grúas para levantar cargas suspendidas o plataformas de trabajo elevadoras mediante accesorios especializados, cada configuración se adhiere a estándares de diseño distintos. La competencia del operador también varía según la configuración del manipulador telescópico.

Típicamente, cuentan con una cabina montada lateralmente con el brazo posicionado a la derecha, la visibilidad desde la cabina puede verse obstaculizada por elementos estructurales, lo que plantea desafíos durante la marcha atrás o el levantamiento de cargas grandes. La operación inadecuada puede llevar a volcamientos, contacto con líneas eléctricas, deslizamiento de cargas o desprendimiento de accesorios, resultando en lesiones o fatalidades, lo que enfatiza la importancia primordial de promover prácticas seguras.

Aspectos clave de los manipuladores telescópicos incluyen su versatilidad para acomodar varios accesorios, capacidades extendidas de alcance y altura, aplicaciones diversas en industrias como la agricultura, la construcción y el almacenamiento, junto con limitaciones inherentes que requieren adherencia a gráficos de carga y formación de operadores. Además, muchos manipuladores telescópicos cuentan con dirección en las cuatro ruedas, mejorando la maniobrabilidad en espacios confinados, subrayando la importancia crítica de una operación segura debido a los riesgos asociados con levantar cargas pesadas a alturas considerables.

Los manipuladores telescópicos sirven como equipos multifuncionales invaluables, cumpliendo roles de montacargas, grúas y más, satisfaciendo las necesidades diversas de varias industrias.

Los manipuladores telescópicos funcionan predominantemente como herramientas para levantar y colocar objetos, pero encuentran aplicación extensiva en diversas industrias. En agricultura, manejan tareas como mover heno, mientras que en construcción, contribuyen a movimientos de tierra, excavación y transporte de cargas pesadas a ubicaciones elevadas. Además, los manipuladores telescópicos son instrumentales en tareas como arar suelo, limpieza de escombros pesados y acceso a áreas elevadas con materiales generales.

Los manipuladores telescópicos representan una fusión de las funcionalidades de grúa y montacargas, ofreciendo la flexibilidad de estar equipados con diversos accesorios como cabrestantes, pinzas para estiércol o cucharones. Además, pueden estar equipados con plataformas, transformándose efectivamente en elevadores de brazo.

Su movilidad excepcional permite un fácil transporte a varias ubicaciones y sitios debido a su adaptabilidad. Con tres modos de dirección disponibles (tracción en las 4 ruedas, dirección de cangrejo y rueda delantera), junto con una construcción robusta para atravesar terrenos difíciles, los manipuladores telescópicos sobresalen en operaciones en sitio en canteras, entornos agrícolas y sitios de construcción.

Diferentes tipos de manipuladores telescópicos ofrecen beneficios únicos. Por ejemplo, los manipuladores telescópicos rotativos poseen la capacidad de girar alrededor del chasis, mejorando la flexibilidad incluso estando estacionarios.

A pesar de las capacidades de elevación variables dictadas por las especificaciones de la máquina, los manipuladores telescópicos pueden izar cargas de hasta 45 toneladas. Sin embargo, su capacidad de elevación disminuye a medida que la distancia de la carga desde el centro aumenta con la extensión del brazo. Para contrarrestar esto, los estabilizadores delanteros pueden extender la capacidad de elevación, a menudo complementados por computadoras integradas que emiten advertencias al acercarse a los límites de peso.

Además, los manipuladores telescópicos contribuyen a una mayor seguridad al sustituir el levantamiento manual en los sitios de trabajo, simplificando tareas de movimiento complejas. Asegurar la máxima seguridad en el sitio requiere operadores capacitados y calificados, con una preparación cuidadosa del camino para ejecutar tareas sin riesgos.

Los Manipuladores Telescópicos Ofrecen:

1. Levantamiento Pesado: Los manipuladores telescópicos sobresalen en levantar cargas pesadas, adheridos a las especificaciones de capacidad de elevación y altura, incluyendo bienes paletizados y no paletizados cuando están adecuadamente equipados. A diferencia de los montacargas limitados a movimientos lineales, los manipuladores telescópicos ofrecen maniobrabilidad diagonal, facilitando el manejo de cargas inaccesibles para montacargas estándar.

Su maniobrabilidad mejorada permite el acceso a espacios reducidos y ángulos extraños a través de brazos extensibles, haciéndolos ideales para espacios confinados. Los estabilizadores desplegables proporcionan estabilidad y seguridad adicionales durante el levantamiento pesado.

1. Versatilidad: El brazo telescópico es integral para la adaptabilidad del manipulador telescópico, acomodando una amplia gama de accesorios de forma segura mediante mecanismos de enganche rápido. Varios accesorios, como carros de montacargas, plumas de grúa, accesorios de cuchara y cubo, y jaulas o plataformas de trabajo, expanden las funcionalidades de los manipuladores telescópicos, potencialmente generando ahorros significativos al obviar la necesidad de equipos adicionales como grúas o plataformas de trabajo elevadoras.

2. Capacidades Dentro y Fuera de Carretera: Equipados con tracción en las cuatro ruedas, los manipuladores telescópicos atraviesan terrenos dentro y fuera de carretera con facilidad. Neumáticos robustos soportan cargas pesadas mientras navegan por sitios de construcción accidentados, áreas agrícolas o entornos mineros. Además, la registración vial facilita el transporte seguro de cargas entre sitios de trabajo o desde camiones de entrega.

3. Seguridad Mejorada: Los manipuladores telescópicos minimizan las tareas de levantamiento manual, reduciendo el riesgo de lesiones a empleados debido a manejo manual inseguro o repetitivo. La máxima seguridad en el sitio requiere operación por operadores completamente entrenados y calificados, adhiriéndose a las capacidades de elevación y alturas especificadas para mitigar riesgos de lesiones, daños al equipo o fatalidades en el lugar de trabajo.

Las clasificaciones principales de los manipuladores telescópicos son Manipuladores Telescópicos de Brazo Fijo (o no giratorios) y Manipuladores Telescópicos Giratorios (o giratorios).

Manipuladores Telescópicos de Brazo Fijo: Los manipuladores telescópicos de brazo fijo, la variante original de manipulador telescópico, cuentan con una cabina estacionaria y un brazo telescópico orientado hacia adelante. Aunque estos modelos ofrecen un rango de movimiento más limitado, sobresalen en el manejo de cargas más pesadas debido a que los fabricantes consolidan la tecnología de contrapeso dentro de la estructura del manipulador telescópico. A pesar de su movimiento restringido, los manipuladores telescópicos de brazo fijo transportan eficientemente pallets, paquetes y materiales sueltos dentro de sitios de trabajo o patios industriales. A diferencia de los montacargas, los manipuladores telescópicos proporcionan capacidades de transporte y elevación más amplias, junto con un alcance y altura de elevación superiores.

La principal ventaja de los manipuladores telescópicos de brazo fijo radica en sus capacidades de trabajo pesado. Estos modelos son la opción preferida para transportar equipo o materiales a través de terrenos accidentados y largas distancias. Los manipuladores telescópicos de brazo fijo típicamente exhiben mayor estabilidad con cargas pesadas y cuentan con un brazo más largo, haciéndolos activos valiosos para proyectos importantes caracterizados por espacios amplios y tareas sustanciales.

En contraste, los manipuladores telescópicos giratorios, como se muestra en la Figura 39, representan un modelo más nuevo, emergiendo a finales de los años 1900 y ganando rápidamente popularidad. A diferencia de los manipuladores telescópicos de brazo fijo, los manipuladores telescópicos giratorios cuentan con una cabina y un brazo capaces de rotar 360 grados mientras mantienen un cuerpo estacionario. Esta configuración expande significativamente el rango de movimiento del brazo telescópico, haciéndolos altamente adecuados para proyectos que requieren maniobrabilidad en espacios reducidos.

Los manipuladores telescópicos giratorios no están destinados principalmente para levantamiento pesado, pero sobresalen como movilizadores dinámicos entre las variantes de manipuladores telescópicos.

A pesar de esto, aún ofrecen capacidades de elevación y transporte estándar impresionantes en comparación con montacargas y maquinaria similar. Ya sea que se utilicen en proyectos de construcción importantes o operaciones en patios industriales, los manipuladores telescópicos giratorios están bien equipados para satisfacer las demandas del proyecto de manera eficiente.

Figura 39: Manipulador telescópico giratorio. Asurnipal, CC BY-SA 4.0, vía Wikimedia Commons.

Ventajas de los Manipuladores Telescópicos Giratorios

La ventaja única de los manipuladores telescópicos giratorios radica en su capacidad para navegar por espacios estrechos sin esfuerzo. Con una cabina y un brazo capaces de rotar 360 grados, estos manipuladores telescópicos permiten la recogida y colocación de pallets sin necesidad de maniobras extensas del cuerpo del manipulador telescópico. Esta característica resulta especialmente beneficiosa en áreas confinadas donde las maniobras frecuentes resultarían en pérdida de tiempo. Aunque los manipuladores telescópicos giratorios pueden no igualar la capacidad de elevación y altura de sus contrapartes de brazo fijo, aún ofrecen capacidades notables.

Además de los dos tipos distintos, los manipuladores telescópicos están disponibles en varias configuraciones, cada una ofreciendo diferentes capacidades de elevación (Paul, 2022).

Modelos Compactos: Los manipuladores telescópicos compactos son adecuados para levantar cargas de peso moderado a alturas moderadas. Típicamente, los manipuladores telescópicos súper compactos pueden levantar un peso máximo de 2.5 toneladas a una altura de aproximadamente 6 metros, mientras que los manipuladores telescópicos compactos tienen una capacidad de elevación de hasta 4 toneladas a alturas de alrededor de 10 metros. La Figura 40 muestra un manipulador telescópico compacto. La altura máxima de elevación para el manipulador telescópico en la Figura 40 es de 18.04 pies (5500 milímetros) con un alcance máximo hacia adelante de 10.5 pies (3200 milímetros). En el alcance máximo, puede manejar cargas de hasta 2645 libras (1200 kilogramos), mientras que en la altura máxima, la capacidad máxima de carga es de 5952 libras (2700 kilogramos). La capacidad máxima de elevación general del manipulador telescópico también es de 5952 libras (2700 kilogramos).

Figura 40: Manipulador telescópico Manitou MLT 627 turbo equipado con un cucharón de manejo de materiales a granel Strimech. BulldozerD11, CC BY-SA 3.0, vía Wikimedia Commons.

Elevación Estándar: Los manipuladores telescópicos estándar generalmente tienen una capacidad de elevación que varía de 2 a 6 toneladas, capaces de levantar cargas a alturas entre 6 y 11 metros.

Elevación Alta: Para tareas que requieren elevación a alturas considerables, están disponibles los manipuladores telescópicos de elevación alta. Estos modelos pueden manejar pesos de 3 a 6 toneladas y elevarlos a alturas que superan los 17 metros, con ciertos brazos de manipuladores telescópicos JCB que se extienden hasta 20 metros.

Carga Pesada: Los proyectos que involucran cargas excepcionalmente pesadas necesitan manipuladores telescópicos de carga pesada. Estos manipuladores telescópicos pueden manejar cargas de hasta aproximadamente 7.5 toneladas.

Las diversas opciones de dirección disponibles para los manipuladores telescópicos, como se muestra en la Figura 41, mejoran su maniobrabilidad, independientemente de si elige el modelo fijo o rotativo.

OPERACIÓN DE EQUIPOS DE MANEJO DE MATERIALES   151

Los manipuladores telescópicos ofrecen tipos de dirección distintos, una característica única exclusiva de esta maquinaria. Estas opciones de dirección incluyen:

1. Dirección de ruedas delanteras: En este modo, solo las ruedas delanteras giran, proporcionando seguridad óptima, especialmente cuando el manipulador telescópico se utiliza en carreteras.

2. Dirección de cuatro ruedas: Esta configuración de dirección implica la rotación de las ruedas delanteras y traseras en direcciones opuestas, resultando en el radio de giro más ajustado. Sin embargo, es adecuado exclusivamente para aplicaciones fuera de carretera.

3. Dirección de cangrejo: En este modo, las cuatro ruedas giran en la misma dirección, permitiendo el movimiento lateral. La dirección de cangrejo resulta invaluable en espacios confinados, eliminando la necesidad de maniobras de giro tradicionales.

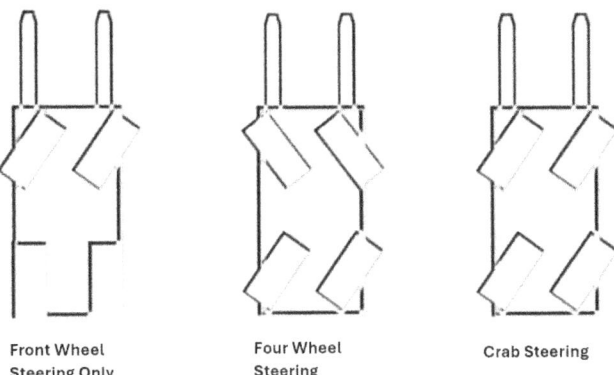

Figura 41: Modos de dirección de manipuladores telescópicos.

Antes de seleccionar un manipulador telescópico que se ajuste a sus requisitos, se deben tener en cuenta varias consideraciones. Estas incluyen la capacidad de la máquina, tanto en términos de peso de carga como de altura de elevación, asegurando que se alinee con sus demandas operativas. Además, la capacidad de alcance, el radio de giro para la maniobrabilidad, la estabilidad asegurada por el pasador de pivote del brazo y la idoneidad de los neumáticos para varios terrenos son factores esenciales a evaluar. Además, examinar los mecanismos de dirección y la disponibilidad de accesorios compatibles mejora aún más la idoneidad del manipulador telescópico para tareas y entornos específicos.

Los Componentes Principales de un Manipulador Telescópico incluyen:

1. Chasis:

    - El chasis sirve como la base del manipulador telescópico, proporcionando soporte estructural y albergando otros componentes. Típicamente está construido con materiales resistentes para soportar cargas pesadas y terrenos difíciles.

2. Brazo:

    - El brazo es un componente crucial del manipulador telescópico, consistiendo en secciones telescópicas que se extienden y retraen para ajustar el alcance y la altura de la máquina. Usualmente está equipado con accesorios para levantar y transportar varias cargas.

3. Cabina:

    - La cabina alberga al operador y los controles esenciales para operar el manipulador telescópico. Está diseñada para proporcionar comodidad y visibilidad al operador durante el uso, a menudo con asientos ergonómicos, controles y ayudas de visibilidad.

4. Motor:

- El motor alimenta el manipulador telescópico, proporcionando la energía necesaria para operar los sistemas hidráulicos, mecanismos de conducción y otros componentes. Típicamente es un motor diésel o de gasolina, elegido por su durabilidad y características de torque.

5. Sistema Hidráulico:

- El sistema hidráulico controla el movimiento del brazo, los accesorios y otras funciones hidráulicas del manipulador telescópico. Consiste en bombas hidráulicas, cilindros, válvulas y mangueras, operadas por el operador a través de palancas de control o joysticks.

6. Contrapeso:

- Se agregan contrapesos al manipulador telescópico para mejorar la estabilidad y el equilibrio, especialmente al levantar cargas pesadas. Están posicionados estratégicamente en el chasis para contrarrestar el peso de la carga que se levanta.

7. Neumáticos:

- Los neumáticos proporcionan tracción y soporte para el manipulador telescópico, permitiéndole moverse de manera segura a través de varios terrenos. Los manipuladores telescópicos pueden contar con diferentes tipos de neumáticos dependiendo de la aplicación, incluyendo neumáticos neumáticos, sólidos o llenos de espuma.

8. Sistema de Dirección:

- El sistema de dirección permite al operador controlar la dirección del movimiento del manipulador telescópico. Puede incluir opciones como dirección de ruedas delanteras, dirección de cuatro ruedas o dirección de cangrejo, proporcionando flexibilidad y maniobrabilidad en diferentes entornos operativos.

9. Accesorios:

- Los accesorios son herramientas o complementos montados en el extremo del brazo para realizar tareas específicas. Los accesorios comunes incluyen horquillas para levantar pallets, cucharones para transportar materiales y plumas para levantar cargas suspendidas.

Cada componente de un manipulador telescópico juega un papel vital en su funcionalidad y rendimiento en general. El chasis proporciona estabilidad y soporte, mientras que el brazo permite capacidades de levantamiento y alcance. La cabina asegura la comodidad y el control del operador, mientras que el motor y el sistema hidráulico alimentan las operaciones de la máquina. Los contrapesos y los sistemas de dirección mejoran la estabilidad y la maniobrabilidad, mientras que los neumáticos proporcionan tracción y soporte. Finalmente, los accesorios expanden la versatilidad del manipulador telescópico, permitiéndole realizar una amplia gama de tareas en diferentes industrias y aplicaciones. En conjunto, estos componentes trabajan juntos para hacer de los manipuladores telescópicos máquinas eficientes y versátiles para operaciones de manejo de materiales y elevación.

OPERACIÓN DE EQUIPOS DE MANEJO DE MATERIALES 155

Figura 42: Componentes típicos de un manipulador telescópico de pluma fija. Imagen de fondo - Jean Housen, CC BY-SA 3.0, a través de Wikimedia Commons.

La Figura 42 muestra los principales componentes típicos en un manipulador telescópico de pluma fija o no giratoria, y la Figura 43 hace lo mismo para un manipulador telescópico rotativo o giratorio.

Figura 43: Componentes típicos de un manipulador telescópico rotativo. Imagen de fondo - Lionel Allorge, CC BY-SA 3.0, a través de Wikimedia Commons.

Dos de los principales riesgos asociados con la operación de manipuladores telescópicos involucran la estabilidad lateral y la visibilidad. La estabilidad lateral se convierte en una preocupación al levantar cargas, ya que el centro de gravedad de la máquina se desplaza hacia arriba, lo cual es particularmente evidente en terrenos inclinados donde el riesgo de volcamiento aumenta. Este riesgo se incrementa aún más cuando se conduce con una carga elevada o al manejar cargas suspendidas, lo que puede llevar a la inestabilidad. Adicionalmente, los problemas de visibilidad surgen cuando la pluma está elevada o al transportar cargas grandes, aumentando el riesgo de accidentes que involucren peatones y el manipulador telescópico (Construction Plant-hire Association, 2015).

Para mitigar estos riesgos, los manipuladores telescópicos suelen estar equipados con ayudas visuales, y se insta a los operadores a mantener la vigilancia y realizar controles visuales exhaustivos antes de maniobrar. Aunque los supervisores tienen la tarea de asegurar una segregación adecuada y apoyar a los operadores en la implementación de medidas de seguridad, en última instancia, es responsabilidad del operador asegurar la operación segura mediante la vigilancia activa de su entorno y la búsqueda de asistencia si la visibilidad se ve comprometida. La segregación de peatones de los vehículos en movimiento siempre debe ser una prioridad, con las ayudas visuales sirviendo como medidas complementarias. Además, se debe prestar especial atención a mantener la visibilidad de la carga, especialmente con manipuladores telescópicos de gran alcance donde juzgar la distancia en altura puede ser desafiante (Construction Plant-hire Association, 2015).

El centro de gravedad (COG) y los centros de carga juegan roles críticos en la estabilidad y operación de los manipuladores telescópicos.

1. Centro de Gravedad (COG):

   - El centro de gravedad se refiere al punto dentro de un objeto o sistema donde se puede considerar que actúa la fuerza de gravedad. En el caso de los manipuladores telescópicos, el COG se ve afectado por varios factores, incluyendo la distribución del peso de la máquina y cualquier carga que esté transportando.

   - Cuando una carga es levantada por la pluma del manipulador telescópico, el centro de gravedad del sistema completo se desplaza. A medida que la carga se eleva, el COG sube en consecuencia. Este desplazamiento en el COG puede afectar la estabilidad del manipulador telescópico, especialmente si la máquina está operando en terrenos irregulares o con una carga elevada.

   - Si el manipulador telescópico está en una pendiente mientras levanta una carga, el COG puede moverse hacia la línea de volcamiento, aumentando el riesgo de volcar. Los operadores deben ser conscientes de estas dinámicas y tomar precauciones para mantener la estabilidad, como evitar operar en pendientes pronunciadas o asegurarse de un contrapeso adecuado.

2. Centros de Carga:

- Los centros de carga se refieren al punto en una carga donde el peso está concentrado. Diferentes accesorios y cargas pueden tener centros de carga variados, afectando la estabilidad y las capacidades de elevación del manipulador telescópico.

- Cuando una carga no está distribuida uniformemente o está fuera de centro, puede crear un desequilibrio y aumentar el riesgo de volcamiento o inestabilidad, particularmente cuando la carga se eleva a alturas significativas.

- Los operadores deben considerar los centros de carga al seleccionar y adjuntar cargas al manipulador telescópico. Deben asegurarse de que las cargas estén debidamente aseguradas y distribuidas uniformemente para mantener la estabilidad y prevenir accidentes.

En resumen, comprender los efectos del centro de gravedad y los centros de carga es crucial para la operación segura de los manipuladores telescópicos. Los operadores deben ser capacitados para evaluar y manejar estos factores con el fin de minimizar los riesgos y asegurar operaciones de elevación seguras y eficientes.

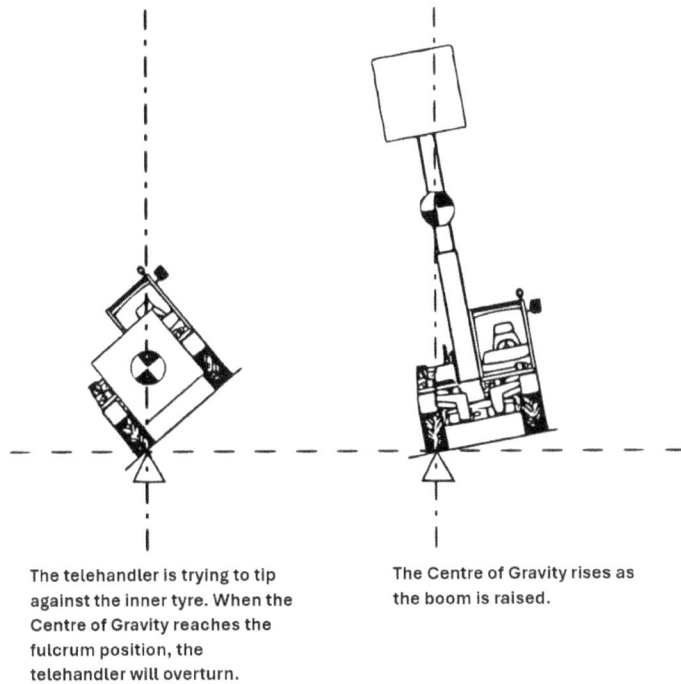

Figura 44: Estabilidad lateral del manipulador telescópico.

Entender las especificaciones de diseño, el uso previsto y las limitaciones de los manipuladores telescópicos es crucial para operaciones seguras. Cualquier uso fuera de estas áreas prescritas introduce riesgos adicionales de los que los operadores deben estar vigilantes. Los manipuladores telescópicos suelen diseñarse de acuerdo con la Norma Europea BS EN1459, que especifica condiciones como el levantamiento estacionario en terreno plano y compacto o el desplazamiento con horquillas (Construction Plant-hire Association, 2015). Desviarse de estas condiciones, como usar manipuladores telescópicos en pendientes o con accesorios que no sean horquillas, requiere una reevaluación de los riesgos. Las pruebas de estabilidad realizadas durante el diseño y desarrollo implican colocar los manipuladores telescópicos en plataformas inclinadas para evaluar la estabilidad, revelando que la estabilidad disminuye significativamente con las plumas o cargas elevadas. A diferencia de las máquinas con estabilizadores, los manipuladores telescópicos cuentan con ejes traseros que oscilan libremente, formando una línea de volcamiento triangular y reduciendo la estabilidad lateral, especialmente cuando la pluma está elevada. Además, las pruebas de estabilidad se suelen realizar con una carga estándar de cubos de 1 metro, por lo que el uso de cargas más grandes o de formas irregulares plantea riesgos adicionales que deben evaluarse. Para asegurar la estabilidad, los manipuladores telescópicos solo deben operarse en terreno firme, levantar verticalmente o utilizar características de nivelación del marco, aplicar frenos cuando estén estacionarios durante los levantamientos y ser operados por personal capacitado y certificado.

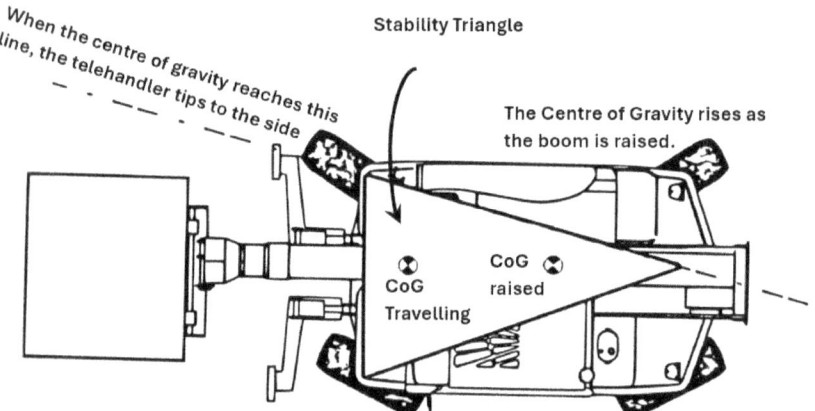

Figura 45: Triángulo de Estabilidad Típico para Manipuladores Telescópicos de Pluma Fija.

La estabilidad del manipulador telescópico puede verse significativamente afectada mientras se desplaza debido a varios factores:

1. Velocidad: Desplazarse a altas velocidades puede aumentar el

riesgo de inestabilidad, especialmente al navegar por terrenos irregulares o giros bruscos. Las velocidades más altas pueden llevar a cambios repentinos en la distribución del peso y disminuir la capacidad del manipulador telescópico para mantener el equilibrio.

2. Terreno: El tipo y la condición del terreno pueden impactar enormemente la estabilidad durante el desplazamiento. Las superficies irregulares, pendientes y obstáculos pueden causar que el manipulador telescópico se incline o se desequilibre, especialmente si las ruedas pierden tracción.

3. Posición de la Carga: La posición de la carga que se transporta también puede afectar la estabilidad durante el desplazamiento. Si la carga no está asegurada correctamente o está posicionada demasiado alta o demasiado adelante, puede desplazarse durante el viaje, desestabilizando el manipulador telescópico.

4. Centro de Gravedad: El centro de gravedad del manipulador telescópico y su carga juega un papel crucial en la estabilidad durante el desplazamiento. Cualquier cambio en la distribución del peso, como una carga desigual o elevar la pluma, puede impactar la estabilidad.

5. Giros: Realizar giros mientras se desplaza puede introducir esfuerzos adicionales en la estabilidad del manipulador telescópico. Los giros bruscos o maniobras repentinas pueden causar que el manipulador telescópico se incline hacia un lado, aumentando el riesgo de volcar.

Desplazarse con un manipulador telescópico requiere una consideración cuidadosa de la velocidad, el terreno, la posición de la carga y las maniobras de giro para mantener la estabilidad y prevenir accidentes.

Los operadores deben estar capacitados para evaluar estos factores y ajustar sus técnicas de conducción en consecuencia para asegurar una operación segura.

Los diversos factores que contribuyen a la inestabilidad de un manipulador telescópico durante la operación:

1. Movimiento Dinámico: Cualquier movimiento del manipulador telescópico introduce inestabilidad debido al cambio en su distribución de peso. Ya sea avanzando, retrocediendo o girando, el centro de gravedad del manipulador telescópico está constantemente en flujo, haciéndolo propenso a volcar si no se controla con cuidado.

2. Dirección y Fuerza Centrífuga: Cuando el manipulador telescópico intenta girar, genera fuerza centrífuga, que empuja hacia afuera desde el centro de rotación. Esta fuerza se suma a la inestabilidad lateral del manipulador telescópico, particularmente durante giros bruscos o maniobras.

3. Ruedas de Dirección: Incluso girar las ruedas mientras el manipulador telescópico está estacionario puede llevar a la inestabilidad. Manipular el mecanismo de dirección causa cambios en la distribución del peso, lo que podría llevar a volcar si no se hace con precaución.

4. Carga Suspendida: Al levantar una carga con la pluma del manipulador telescópico, la carga puede balancearse hacia adelante y hacia atrás. Este movimiento oscilante cambia aún más el centro de gravedad del manipulador telescópico, aumentando el riesgo de inestabilidad, especialmente si la carga es pesada o no está asegurada correctamente.

OPERACIÓN DE EQUIPOS DE MANEJO DE MATERIALES 163

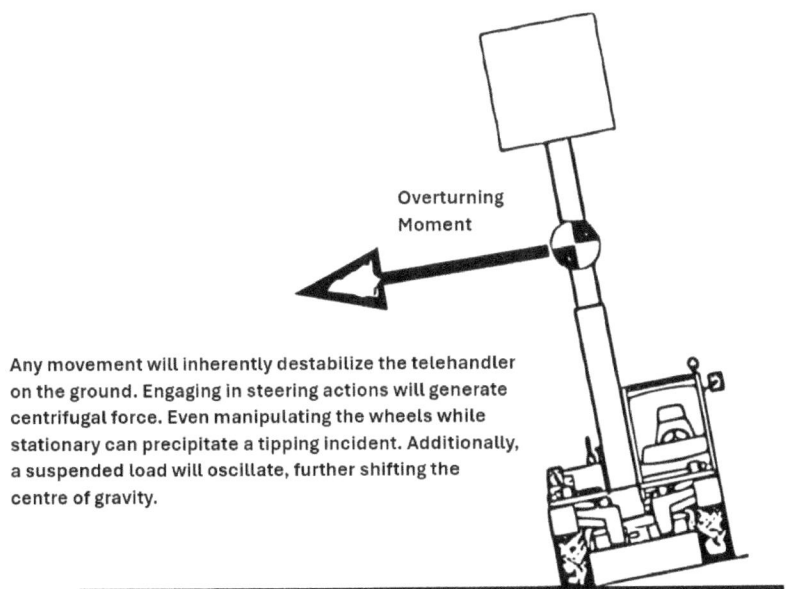

Figura 46: Estabilidad dinámica del manipulador telescópico.

Los neumáticos también juegan un papel importante en el mantenimiento de la estabilidad y la capacidad de carga en los manipuladores telescópicos. Varios problemas relacionados con los neumáticos pueden comprometer estos aspectos, como la presión incorrecta de los neumáticos, discrepancias en el diámetro de los neumáticos dentro del mismo eje debido al desgaste desigual, clasificación de capas inadecuada, utilización de neumáticos que no cumplen con los estándares de rendimiento, neumáticos con tamaños nominales idénticos pero dimensiones físicas diferentes y reparaciones de neumáticos inadecuadas. Cada uno de estos factores puede tener un impacto significativo en la estabilidad general y el rendimiento del manipulador telescópico, enfatizando la importancia del mantenimiento y selección adecuados de los neumáticos para una operación segura.

Capacidad Nominal y Tablas de Carga

La capacidad nominal de un manipulador telescópico se refiere al peso máximo que el mismo está diseñado para levantar y transportar de manera segura bajo condiciones especificadas. Esta capacidad es determinada por el fabricante y típicamente se indica en las especificaciones del manipulador telescópico. Toma en cuenta factores como la integridad estructural del manipulador, estabilidad y capacidades del sistema hidráulico. Es esencial notar que la capacidad nominal (CN) de un manipulador telescópico disminuirá a medida que la pluma se extiende o eleva. Esta disminución ocurre debido a varios factores relacionados con la longitud de la pluma:

1. Efecto de Brazo de Palanca: Cuanto más larga sea la pluma, mayor será el brazo de palanca creado entre la carga y el centro de gravedad del manipulador telescópico. Este aumento en el apalancamiento aplica más torque o momento al manipulador, haciéndolo más difícil de mantener estable y equilibrado. Consecuentemente, la CN puede reducirse para compensar este apalancamiento aumentado.

2. Integridad Estructural: Las plumas más largas colocan estrés y tensión adicionales en los componentes estructurales del manipulador telescópico, incluyendo la propia pluma, el sistema hidráulico y el chasis. Los fabricantes deben asegurar que el manipulador pueda soportar estas fuerzas añadidas mientras mantiene la seguridad y estabilidad. Si la longitud de la pluma excede los límites estructurales del manipulador, la CN puede disminuirse para prevenir fallos estructurales.

3. Rendimiento Hidráulico: Las plumas más largas demandan más potencia hidráulica para levantar y maniobrar cargas de manera efectiva. El sistema hidráulico del manipulador debe entregar fuerza y control suficientes a lo largo de todo el rango de movimiento de la pluma. Si el sistema hidráulico no está

adecuadamente dimensionado o configurado para la pluma más larga, puede limitar la CN del manipulador.

4. Estabilidad: Las plumas más largas pueden elevar la altura total y el centro de gravedad del manipulador, reduciendo su estabilidad y resistencia al volcamiento. Los fabricantes pueden necesitar ajustar la CN del manipulador para tener en cuenta el riesgo aumentado de volcamiento o vuelco asociado con plumas más largas, particularmente al levantar cargas pesadas a alturas extendidas.

En general, es crucial para los fabricantes considerar estos factores y la disminución en la CN a medida que la pluma se extiende o eleva para asegurar una operación segura y efectiva del manipulador telescópico.

La capacidad nominal del accesorio se refiere al peso máximo que un accesorio específico, como horquillas, cucharones o jibs, está diseñado para levantar y transportar cuando está acoplado al manipulador telescópico. Cada accesorio tiene su propia capacidad nominal, que también es determinada por el fabricante basándose en factores como su diseño, materiales y construcción.

Los operadores deben considerar tanto la capacidad nominal (CN) del manipulador telescópico como la capacidad nominal del accesorio al determinar el peso máximo que se puede levantar y transportar de manera segura. Aunque un accesorio puede ser capaz de manejar cierto peso, esto no garantiza que el manipulador telescópico pueda levantar ese peso en todas las posiciones o configuraciones.

La CN del manipulador telescópico se refiere al peso máximo que el mismo está diseñado para levantar y transportar de manera segura bajo condiciones especificadas. Esta capacidad está determinada por factores como la integridad estructural del manipulador, estabilidad y capacidades del sistema hidráulico.

De manera similar, la CN del accesorio se refiere al peso máximo que el accesorio está diseñado para levantar y transportar cuando está acoplado al manipulador telescópico. Cada accesorio tiene su propia capacidad nominal, determinada por factores como su diseño, materiales y construcción.

Al usar un accesorio con un manipulador telescópico, es esencial considerar tanto la CN del manipulador como la CN del accesorio para asegurar que el peso combinado no exceda la capacidad segura de elevación del equipo. No hacerlo podría resultar en inestabilidad, daño estructural o accidentes. Por lo tanto, los operadores deben evaluar cuidadosamente tanto la CN del manipulador como la del accesorio para determinar el peso máximo que se puede manejar de manera segura en cualquier situación o configuración dada.

La capacidad real total es el peso máximo que el manipulador telescópico puede levantar y transportar de manera segura cuando está equipado con un accesorio particular y operando bajo condiciones específicas. Esta capacidad se determina considerando tanto la capacidad nominal del manipulador en sí como la capacidad nominal del accesorio que se utiliza. La capacidad real total puede estar limitada por la menor de las dos capacidades nominales, asegurando que ni el manipulador ni el accesorio se sobrecarguen y se operen dentro de límites seguros.

En resumen, la capacidad nominal del manipulador telescópico se refiere al peso máximo que el manipulador puede levantar, la capacidad nominal del accesorio se refiere al peso máximo que un accesorio puede levantar, y la capacidad real total considera ambas capacidades del manipulador y del accesorio para determinar el peso máximo que se puede levantar y transportar de manera segura.

La mayoría de las tablas de carga se basan típicamente en una unidad con horquillas que tienen un centro de carga de 24 pulgadas (aproximadamente 600 milímetros). Sin embargo, horquillas más largas y varios accesorios pueden alterar significativamente estos cálculos. Para más detalles, consulte su manual de usuario o comuníquese con el fabricante para preguntar sobre la disponibilidad de tablas de carga alternativas.

Para interpretar la tabla de carga de manera efectiva, los operadores deben determinar primero varios factores:
- El peso y dimensiones de los materiales.
- La altura de elevación requerida para acceder al área designada.
- La capacidad y capacidades de elevación del manipulador telescópico.

Una vez determinados estos factores, los operadores deben posicionar la unidad correctamente para la colocación o recuperación. Estas posiciones a menudo se indican en la tabla de carga del manipulador telescópico por letras que van desde la A hasta la H, y a veces más allá, como en la tabla de carga de muestra mostrada como la Figura 47. Adherirse a este rango de letras asegura una elevación o colocación segura para los materiales, minimizando el riesgo de daño a los materiales, tensión en la unidad o caída de la carga.

Cada tabla de carga del manipulador telescópico contiene una cuadrícula que muestra el alcance máximo y el rango de elevación de la unidad. Este rango refleja las posiciones de la pluma retraída y extendida. El alcance se muestra en la parte inferior, la elevación en el lado izquierdo y la capacidad en el centro de la tabla.

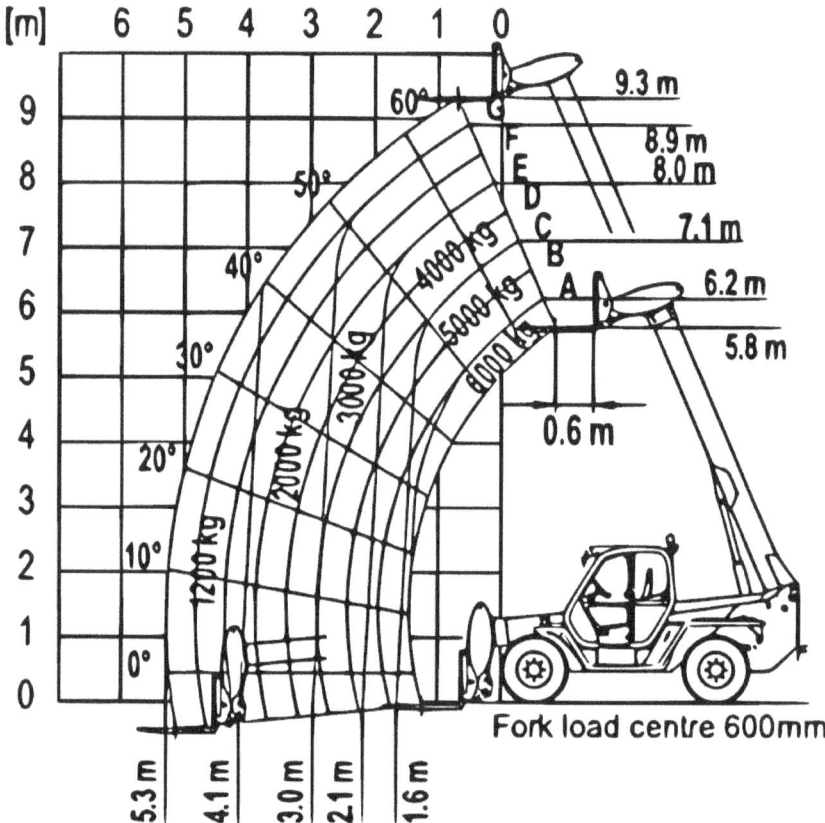

Figura 47: Tabla de carga de muestra para manipulador telescópico de pluma fija.

Para leer una tabla de carga de un manipulador telescópico de pluma fija, sigue estos pasos:

1. Entender los Conceptos Básicos de la Tabla de Carga: Familiarízate con la tabla de carga proporcionada por el fabricante. La tabla de carga presenta típicamente un gráfico o tabla que muestra las capacidades máximas de elevación del manipulador telescópico basadas en varios factores como la extensión de la pluma, la altura de elevación y el radio de carga.

2. Identificar Parámetros Clave: Busca parámetros clave indicados en la tabla de carga, incluyendo la extensión de la pluma (alcance

horizontal), la altura de elevación (alcance vertical), el radio de carga (distancia desde el centro del manipulador telescópico hasta el centro de la carga) y el peso de la carga.

3. Localizar Zonas de Capacidad de Carga: La tabla de carga se divide en diferentes zonas o regiones, cada una representando una combinación específica de extensión de pluma, altura de elevación y peso de la carga. Estas zonas indican la capacidad máxima de elevación del manipulador bajo esas condiciones. Típicamente, las capacidades de carga son mayores cerca del manipulador y disminuyen a medida que la pluma se extiende o aumenta la altura de elevación.

4. Encontrar los Valores Correspondientes: Determina los parámetros específicos de tu operación de elevación, incluyendo la altura de elevación deseada, la extensión de la pluma y el peso de la carga. Localiza estos valores en la tabla de carga para identificar la capacidad de carga correspondiente.

5. Verificar Operación Segura: Asegúrate de que la operación de elevación planeada caiga dentro de la zona de capacidad de carga especificada en la tabla de carga. Si el peso de la carga o las condiciones de elevación exceden la capacidad máxima indicada en la tabla para una extensión de pluma y altura de elevación dadas, pueden ser necesarios ajustes para asegurar una operación segura.

6. Considerar Factores Ambientales: Ten en cuenta factores ambientales como las condiciones del terreno, la velocidad del viento y la inclinación del terreno, ya que estos pueden afectar la estabilidad y capacidad de elevación del manipulador telescópico. Pueden ser necesarios ajustes para compensar estos factores y asegurar una operación segura.

7. Consultar el Manual del Usuario: Si encuentras alguna incertidumbre o requieres más aclaraciones, consulta el manual del usuario del manipulador telescópico o contacta al fabricante para obtener asistencia. Ellos pueden proporcionar orientación adicional sobre la interpretación de la tabla de carga y asegurar operaciones de elevación seguras.

La Figura 48 muestra una tabla de carga de muestra para un manipulador telescópico rotativo. Para leer una tabla de carga para un manipulador telescópico rotativo, sigue estos pasos:

1. Familiarizarse con la Estructura de la Tabla de Carga: Comienza por familiarizarte con la tabla de carga proporcionada por el fabricante. La tabla de carga presenta típicamente un gráfico o tabla que muestra las capacidades máximas de elevación del manipulador telescópico basadas en varios factores como la extensión de la pluma, la altura de elevación, el radio de carga y el ángulo de giro.

2. Identificar Parámetros Clave: Busca parámetros clave indicados en la tabla de carga, incluyendo la extensión de la pluma (alcance horizontal), la altura de elevación (alcance vertical), el radio de carga (distancia desde el centro del manipulador telescópico hasta el centro de la carga) y el ángulo de giro (el ángulo de rotación de la pluma).

3. Localizar Zonas de Capacidad de Carga: De manera similar a los manipuladores telescópicos de pluma fija, la tabla de carga para manipuladores telescópicos rotativos se divide en diferentes zonas o regiones, cada una representando una combinación específica de extensión de pluma, altura de elevación, radio de carga y ángulo de giro. Estas zonas indican la capacidad máxima de elevación del manipulador bajo esas condiciones.

4. Encontrar los Valores Correspondientes: Determina los parámetros específicos de tu operación de elevación, incluyendo la altura de elevación deseada, la extensión de la pluma, el radio de carga y el ángulo de giro. Localiza estos valores en la tabla de carga para identificar la capacidad de carga correspondiente.

5. Verificar Operación Segura: Asegúrate de que la operación de elevación planeada caiga dentro de la zona de capacidad de carga especificada en la tabla de carga. Si el peso de la carga o las condiciones de elevación exceden la capacidad máxima indicada en la tabla para una combinación dada de parámetros, pueden ser necesarios ajustes para asegurar una operación segura.

6. Considerar Factores Ambientales: Ten en cuenta factores ambientales como las condiciones del terreno, la velocidad del viento y la inclinación del terreno, ya que estos pueden afectar la estabilidad y capacidad de elevación del manipulador telescópico. Pueden ser necesarios ajustes para compensar estos factores y asegurar una operación segura.

7. Consultar el Manual del Usuario: Si encuentras alguna incertidumbre o requieres más aclaraciones, consulta el manual del usuario del manipulador telescópico o contacta al fabricante para obtener asistencia. Ellos pueden proporcionar orientación adicional sobre la interpretación de la tabla de carga y asegurar operaciones de elevación seguras.

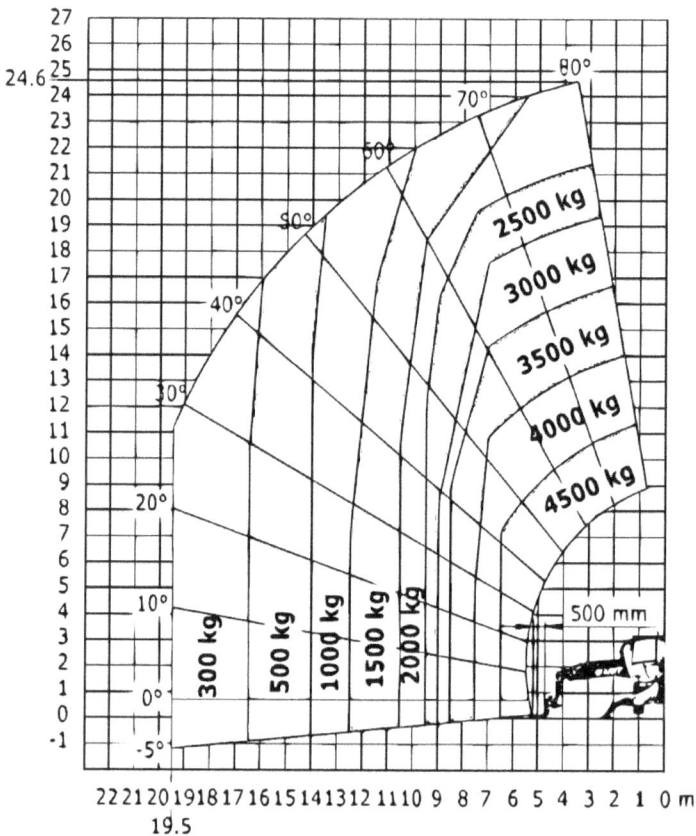

Figura 48: Tabla de carga de muestra para manipulador telescópico rotativo.

Como ejemplo de interpretación de una tabla de carga de manipulador telescópico, utilizando la tabla mostrada como la Figura 47, el operador necesita colocar una carga de 3000 kg a una altura de 5 m y un alcance de 2.1 m. El material está paletizado con un centro de carga de 600 mm. Utilizando un portahorquillas y un modelo correctamente seleccionado, el operador revisa la tabla de capacidad de carga y determina que el indicador de ángulo de la pluma debe leer 38 grados y la extensión de la pluma, visible desde el lado de la pluma, será la zona negra "C". Esto se representa en la tabla de carga como la Figura 49.

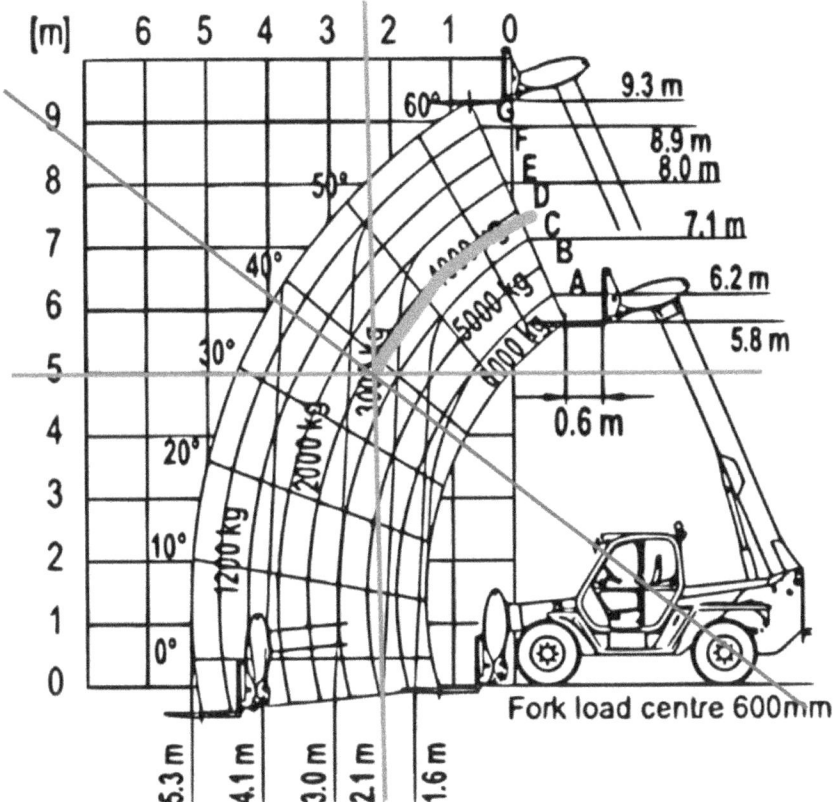

Figura 49: Interpretación de la tabla de carga para una carga de 3000 kg a una altura de 5 metros y un alcance de 2.1 m.

Planificación para Operaciones con Manipuladores Telescópicos

La planificación para operaciones con manipuladores telescópicos implica varios pasos para asegurar una operación segura y eficiente:

1. Identificar Tareas: Comienza identificando las tareas a partir de órdenes de trabajo o documentos equivalentes. Confirma estas tareas con el personal relevante y realiza una inspección del sitio de acuerdo con los procedimientos del lugar de trabajo.

2. Inspeccionar el Área de Trabajo: Inspecciona la superficie de operación y la ruta de desplazamiento del área de trabajo del manipulador telescópico. Evalúalas para su uso operativo siguiendo las instrucciones del fabricante y los procedimientos del lugar de trabajo.

3. Establecer la Capacidad: Determina la Capacidad Nominal (CN) del manipulador telescópico, la Capacidad Nominal (CN) del accesorio y la Capacidad Real (CR) total necesaria para el trabajo/tarea. Consulta las especificaciones del fabricante, las tablas de carga, la longitud de la pluma, el ángulo de la pluma, los indicadores de pendiente y los procedimientos del lugar de trabajo.

4. Evaluar el Camino y el Área: Evalúa el camino operativo y el área de trabajo en busca de obstrucciones antes de mover y colocar cargas. Sigue los procedimientos del lugar de trabajo para asegurar una maniobra segura.

5. Identificar Peligros: Identifica los peligros y evalúa los riesgos asociados con la operación del manipulador telescópico. Elimina o implementa medidas de control según sea necesario e informa al personal relevante siguiendo los procedimientos del lugar de trabajo.

6. Confirmar la Gestión del Tráfico: Confirma la comprensión e implementación del plan de gestión del tráfico, asegurando el cumplimiento de los procedimientos del lugar de trabajo.

7. Establecer la Comunicación: Identifica los métodos y procedimientos de comunicación apropiados. Prueba la comunicación con el personal asociado para asegurar su efectividad y adherencia a los procedimientos del lugar de trabajo.

8. Confirmar Tareas: Confirma todas las tareas para asegurar que estén alineadas con los requisitos para el área de trabajo relevante. Verifica el cumplimiento de los procedimientos del lugar de trabajo.

9. Confirmar Equipamiento: Confirma que el manipulador telescópico y los accesorios seleccionados son apropiados para la actividad, considerando factores como el peso de la carga, el tamaño y el terreno.

Evaluar el camino y el área de trabajo para una operación segura con el manipulador telescópico implica una evaluación sistemática. Primero, inspecciona visualmente el camino que recorrerá el manipulador para identificar obstáculos, escombros o terrenos irregulares que puedan impedir una operación segura. Además, asegura suficiente espacio libre para el manipulador y cualquier carga adjunta, considerando obstáculos aéreos como ramas de árboles, líneas eléctricas o voladizos de edificios.

Luego, evalúa las condiciones del suelo a lo largo del camino operativo, buscando peligros potenciales como grava suelta, barro o superficies irregulares que puedan afectar la estabilidad o la tracción. Identifica cualquier riesgo potencial o peligro a lo largo del camino, como tráfico peatonal, otros vehículos o espacios confinados, y toma nota de las áreas donde la visibilidad puede ser limitada.

Determina las rutas más apropiadas para maniobrar el manipulador telescópico, considerando factores como las limitaciones de espacio, el radio de giro y la accesibilidad al área de trabajo. Comunica con otro personal en la vecindad para asegurar que estén al tanto de los movimientos del manipulador y coordina cualquier ajuste necesario en sus actividades.

Cumple con los procedimientos del lugar de trabajo y los protocolos de seguridad para navegar por el camino operativo, siguiendo las rutas de tráfico designadas y la señalización, y evitando atajos o áreas no autorizadas. Si se identifican obstáculos o peligros, toma medidas adecuadas para abordarlos antes de proceder, lo que puede implicar la eliminación de obstáculos, el ajuste de la ruta o la implementación de medidas de seguridad adicionales.

La visibilidad de las personas cerca del manipulador telescópico es crucial para la prevención de accidentes. La visibilidad limitada, especialmente cuando la pluma está elevada o al transportar cargas grandes, junto con una segregación inadecuada, ha sido reconocida como una causa principal de accidentes que involucran a peatones y manipuladores telescópicos. Para mejorar la visibilidad, los manipuladores telescópicos suelen estar equipados con ayudas. Es responsabilidad del operador asegurarse de que estas ayudas estén en buen estado de funcionamiento y correctamente ajustadas. Si no funcionan correctamente, la máquina no debe usarse. Los supervisores deben apoyar completamente a los operadores en este aspecto.

Ciertas etapas del ciclo de trabajo de un manipulador telescópico plantean desafíos específicos de visibilidad. Por ejemplo, una carga suspendida puede obstruir la vista frontal, y la pluma elevada puede oscurecer la vista lateral. Las evaluaciones de riesgo deben incorporar las dimensiones físicas de las cargas y su impacto en la visibilidad, especialmente al levantar cargas suspendidas. Al cargar o descargar un camión, la pluma parcialmente elevada puede obstruir la vista frontal del lado derecho y bloquear la vista del espejo retrovisor hacia el lado trasero derecho. Es más seguro mantener el manipulador telescópico estacionario y usar la pluma telescópica en lugar de las ruedas para tales operaciones. Los conductores de camiones deben permanecer en ubicaciones seguras designadas durante estas operaciones.

Aunque la PCBU (Persona que Conduce un Negocio o Empresa) es principalmente responsable de asegurar una segregación adecuada, y los supervisores deben hacerla cumplir, los operadores tienen la responsabilidad de verificar la presencia de peatones antes de moverse, maniobrar y viajar. Si la visibilidad está comprometida, los operadores deben buscar asistencia o salir de la cabina para asegurar la seguridad.

Respecto a la visibilidad de la carga que se levanta, el alcance vertical creciente de los manipuladores telescópicos, hasta 22m actualmente, plantea desafíos para los operadores para mantener la carga a la vista completa y juzgar las distancias. La planificación de operaciones con manipuladores telescópicos debe tener en cuenta estos desafíos, y se debe proporcionar un señalizador si es necesario. Se deben considerar métodos de señalización, como señales manuales o radios portátiles. Aunque algunos manipuladores telescópicos permiten el control remoto de las funciones de la pluma, se deben considerar las desventajas potenciales, como el riesgo para el operador y la vista limitada. Los operadores siempre deben mantener a la vista la pluma del manipulador telescópico y la carga, excepto cuando sean dirigidos por un señalizador con una vista clara de la carga y su trayectoria.

Es imperativo que los operadores y contratistas estén bien informados sobre los posibles peligros del sitio que podrían impactar la utilización segura de los manipuladores telescópicos, así como cualquier regulación del sitio que dicte su uso permisible.

Las condiciones del suelo deben ser evaluadas exhaustivamente para asegurar la operación segura de los manipuladores telescópicos. El mantenimiento del sitio es esencial para mantener las áreas donde se despliegan los manipuladores telescópicos libres de escombros, ya que tal desorden puede impedir significativamente la operación segura del manipulador telescópico.

Las carreteras, vías de acceso y entradas idealmente deberían estar consolidadas y libres de baches para minimizar la necesidad de atravesar terrenos irregulares o inestables. Si no se puede evitar la operación fuera de carretera, se debe informar a los operadores sobre los peligros que podrían contribuir a los riesgos de vuelco u otras preocupaciones de seguridad.

Operar en inclinaciones, pendientes y gradientes requiere una estricta adherencia a las velocidades designadas y las condiciones del terreno para asegurar el control del operador en todo momento. Las rutas de tráfico idealmente deberían estar sobre terreno consolidado o carreteras temporales que ofrezcan seguridad equivalente. Las pendientes máximas proporcionadas son útiles para los planificadores, pero no deben usarse en combinación.

Asegurar un camino de operación claro y un área de trabajo al mover y colocar cargas con maquinaria pesada es crítico para la seguridad y la eficiencia. Esto incluye asistir a sesiones informativas previas al inicio, recopilar la documentación necesaria, realizar evaluaciones visuales, identificar obstrucciones aéreas, verificar la estabilidad del suelo, evaluar la actividad humana, marcar obstrucciones identificadas, planificar un camino claro, verificar con observadores o personal de tierra, utilizar características de seguridad de la maquinaria, evaluación continua, documentar y reportar, y priorizar la seguridad en todo momento.

Identificar los peligros asociados con la operación de manipuladores telescópicos es crucial para asegurar un entorno de trabajo seguro. Esto incluye:

1. Identificación de Peligros: Evalúa minuciosamente el área de operación del manipulador telescópico en busca de posibles peligros. Estos pueden incluir terrenos irregulares, obstrucciones aéreas, tráfico peatonal, espacios confinados y fallos de equipos.

2. Evaluación de Riesgos: Una vez identificados los peligros, evalúa el nivel de riesgo que representan para el personal, los equipos y el entorno circundante. Considera factores como la gravedad, la probabilidad y las posibles consecuencias.

3. Eliminación de Peligros: Siempre que sea posible, elimina por completo los peligros para prevenir accidentes o lesiones. Esto puede involucrar la eliminación de obstáculos, la reparación de equipos o la implementación de controles de ingeniería para mitigar riesgos.

4. Implementar Medidas de Control: Si los peligros no pueden ser eliminados, implementa medidas de control para reducir los riesgos asociados. Esto puede incluir la implementación de controles administrativos como señalización, barreras o procedimientos de trabajo, o proporcionar equipo de protección personal (EPP) al personal.

5. Informar al Personal Relevante: Comunica los peligros identificados y las medidas de control implementadas a todo el personal relevante, incluyendo operadores, supervisores y otros trabajadores en la vecindad. Asegúrate de que todos comprendan los riesgos involucrados y sepan cómo operar de manera segura en presencia de estos peligros.

6. Seguir los Procedimientos del Lugar de Trabajo: Cumple con los procedimientos establecidos del lugar de trabajo para la identificación de peligros, la evaluación de riesgos y la implementación de medidas de control. Documenta todos los peligros identificados y las medidas de control según las políticas organizacionales.

Identificar los peligros relacionados con la tarea en cuestión es crucial para asegurar una operación segura del manipulador telescópico. Estos peligros pueden variar según factores como el entorno de trabajo, el tipo de manipulador telescópico, los accesorios utilizados, las características de la carga, la ruta de viaje y el personal involucrado. Es esencial evaluar los riesgos potenciales asociados con el área circundante, otras operaciones en curso cercanas y la necesidad de coordinación entre diferentes tareas.

Al operar un manipulador telescópico, es importante estar atento a los posibles peligros y tomar medidas proactivas para mitigar los riesgos. Los peligros a tener en cuenta incluyen el vuelco, la electrocución por líneas eléctricas aéreas, el contacto con trabajadores o transeúntes, cargas no aseguradas que conducen a aplastamientos, el uso o mantenimiento inapropiado de accesorios de manejo, procedimientos inseguros y movimiento involuntario de la máquina. Asegurar que los accesorios estén correctamente asegurados, evitar estar de pie en horquillas o palets y prevenir que los accesorios se utilicen como plataformas de trabajo improvisadas son prácticas de seguridad críticas.

Varios riesgos típicos están comúnmente asociados con las operaciones de manipuladores telescópicos. El vuelco o volcamiento representa un riesgo significativo, especialmente cuando la máquina está sobrecargada o la pluma está extendida. Mantener la estabilidad manteniendo la carga baja y cerca de la máquina y nivelando la máquina antes de levantar cualquier carga puede ayudar a mitigar este riesgo. Las condiciones inestables del suelo también pueden aumentar la probabilidad de vuelco, lo que enfatiza la importancia de revisar las condiciones del sitio y asegurar que los estabilizadores estén firmemente en contacto con superficies estables.

Los peligros de electrocución por cables vivos y líneas eléctricas aéreas deben evaluarse cuidadosamente, y se deben tomar precauciones para mantener una distancia segura de los peligros eléctricos. Los puntos ciegos deben abordarse para prevenir accidentes que involucren trabajadores, peatones o transeúntes, con el uso de espejos, cámaras de reversa, observadores y medidas de seguridad apropiadas.

Además, los operadores deben tener cuidado con los materiales que caen, mantener la maquinaria y los accesorios adecuadamente, seguir procedimientos de trabajo seguros, usar accesorios aprobados y evitar movimientos bruscos que podrían comprometer la estabilidad. Las revisiones de mantenimiento regulares, la adherencia a las instrucciones del fabricante, la capacitación adecuada y la licencia son esenciales para la operación segura del manipulador telescópico y la prevención de accidentes. Al identificar peligros, evaluar riesgos e implementar medidas de control adecuadas, los operadores pueden asegurar un entorno de trabajo seguro y minimizar el potencial de accidentes o lesiones.

Realizar una evaluación de riesgos implica identificar los posibles peligros asociados con la tarea y evaluar la probabilidad de que ocurra un daño, así como las posibles consecuencias. Una vez identificados los peligros, se deben determinar las medidas de control para mitigar los riesgos de manera efectiva. Este proceso también debe considerar si un manipulador telescópico es adecuado para la tarea o si se debe usar un equipo alternativo.

Posteriormente, se debe desarrollar el método a utilizar para llevar a cabo la tarea en base a los peligros identificados, los riesgos evaluados y las medidas de control requeridas. Este plan debe ser integral e incluir la consulta con el personal relevante. Las medidas de contingencia y los procedimientos de emergencia también deben incorporarse al plan.

Las Declaraciones de Método de Trabajo Seguro (SWMS) sirven para describir las actividades laborales, identificar peligros y describir medidas de control para garantizar que el trabajo de construcción de alto riesgo se lleve a cabo de manera segura y efectiva. Las SWMS deben describir claramente la secuencia de actividades laborales, la identificación de peligros y las medidas de control. El documento debe ser fácilmente comprensible para los involucrados en el trabajo, incluidos supervisores, trabajadores y contratistas principales.

La gestión del tráfico en los sitios de construcción implica establecer una separación clara entre peatones y vehículos para garantizar la seguridad. Esto se logra delineando áreas solo para peatones, proporcionando rutas seguras designadas para peatones, creando zonas solo para vehículos y estableciendo rutas seguras para vehículos alrededor del sitio. Un plan efectivo de gestión del tráfico incluye medidas para mantener vehículos y personas separados, limitar los movimientos o la velocidad de los vehículos, evitar vehículos en reversa, proporcionar áreas seguras para los conductores, instalar señalización y marcas viales claras y asegurar una comunicación efectiva en el lugar de trabajo.

Para proteger a los peatones, se deben hacer esfuerzos para prevenir la interacción entre vehículos y personas. Esto puede incluir el uso de barreras o barandillas en entradas/salidas, la implementación de barreras de control de tráfico de alto impacto, el empleo de barreras físicas temporales, el establecimiento de senderos o pasarelas claramente marcados, asegurando rutas peatonales despejadas y bien mantenidas, y utilizando observadores cuando sea necesario.

Mantener áreas despejadas es crucial para la seguridad. Los trabajadores deben usar el equipo de seguridad apropiado al operar un manipulador telescópico, y el operador debe permanecer sentado en la cabina durante el uso. El acceso al área inmediata debe restringirse utilizando bolardos o sistemas de vallado temporales para prevenir lesiones por herramientas o materiales caídos.

Desarrollar un plan de gestión del tráfico para manipuladores telescópicos requiere identificar peligros asociados con el uso del manipulador telescópico, evaluar riesgos y consultar con empleados y representantes de salud y seguridad. Los riesgos deben eliminarse o controlarse usando controles de ingeniería, controles administrativos como capacitación y supervisión, o equipo de protección personal. Los controles de riesgo pueden incluir la sustitución de manipuladores telescópicos por equipos de menor riesgo, identificar rutas de viaje seguras, reducir las interacciones entre manipuladores telescópicos y peatones, implementar dispositivos limitadores de velocidad, instalar luces de advertencia y barreras de seguridad, y proporcionar iluminación y señalización adecuadas. La consulta regular y la revisión del plan son esenciales para garantizar su efectividad continua y la adaptación a las circunstancias cambiantes.

Seleccionar un Manipulador Telescópico y Accesorios

Elegir el manipulador telescópico adecuado es esencial para garantizar la eficiencia y seguridad en las operaciones. Esto implica considerar varios factores como los requisitos de carga, las condiciones ambientales y las dimensiones del sitio. En primer lugar, es crucial evaluar la idoneidad del sitio en términos de tamaño y terreno. A continuación, determinar si un manipulador telescópico es el equipo apropiado para la aplicación prevista es importante. Además, es necesario considerar el peso, las dimensiones y otras características tanto del manipulador telescópico como de las cargas que se levantarán. Evaluar los radios requeridos y la altura de elevación para las tareas previstas también es esencial, junto con determinar la distancia sobre la cual se transportarán las cargas y el tipo de terreno. Además, es crucial evaluar el número, la frecuencia y los tipos de operaciones de elevación que se realizarán para seleccionar el manipulador telescópico adecuado. Considerar el espacio disponible para el acceso, la operación y el almacenamiento del manipulador telescópico, incluido el despliegue de estabilizadores, también es significativo. Determinar si son necesarios accesorios como cucharones o plataformas de trabajo y evaluar el impacto del entorno operativo en el manipulador telescópico y viceversa son consideraciones adicionales. Por último, asegurar que el operador tendrá una visibilidad adecuada en la ubicación operativa es esencial. La selección del manipulador telescópico y cualquier accesorio debe ser una parte integral del proceso de planificación.

Elegir los accesorios adecuados para manipuladores telescópicos es crucial para garantizar la seguridad y productividad. Esto implica varios puntos clave a considerar. En primer lugar, es necesario determinar a qué marca y modelo de manipulador telescópico se ajustará el accesorio. Identificar la tarea específica para la cual se requiere el accesorio y elegir el tipo de accesorio más adecuado para la aplicación también son pasos cruciales. Asegurar que el accesorio esté aprobado para su uso en el manipulador telescópico seleccionado y que sea compatible con él es esencial para la seguridad. Verificar la disponibilidad de tablas de carga e instrucciones de uso para el accesorio en el manipulador telescópico específico es importante. Confirmar que el operador del manipulador telescópico esté familiarizado y sea competente para operar el accesorio es necesario para un uso eficiente. Determinar quién será responsable de colocar y quitar el accesorio y asegurar que sea competente para hacerlo también es crucial. Evaluar cualquier peligro particular asociado con la tarea o ubicación y considerar si el accesorio será suministrado por el fabricante del manipulador telescópico, el fabricante de accesorios o un tercero son consideraciones adicionales. Por último, asegurar que el manipulador telescópico y sus accesorios sean apropiados para la actividad específica es esencial para operaciones seguras.

Figura 50: Manitou MLT 630-105 3.6 con accesorio de pinza. Vauxford, CC BY-SA 4.0, a través de Wikimedia Commons.

Para confirmar la idoneidad de los manipuladores telescópicos y los accesorios para tareas específicas, se deben seguir una serie de pasos:

1. Determinar los Requisitos de la Tarea.

2. Verificar la Capacidad de Carga.

3. Inspeccionar la Compatibilidad del Accesorio.

4. Realizar una Inspección Física.

5. Ejecutar una Prueba Funcional.

6. Revisar la Documentación.

7. Solicitar la Opinión del Operador.

8. Asegurar el Cumplimiento de los Protocolos de Seguridad.

9. Proporcionar Capacitación y Certificación.

10. Mantener y Revisar el Equipo Regularmente.

Los accesorios para manipuladores telescópicos son herramientas especializadas diseñadas para aumentar la versatilidad y funcionalidad de los manipuladores telescópicos. Estos accesorios permiten que los manipuladores telescópicos realicen una amplia gama de tareas más allá de sus capacidades estándar, haciéndolos indispensables en diversas industrias como la construcción, agricultura, paisajismo y almacenamiento. Aquí hay algunos tipos comunes de accesorios para manipuladores telescópicos:

1. Horquillas: Los accesorios de horquilla son quizás los accesorios más comunes y básicos para manipuladores telescópicos. Consisten en dos o más puntas que se extienden desde el frente del manipulador telescópico y se utilizan para levantar y transportar cargas paletizadas, como materiales de construcción, bolsas de mercancías o contenedores apilados.

2. Cucharones: Los accesorios de cucharón, como se muestra en la Figura 51, vienen en varios tamaños y configuraciones, incluyendo cucharones de propósito general, cucharones multipropósito

y cucharones de descarga alta. Se utilizan para tareas como mover materiales sueltos como tierra, grava, arena o escombros, así como para cargar y descargar materiales en camiones o contenedores.

Figura 51: Manipulador telescópico Locadour L 104 con accesorio de cucharón. Joost J. Bakker de IJmuiden, CC BY 2.0, a través de Wikimedia Commons.

1. Plataformas: Los accesorios de plataformas de trabajo, también conocidos como cestas para personas o plataformas de trabajo aéreo, se utilizan para elevar al personal de manera segura para realizar tareas en altura. Estas plataformas están equipadas con barandillas, puertas de acceso y puntos de anclaje para arneses de seguridad, lo que las hace ideales para tareas como mantenimiento, pintura o trabajos de instalación.

OPERACIÓN DE EQUIPOS DE MANEJO DE MATERIALES 187

Figura 52: Manipulador telescópico Merlo Roto con plataforma de trabajo aéreo. Mattho, Dominio público, a través de Wikimedia Commons.

1. Pinzas: Los accesorios de pinza, como los mostrados en la Figura 50, consisten en mandíbulas o garras operadas hidráulicamente que se utilizan para agarrar, levantar y manipular objetos de formas irregulares como troncos, ramas de árboles, rocas o escombros. Se utilizan comúnmente en aplicaciones de silvicultura, paisajismo y gestión de residuos. Esto puede incluir pinzas para balas como las mostradas en la Figura 53.

Figura 53: Manipulador telescópico Merlo MF 27.8 con accesorio pinza para balas. JoachimKohlerBremen, CC BY-SA 4.0, a través de Wikimedia Commons.

1. Barredoras y Cepillos: Los accesorios de barredoras y cepillos se utilizan para tareas de limpieza y barrido en entornos exteriores e interiores. Pueden estar equipados con cerdas o cepillos rotativos para barrer escombros, suciedad y nieve de superficies como carreteras, estacionamientos, almacenes o sitios de construcción.

2. Barrenas: Los accesorios de barrena se utilizan para perforar agujeros en el suelo para tareas como la instalación de postes de cercas, la plantación de árboles o la toma de muestras de suelo. Consisten en una broca rotativa unida al extremo de un eje y son impulsadas por el sistema hidráulico del manipulador telescópico.

3. Plumines de Grúa: Los accesorios de plumines de grúa, también conocidos como extensiones de pluma o jibs de elevación, se utilizan para extender el alcance y la capacidad de elevación de

los manipuladores telescópicos. Se utilizan comúnmente para tareas como levantar y colocar cargas pesadas, instalar cerchas de techo o posicionar materiales en altura.

4. Brazos de Manejo de Materiales: Los brazos de manejo de materiales, también conocidos como plumas de elevación o plumas telescópicas, se utilizan para extender el alcance y la versatilidad de los manipuladores telescópicos. Pueden estar equipados con varios accesorios finales como ganchos, pinzas o barras separadoras para manejar diferentes tipos de cargas, incluyendo tuberías, vigas o componentes prefabricados.

Estos son solo algunos ejemplos de la amplia variedad de accesorios para manipuladores telescópicos disponibles en el mercado. La elección del accesorio depende de los requisitos específicos de la tarea en cuestión, como el tipo de material a manejar, el alcance y la capacidad de elevación deseados, y las condiciones ambientales del lugar de trabajo. Al seleccionar un accesorio para manipulador telescópico, es esencial asegurar la compatibilidad con el modelo de manipulador telescópico, la correcta instalación y operación, y el cumplimiento de las directrices y regulaciones de seguridad.

Figura 54: Apilando Balas Cuadradas. James T M Towill | Apilando Balas Cuadradas, CC BY 2.0, a través de Wikimedia Commons.

Los accesorios comunes para manipuladores telescópicos frecuentemente utilizados en la agricultura incluyen:

1. Variedades de Cucharones: o Cucharones de Propósito General: Ideales para transportar materiales sueltos como grano o ensilaje. o Cucharones de Alto Vaciado: Diseñados específicamente para alcanzar sobre los lados de los remolques, facilitando la carga fácil de grano o ensilaje. o Cucharones para Materiales Ligeros: Cucharones más grandes adecuados para manejar materiales más ligeros como paja o heno.

2. Tipos de Horquillas: o Horquillas para Palets: Empleadas para levantar y mover bienes paletizados, como sacos de alimento o fertilizante. o Horquillas para Balas o Púas para Balas: Adaptadas para levantar y transportar balas redondas o cuadradas de forma

segura.

3. Manejadores o Pinzas para Balas: o Permiten el manejo más suave de balas envueltas, previniendo daños al material de envoltura.

4. Horquillas para Estiércol y Ensilaje: o Equipadas con un mecanismo combinado de horquilla y garra para manejar materiales como estiércol, compost o ensilaje.

5. Cucharones con Pinza o Cepillos: o Utilizados para manejar ensilaje, paja o estiércol, con el mecanismo de pinza asegurando el material dentro del cucharón.

6. Power Grab o Shear Grab: o Convenientes tanto para cortar ensilaje como para transportarlo.

7. Plumines de Elevación y Cabrestantes: o Extienden el alcance del manipulador telescópico, útiles para tareas como instalar equipos agrícolas o posicionar objetos pesados a alturas elevadas.

8. Barrenas: o Empleadas para perforar agujeros en el suelo, particularmente útiles para instalaciones de postes de cercas.

9. Esparcidores de Estiércol: o Acoplados para distribuir estiércol o compost de manera uniforme a través de los campos.

10. Zanjadoras: o Útiles para excavar zanjas necesarias para propósitos de irrigación o drenaje.

11. Tazones Mezcladores: o Accesorios que facilitan la mezcla y dispensación de alimento directamente.

12. Barredoras o Cepillos: o Valiosos para limpiar escombros, lodo o nieve de caminos y carreteras agrícolas.

13. Plataformas de Trabajo: o Proporcionan plataformas elevadas para tareas como poda de árboles, mantenimiento de edificios o acceso a áreas de almacenamiento altas.

14. Esparcidores de Fertilizantes: o Ayudan a distribuir fertilizantes de manera uniforme a través de los campos.

15. Sembradoras: o Beneficiosas para sembrar semillas en grandes áreas agrícolas.

Al seleccionar un accesorio para manipulador telescópico para aplicaciones agrícolas, es crucial asegurar la compatibilidad con el modelo de manipulador telescópico, la idoneidad para la tarea en cuestión e incorporar las características de seguridad necesarias. La capacitación adecuada sobre la operación de cada accesorio también es vital para mantener la seguridad y la eficiencia operativa.

Figura 55: Recogiendo balas. Evelyn Simak | Recogiendo las balas, CC BY 2.0, a través de Wikimedia Commons.

Preparación para Operaciones con Telemanipuladores

La preparación para operaciones con telemanipuladores requiere el cumplimiento de procedimientos específicos delineados en manuales de operación y mantenimiento, instrucciones del fabricante y procedimientos del lugar de trabajo. A continuación, se ofrece una explicación detallada de cada paso involucrado:

1. Acceso a Manuales e Instrucciones: Asegúrese de que los manuales de operación y mantenimiento relevantes, junto con las instrucciones del fabricante, sean accesibles. Interprete estos documentos para comprender la operación, mantenimiento y protocolos de seguridad adecuados asociados con el telemanipulador.

2. Identificación de Peligros y Riesgos: Realice una evaluación exhaustiva para identificar posibles peligros y riesgos asociados con la operación del telemanipulador. Esto incluye considerar factores como las condiciones del sitio, terreno, características de la carga y personal cercano. Implemente prácticas de trabajo seguras para controlar los riesgos identificados de manera efectiva.

3. Selección y Uso de Equipo de Protección Personal (EPP): Elija el EPP apropiado basado en las tareas específicas y los peligros involucrados en la operación del telemanipulador. Asegúrese de que el EPP esté correctamente ajustado, puesto y mantenido según los procedimientos del lugar de trabajo para mitigar el riesgo de lesiones.

4. Realización de Chequeos Pre-Operacionales: Realice chequeos pre-operacionales en el telemanipulador según lo descrito en el manual de operación y mantenimiento. Inspeccione para detectar partes faltantes, daños, fallas o malfuncionamientos que podrían afectar la operación segura. Aborde cualquier problema identificado antes de proceder.

5. Rectificación y Reporte de Defectos: Rectifique cualquier defecto encontrado durante los chequeos pre-operacionales o el mantenimiento de rutina. Informe cualquier problema no resuelto y etiquete el telemanipulador de manera apropiada según los procedimientos del lugar de trabajo para prevenir su uso hasta que las reparaciones se completen.

6. Revisión del Libro de Registro del Telemanipulador: Revise el libro de registro del telemanipulador para confirmar su precisión, completitud y cumplimiento con los requisitos del fabricante. Asegúrese de que todas las entradas requeridas estén debidamente registradas, firmadas y que cualquier rectificación necesaria se haya completado según los procedimientos del lugar de trabajo.

7. Evaluación de las Condiciones Climáticas y del Entorno de Trabajo: Evalúe las condiciones climáticas y el entorno de trabajo para determinar su impacto en las operaciones del telemanipulador. Siga los requisitos del fabricante y los procedimientos del lugar de trabajo para abordar cualquier preocupación de seguridad que surja debido a condiciones adversas.

8. Entrada Segura al Telemanipulador: Ingrese al telemanipulador utilizando tres puntos de contacto para asegurar estabilidad y seguridad. Abroche correctamente el cinturón de seguridad antes de arrancar el motor.

9. Realización de Procedimientos de Arranque: Siga los procedimientos del lugar de trabajo y las instrucciones del fabricante para realizar los procedimientos de arranque del telemanipulador. Esto incluye activar las características de seguridad, verificar los niveles de fluido y asegurar el funcionamiento adecuado del motor.

10. Realización de Chequeos Operacionales: Realice chequeos operacionales para verificar la funcionalidad de los controles del telemanipulador, frenos, dispositivos limitadores, accesorios e implementos. Informe cualquier daño o defecto observado durante los chequeos y tome la acción apropiada de acuerdo con las especificaciones del fabricante y los procedimientos de trabajo seguro.

11. Verificación de la Maniobrabilidad y Serviciabilidad: Pruebe los controles del telemanipulador, frenos y accesorios para la maniobrabilidad y serviciabilidad. Rectifique cualquier falla detectada o infórmela según las instrucciones del fabricante y los procedimientos del lugar de trabajo para asegurar una operación segura.

La selección y uso de Equipo de Protección Personal (EPP) en la operación de telemanipuladores involucra varios pasos esenciales para asegurar la seguridad de los operadores:

En primer lugar, es crucial realizar una evaluación exhaustiva de las tareas y peligros asociados con la operación del telemanipulador. Esta evaluación implica identificar riesgos potenciales como la exposición a materiales peligrosos, la posibilidad de caída de objetos o el riesgo de impacto físico.

Una vez identificados los peligros, el siguiente paso es elegir el EPP apropiado necesario para mitigar estos riesgos de manera efectiva. El EPP común para la operación de telemanipuladores incluye cascos para proteger contra lesiones en la cabeza, chalecos de alta visibilidad para aumentar la visibilidad, botas con punta de acero para la protección de los pies, guantes para la protección de las manos y protección ocular como gafas de seguridad o anteojos para prevenir lesiones oculares por escombros o polvo.

El ajuste adecuado del EPP elegido es esencial para asegurar su efectividad. Un EPP mal ajustado no solo puede ser ineficaz, sino que también puede representar riesgos adicionales. Por ejemplo, guantes holgados pueden interferir con el manejo de los controles, mientras que un casco mal ajustado puede fallar en proporcionar la protección adecuada.

El uso constante del EPP seleccionado es crucial mientras se opera el telemanipulador y cuando se está en áreas donde están presentes los peligros. Esto incluye llevar el EPP apropiado antes de iniciar cualquier tarea y mantenerlo puesto durante la duración de la operación para mantener la protección.

La inspección y mantenimiento regulares del EPP son necesarios para asegurar su efectividad a lo largo del tiempo. Esto implica revisar cualquier señal de daño o desgaste y reemplazar o reparar el EPP según sea necesario de manera oportuna. Además, limpiar el EPP regularmente para eliminar suciedad, escombros o contaminantes ayuda a mantener sus capacidades protectoras.

La adhesión a los procedimientos y directrices del lugar de trabajo es primordial para la selección, ajuste, uso y mantenimiento adecuados del EPP. Esto incluye seguir protocolos específicos para almacenar el EPP cuando no está en uso, procedimientos para limpiar y desinfectar el EPP, y directrices para informar cualquier problema o preocupación relacionada con el EPP.

Controles del Telemanipulador

Los telemanipuladores suelen contar con una variedad de controles que permiten a los operadores maniobrar la máquina de manera segura y eficiente, como se muestra en la Figura 56. Estos controles varían dependiendo de la marca y modelo del telemanipulador, pero comúnmente incluyen lo siguiente:

1. Volante:

    ◦ El volante controla la dirección del telemanipulador. Girar el volante a la izquierda o a la derecha hace que las ruedas delanteras giren en consecuencia, permitiendo al operador navegar la máquina.

2. Control del Acelerador:

    ◦ El control del acelerador regula la velocidad del motor y determina la cantidad de potencia entregada a las ruedas o al sistema hidráulico. Los operadores pueden ajustar el acelerador para aumentar o disminuir las RPM (revoluciones por minuto) del motor según sea necesario.

3. Controles de la Transmisión:

    ◦ Los telemanipuladores pueden tener controles de transmisión como una palanca de cambios o un joystick para seleccionar las marchas hacia adelante, hacia atrás y neutro. Los operadores pueden cambiar entre marchas para controlar la velocidad y la dirección de viaje del telemanipulador.

4. Controles del Brazo:

    ◦ Los controles del brazo operan el brazo telescópico, permitiendo a los operadores extender, retraer, elevar y bajar el brazo según sea necesario. Estos controles típicamente consisten en joysticks o palancas ubicadas al alcance del operador.

5. Controles de la Horquilla:

    ◦ Los controles de la horquilla gestionan la posición y orientación de las horquillas o accesorios montados en el telemanipulador. Los operadores pueden inclinar las horquillas hacia adelante o hacia atrás, ajustar su altura y angulación a la izquierda o derecha para acomodar diferentes cargas.

6. Controles Hidráulicos:

    ◦ Los controles hidráulicos operan diversas funciones hidráulicas del telemanipulador, como levantar, inclinar y rotar accesorios. Estos controles suelen estar integrados en el joystick o panel de control y permiten una manipulación precisa de los cilindros hidráulicos.

7. Controles Auxiliares:

    ◦ Algunos telemanipuladores pueden estar equipados con controles auxiliares para operar funciones o accesorios adicionales, como acoplamientos hidráulicos, cabrestantes o circuitos de herramientas hidráulicas. Estos controles permiten a los operadores realizar tareas especializadas con mayor eficiencia.

8. Freno de Estacionamiento:

    ◦ El freno de estacionamiento es una característica de seguridad que bloquea las ruedas del telemanipulador cuando está activado. Los operadores activan el freno de estacionamiento para prevenir que la máquina ruede involuntariamente mientras está estacionada o inmóvil.

9. Características de Seguridad:

- Los telemanipuladores también pueden contar con diversas características y controles de seguridad, como botones de parada de emergencia, bocina, luces y alarmas de reversa. Estos controles son esenciales para asegurar la seguridad del operador y el cumplimiento de las regulaciones en el lugar de trabajo.

Los operadores típicamente manipulan los controles del telemanipulador con las manos y los pies, dependiendo del diseño y la disposición de la cabina del operador de la máquina. La capacitación adecuada y familiarización con los controles del telemanipulador son esenciales para una operación segura y efectiva, así como el seguimiento de las instrucciones del fabricante y las pautas de seguridad.

Figura 56: Interior del telemanipulador Merlo. Blonder1984, CC BY-SA 3.0, vía Wikimedia Commons.

Los controles típicos se muestran en la Figura 57.

OPERACIÓN DE EQUIPOS DE MANEJO DE MATERIALES

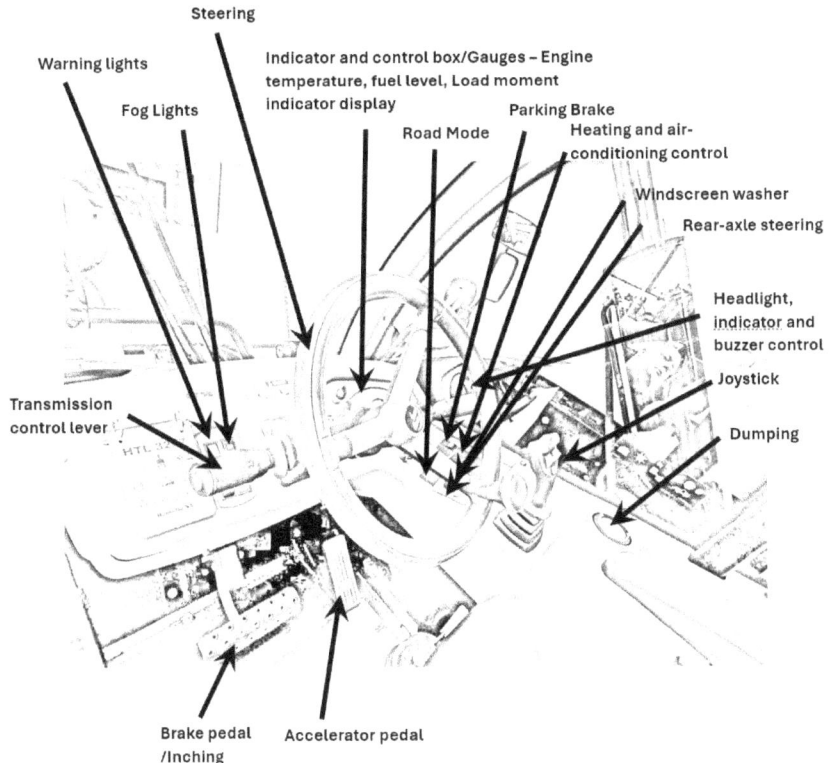

Figura 57: Ejemplo de una cabina interior y controles típicos de un telemanipulador.

Arranque de un Telemanipulador

Antes de poner en marcha la máquina, es crucial examinar todas las palancas de control, botones e interruptores. Deben estar limpios, correctamente alineados y funcionar suavemente sin ningún obstáculo. Si algún control parece estar atascado o funcionando mal, puede necesitar lubricación o reemplazo. En caso de dudas sobre cómo abordar estas preocupaciones, es aconsejable consultar las pautas del fabricante para obtener orientación. A continuación, se presenta una secuencia de arranque detallada para un telemanipulador:

1. Chequeos Previos al Arranque:

    ○ Antes de entrar en el telemanipulador, realice una inspección visual del área circundante para asegurarse de que no haya obstáculos o peligros en las inmediaciones.

- Asegúrese de que el telemanipulador esté estacionado en una superficie nivelada y que el freno de estacionamiento esté activado.

- Verifique si hay fugas o daños visibles en los componentes exteriores del telemanipulador, como mangueras hidráulicas, neumáticos y elementos estructurales.

2. Entrando al Telemanipulador:

- Acérquese al telemanipulador desde el punto de entrada designado, asegurándose de mantener tres puntos de contacto (por ejemplo, dos manos y un pie) para subir de manera segura a la cabina del operador.

- Una vez dentro de la cabina, abroche el cinturón de seguridad de manera segura para garantizar la seguridad personal durante la operación.

3. Encendido y Arranque del Motor:

- Inserte la llave de encendido en la ranura designada y gírela en sentido horario para arrancar el motor.

- Observe el panel de instrumentos en busca de cualquier luz de advertencia o indicadores, asegurándose de que todos los sistemas funcionen correctamente antes de proceder.

4. Chequeos del Sistema:

- Pruebe los diversos sistemas y controles del telemanipulador para asegurar su correcto funcionamiento.

- Verifique la dirección girando el volante hacia la izquierda y hacia la derecha, asegurando un movimiento suave y receptivo.

- Pruebe los frenos presionando el pedal del freno y verificando que el telemanipulador se detenga completamente sin ruidos ni vibraciones inusuales.

- Active los controles hidráulicos para elevar y bajar el brazo, extender y retraer el brazo telescópico y inclinar las horquillas o accesorios (si aplica), asegurando una operación suave y precisa.

5. Visibilidad y Espejos:

    - Ajuste el asiento y los espejos para asegurar una visibilidad óptima del área de trabajo circundante.

    - Verifique todos los espejos para claridad y alineación adecuada, asegurando una vista clara de los alrededores del telemanipulador durante la operación.

6. Características de Seguridad:

    - Verifique que todas las características de seguridad, como botones de parada de emergencia, bocina, luces y alarmas de respaldo, sean funcionales y estén fácilmente accesibles.

    - Familiarícese con la ubicación y operación de todas las características de seguridad, asegurándose de que pueda acceder rápidamente a ellas en caso de emergencia.

7. Comunicación:

    - Si trabaja en un entorno de equipo, establezca comunicación con el resto del personal en el lugar de trabajo usando señales manuales designadas, radios u otros dispositivos de comunicación.

- Asegúrese de que todos los miembros del equipo estén al tanto de sus movimientos y acciones previstos mientras opera el telemanipulador.

8. Chequeos Finales:

- Realice una inspección visual final del telemanipulador y sus alrededores inmediatos para asegurarse de que todo esté en orden y que no haya peligros de seguridad presentes.

- Confirme que todas las puertas, ventanas y paneles de acceso estén cerrados de manera segura para evitar que cualquier objeto entre en la cabina del operador durante la operación.

9. Listo para la Operación:

- Una vez que se hayan completado todos los chequeos previos al arranque y esté seguro de que el telemanipulador está en condiciones óptimas para la operación, libere el freno de estacionamiento y prepárese para comenzar sus tareas de acuerdo con el plan de trabajo designado y los procedimientos de seguridad.

Siguiendo esta secuencia de arranque detallada, los operadores pueden asegurar que el telemanipulador esté debidamente preparado para una operación segura y eficiente, minimizando el riesgo de accidentes o incidentes durante su uso.

Realizar chequeos preoperativos en un telemanipulador es un paso crucial para asegurar una operación segura. Estos chequeos implican seguir las pautas delineadas en el manual de operación y mantenimiento proporcionado por el fabricante. El propósito de estos chequeos es inspeccionar el telemanipulador minuciosamente en busca de cualquier problema que pueda comprometer su operación segura.

Durante los chequeos preoperativos, los operadores deben inspeccionar cuidadosamente el telemanipulador en busca de partes faltantes, daños, fallos o malfuncionamientos. Esto incluye examinar componentes como el motor, sistemas hidráulicos, neumáticos, controles, características de seguridad e integridad estructural. Cualquier señal de desgaste, fugas, grietas u otras anomalías deben ser notadas y abordadas prontamente.

Abordar cualquier problema identificado durante los chequeos preoperativos es esencial antes de proceder con la operación del telemanipulador. Esto puede involucrar reparar o reemplazar partes dañadas, abordar problemas mecánicos o rectificar cualquier fallo o malfuncionamiento. Al abordar estos problemas de manera proactiva, los operadores pueden ayudar a asegurar que el telemanipulador esté en condiciones óptimas para una operación segura.

En general, realizar chequeos preoperativos según el manual de operación y mantenimiento ayuda a identificar y abordar potenciales peligros de seguridad antes de que puedan representar un riesgo durante la operación. Este enfoque proactivo contribuye a mantener un entorno de trabajo seguro y prevenir accidentes o lesiones relacionadas con la operación del telemanipulador.

Los dispositivos limitadores instalados en los telemanipuladores son fundamentales para mantener la seguridad durante las operaciones, ya que están diseñados para prevenir que la máquina opere más allá de sus parámetros seguros designados. La prueba regular de estos dispositivos limitadores es esencial para verificar su correcto funcionamiento y para mantener la seguridad tanto del operador como del personal cercano. Aquí se presenta un procedimiento detallado para probar los dispositivos limitadores de un telemanipulador:

    1. Consulte el Manual del Operador: Antes de iniciar cualquier

prueba, es imperativo consultar el manual del operador del fabricante específico para el modelo de telemanipulador que se está utilizando. El manual ofrecerá instrucciones completas sobre cómo realizar pruebas para cada dispositivo limitador.

2. Prepare el Telemanipulador:

    - Asegúrese de que el telemanipulador esté posicionado en terreno nivelado.

    - Verifique que el telemanipulador esté libre de cualquier carga o accesorio que pueda afectar su equilibrio.

    - Despeje el área circundante de otro personal.

3. Pruebe los Dispositivos Limitadores de Carga:

    - Inicie el telemanipulador y levante un peso conocido, preferiblemente acercándose a su capacidad máxima calificada.

    - A medida que se acerque a la carga de trabajo segura, el dispositivo limitador debe activarse, deteniendo el levantamiento adicional o alertando al operador mediante una alarma.

    - Nota: Es crucial nunca exceder la capacidad calificada durante la prueba del dispositivo limitador.

4. Pruebe los Dispositivos Limitadores de Altura:

    - Extienda el brazo o mecanismo de elevación sin ninguna carga.

    - A medida que el brazo alcance su máxima extensión segura, el dispositivo limitador de altura debe activarse, impidiendo una mayor extensión o sonando una alarma.

5. Pruebe los Dispositivos Limitadores de Alcance:

   ◦ Extienda el brazo hacia adelante sin ninguna carga.

   ◦ A medida que se acerque al alcance máximo hacia adelante, el dispositivo limitador debe activarse, deteniendo una mayor extensión o activando una alarma.

6. Pruebe los Dispositivos Limitadores de Inclinación:

   ◦ Intente inclinar la caja o las horquillas del telemanipulador a sus ángulos máximos.

   ◦ El dispositivo limitador de inclinación debe prohibir que la caja o las horquillas se inclinen más allá de los límites seguros designados.

7. Inspeccione Alarmas Visuales y Auditivas:

   ◦ Muchos telemanipuladores están equipados con indicadores visuales (luces) o alarmas auditivas (zumbadores) que se activan cuando se aproxima o se excede un límite.

   ◦ Asegúrese de que estas alarmas se activen como se espera durante el proceso de prueba.

8. Documente las Pruebas:

   ◦ Registre todos los resultados de las pruebas, incluyendo la fecha, hora, modelo del telemanipulador y cualquier irregularidad observada durante la prueba.

   ◦ Las pruebas programadas regularmente deben documentarse para asegurar el cumplimiento de las regulaciones de seguridad y las recomendaciones del fabricante.

9. Aborde Cualquier Irregularidad:

- Si un dispositivo limitador no se activa o si las alarmas no funcionan como se espera, cese inmediatamente las operaciones del telemanipulador.

- Etiquete el equipo como "Fuera de Servicio".

- Informe la falla al personal supervisor y organice las reparaciones necesarias.

10. Mantenimiento Regular:

- Reconozca que los dispositivos limitadores, como todos los componentes de maquinaria pesada, pueden deteriorarse con el tiempo o desalinearse. Las revisiones y calibraciones de mantenimiento regulares, siguiendo las pautas del fabricante, son esenciales para asegurar su longevidad y eficacia.

Es importante notar que, aunque estas instrucciones proporcionan una guía general, pueden existir variaciones dependiendo de factores como el modelo, marca o configuración del telemanipulador. La seguridad siempre debe ser la máxima prioridad, y en caso de duda, consultar a profesionales capacitados o referirse a las pautas del fabricante es aconsejable.

Operar un Telemanipulador

Operar un telemanipulador involucra una serie de pasos para asegurar una operación segura y eficiente, así como el uso adecuado de accesorios. Para comenzar, los operadores necesitan seleccionar un accesorio compatible evaluando los requisitos de la tarea como el peso de la carga, dimensiones y tipo de material. A continuación, es crucial asegurar la colocación segura del accesorio, siguiendo las instrucciones del fabricante y los procedimientos del lugar de trabajo para garantizar la correcta unión al mecanismo de elevación del telemanipulador y los mecanismos de bloqueo seguro.

Los acopladores rápidos, encontrados en algunos telemanipuladores, facilitan el cambio rápido y sin esfuerzo de accesorios. Estos acopladores vienen en dos tipos principales:

Acoplador Rápido Mecánico: En este tipo, el enganche se acopla al accesorio usando las funciones del brazo en conjunto con la inclinación del portacargas. Una vez que el acoplador rápido y el accesorio están acoplados, se inserta y asegura un pasador de bloqueo o pasadores con un pasador de retención.

Acoplador Rápido Hidráulico: Similar al acoplador rápido mecánico, la versión hidráulica se acopla de la misma manera, pero el pasador de bloqueo o pasadores se activan hidráulicamente usando controles dentro de la cabina del telemanipulador.

Ambos tipos de acopladores rápidos presentan un riesgo de desprendimiento del accesorio si se omite el pasador de bloqueo manual o si el pasador de bloqueo hidráulico no se activa completamente. Se han reportado casos de lesiones graves causadas por la caída de accesorios y el uso indebido. Por lo tanto, es imperativo que los operadores verifiquen físicamente que todos los acopladores rápidos estén bloqueados de forma segura antes de comenzar a trabajar con un accesorio recién adjunto.

En cuanto al uso de accesorios, es de suma importancia que los accesorios montados en los telemanipuladores se utilicen únicamente para los fines previstos. Un caso ilustrativo de mal uso involucró el uso de un cucharón montado en un telemanipulador para clavar un poste de cerca, resultando en la falla del poste y el desprendimiento del cucharón, lo cual lesionó fatalmente a la persona que guiaba el poste.

En lo que respecta a la elevación de cargas suspendidas, muchos telemanipuladores pueden estar equipados con ganchos de elevación o plumas de grúa. Sin embargo, antes de participar en tales operaciones de elevación, se debe realizar una revisión exhaustiva para determinar si un telemanipulador es el equipo de elevación más adecuado para la tarea en cuestión.

La elevación de cargas suspendidas siempre debe ejecutarse con un telemanipulador equipado con un gancho de elevación adecuado o un accesorio. Si se considera necesario un método alternativo, debe justificarse mediante una evaluación de riesgos exhaustiva, considerando la jerarquía de control.

Cualquier gancho de elevación o pluma de grúa debe estar claramente marcado con una Capacidad Nominal (Carga de Trabajo Segura), la cual no debe excederse. La Capacidad Nominal debe determinarse basada en el valor más bajo entre el gancho o la pluma y el telemanipulador. Además, al calcular el peso total de la carga a levantar, se debe tener en cuenta el peso del gancho de elevación o la pluma de grúa y cualquier accesorio de elevación.

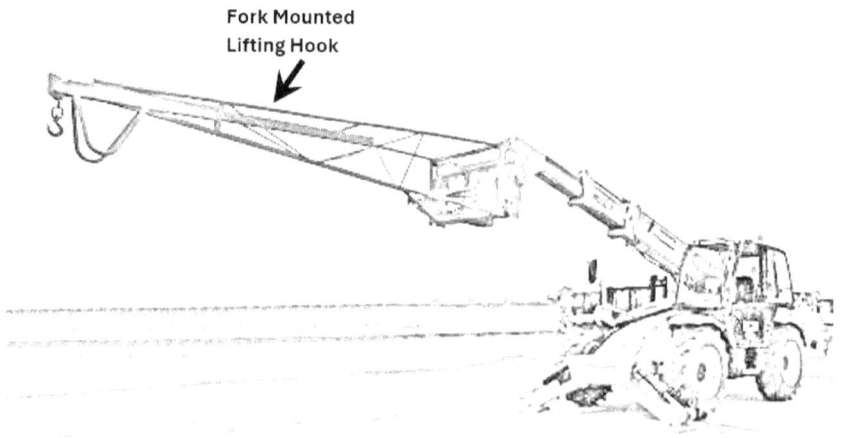

Figura 58: Ejemplo de un accesorio de gancho de elevación.

Los fabricantes de telemanipuladores que proporcionan ganchos de elevación y plumas de grúa para sus máquinas suelen ofrecer tablas de carga específicas para la combinación de accesorio/máquina para mitigar el riesgo de sobrecarga o vuelco. Al viajar con una carga suspendida, se debe ejercer extrema precaución ya que cualquier movimiento de la carga puede alterar el radio de la carga y potencialmente impactar la estabilidad del telemanipulador.

Las cargas suspendidas nunca deben ser fijadas a cadenas o eslingas sobre las horquillas o el carro. Solo se debe emplear un accesorio diseñado de manera segura, rigurosamente probado e inspeccionado a fondo para transportar una carga suspendida. Los accesorios de elevación inseguramente adjuntos a menudo conducen a accidentes, a veces resultando en fatalidades, particularmente durante el levantamiento y viaje con cargas suspendidas.

La utilización de un telemanipulador para levantar cargas suspendidas solo debe ocurrir con la presencia de la tabla de carga apropiada específicamente designada para el accesorio en uso. Viajar con cargas suspendidas debe adherirse estrictamente a las instrucciones del fabricante, con cualquier consulta necesaria al fabricante realizada de antemano.

Verificar un accesorio de telemanipulador para un ajuste apropiado y operación segura implica varios pasos para asegurar la eficiencia y mitigar riesgos. Esto incluye:

- Revisar Instrucciones del Fabricante: Comience consultando el manual de instrucciones del fabricante tanto para el telemanipulador como para el accesorio específico. Estos manuales proporcionan pautas detalladas sobre cómo adjuntar y operar correctamente el equipo.

- Inspeccionar el Accesorio: Examine minuciosamente el accesorio en busca de signos visibles de daño, desgaste o defectos.

Verifique la integridad de las mangueras hidráulicas, pasadores y conectores para asegurarse de que estén intactos y libres de daños.

- Limpiar los Puntos de Conexión: Limpie cualquier suciedad, escombros o grasa de los puntos de conexión tanto en el telemanipulador como en el accesorio para asegurar un ajuste seguro durante la operación.

- Asegurar la Alineación y Conexión Correctas: Verifique que los puntos de conexión del telemanipulador se alineen correctamente con los del accesorio. Confirme que los pasadores, pernos o conectores estén en su lugar de manera segura y que los conectores hidráulicos estén firmemente adjuntos.

- Revisar los Mecanismos de Seguridad: Asegúrese de que todos los dispositivos de seguridad, como pasadores de bloqueo o cadenas de seguridad, estén instalados correctamente y funcionen. Retire cualquier herramienta o material que pueda representar un peligro durante la operación.

- Probar el Accesorio: Eleve y baje el accesorio para asegurarse de que se mueva libremente sin obstrucciones. Si el accesorio es hidráulico, pruebe sus funciones para asegurarse de que estén operando correctamente y revise si hay fugas de fluido hidráulico.

- Verificar los Límites de Carga: Conozca las capacidades de carga y las limitaciones del accesorio, ya que diferentes accesorios pueden afectar los límites de carga del telemanipulador. Siempre consulte la tabla de carga específica del accesorio para orientación.

- Verificar la Seguridad del Accesorio: Después de probar, vuelva a verificar la seguridad del accesorio al telemanipulador para asegurarse de que no se haya soltado o desenganchado.

- Mantener la Conciencia Operativa: Manténgase alerta ante cualquier cambio en el comportamiento del telemanipulador debido al accesorio. Algunos accesorios pueden afectar el centro de gravedad de la máquina, la estabilidad o el manejo general.

- Realizar Chequeos Rutinarios: Incluso después del ajuste inicial, inspeccione regularmente el accesorio durante los descansos de operación para asegurarse de que permanezca conectado de forma segura y funcione sin problemas. Realice chequeos de mantenimiento periódicos tanto en el telemanipulador como en sus accesorios en busca de signos de desgaste o posibles problemas.

- Documentar el Proceso: Registre detalles del ajuste del accesorio, incluyendo la fecha, hora, nombre del operador y cualquier observación o anomalía notada durante el proceso.

- Asegurar Capacitación y Supervisión: Asegúrese de que los operadores reciban la capacitación adecuada para el accesorio específico que están usando. Considere proporcionar capacitación adicional o supervisión para operadores que usen accesorios nuevos o desconocidos para mejorar la seguridad.

Una vez que el accesorio esté ajustado, es necesario realizar una inspección exhaustiva para verificar el ajuste correcto y la operación segura, buscando signos de daño o desgaste. Los operadores deben luego usar el accesorio dentro de sus límites, adherirse a los límites de diseño, tablas de carga y procedimientos del lugar de trabajo para evitar exceder la capacidad o los parámetros de operación. Adaptar técnicas de operación a condiciones de trabajo cambiantes puede implicar ajustes en la velocidad, ángulo del brazo o el uso de estabilizadores para la estabilidad y seguridad.

Durante las elevaciones, es esencial realizarlas dentro de la capacidad real del telemanipulador, asegurando el cumplimiento con los protocolos de seguridad y los requisitos de la tabla de carga. La monitorización continua de riesgos es crítica, con los operadores permaneciendo atentos a los peligros potenciales y tomando medidas proactivas para mitigar los riesgos.

Mantener una comunicación clara con el resto del personal del sitio usando señales manuales, advertencias audibles o equipos de comunicación por radio es vital durante las operaciones del telemanipulador. Se deben realizar pruebas de elevación para asegurar la seguridad de la carga, la estabilidad del telemanipulador y la correcta operación de la máquina antes de manejar cargas reales.

Mover cargas de manera segura requiere seguir los movimientos relevantes del telemanipulador según las instrucciones del fabricante y los procedimientos del lugar de trabajo, ejerciendo precaución para asegurar la estabilidad de la carga durante toda la operación. El aterrizaje seguro de las cargas implica bajarlas suavemente y asegurar su posicionamiento seguro antes de liberarlas del accesorio.

Operar en pendientes requiere seguir prácticas operativas seguras para subir y bajar pendientes, manteniendo el control de la máquina y ajustando la velocidad y dirección según sea necesario. Antes de revertir el telemanipulador, se deben realizar las verificaciones relevantes de obstáculos y visibilidad clara, siguiendo los procedimientos del lugar de trabajo para maniobras seguras de reversa.

Finalmente, los operadores deben responder de manera pronta a las alarmas e indicadores, completando el trabajo dentro de la capacidad real del equipo y siguiendo las instrucciones del fabricante y los procedimientos del lugar de trabajo. Siguiendo estos pasos detallados, los operadores pueden asegurar la operación segura y efectiva de los telemanipuladores y sus accesorios en diversos entornos de trabajo.

Una vez que la carga está organizada, posicionar el telemanipulador para comenzar el trabajo es el siguiente paso. Idealmente, estacione el telemanipulador en una superficie nivelada antes de comenzar el trabajo. En terrenos irregulares, use estabilizadores para nivelar el telemanipulador antes de comenzar las operaciones. Es crucial tener en cuenta que elevar el brazo y los accesorios no debe exceder de 1.2 metros a menos que el telemanipulador esté estable. Cualquier movimiento cerca o en la altura máxima de operación debe ejecutarse lentamente y con cuidado deliberado. Posicionando y operando el telemanipulador de esta manera, se minimiza significativamente el riesgo de vuelco.

La visibilidad limitada, especialmente cuando el brazo está elevado o al transportar cargas grandes, junto con una mala segregación, ha sido identificada como un factor mayor que contribuye a accidentes que involucran peatones y telemanipuladores. La mayoría de los telemanipuladores cuentan con una cabina montada lateralmente, con el brazo montado centralmente o a la derecha en el chasis. Sin embargo, esta configuración de la cabina obstruye la visión del operador alrededor de la máquina, particularmente cuando está sentado, debido a los pilares de la cabina y otros elementos estructurales. Ciertas etapas del ciclo de carga pueden obstruir la línea de visión del operador, dificultando una vista clara.

Figura 59: Vista desde la cabina de un manipulador telescópico Magni 360. Adrian Bulibasa, CC BY-SA 4.0, a través de Wikimedia Commons.

En los diseños antiguos de manipuladores telescópicos, una alta colocación en la parte trasera del brazo hacía casi imposible la visibilidad hacia el cuarto frontal derecho, lo que llevaba a los operadores a conducir con el brazo elevado para mejorar la visibilidad. Los manipuladores telescópicos modernos ahora cuentan con brazos de bajo perfil que se bajan por debajo de la línea de visión cuando están en posición de transporte, reduciendo la necesidad de elevar el brazo para la visibilidad. Los supervisores deberían cuestionar la práctica de conducir con el brazo elevado, ya que aumenta el riesgo de inestabilidad dinámica.

Los operadores deben asegurarse, por los medios adecuados, de que el área inmediatamente alrededor de la máquina esté libre de personal antes de comenzar una tarea. Esto puede implicar salir de la cabina e inspeccionar los alrededores de la máquina. Las ventanas limpias de la cabina ayudan a la visibilidad del operador y deben incluirse en las verificaciones previas al uso.

Al seleccionar ayudas para la visibilidad, los usuarios deben considerar factores como la velocidad del vehículo, las condiciones del sitio, la iluminación y los factores humanos. Las ayudas deben ser elegidas e instaladas para maximizar la capacidad del operador para percibir el peligro sin causar confusión. La posición de monitores y espejos debe ser optimizada para la posición normal de operación del operador, minimizando la necesidad de mirar en múltiples direcciones. Para operaciones repetitivas, pueden ser beneficiosos sistemas automáticos adicionales de detección para mejorar la seguridad y las consideraciones ergonómicas.

Se utilizan espejos convexos de gran ángulo para mejorar la visibilidad a lo largo de los lados y áreas traseras de los vehículos, ayudando en las maniobras y asegurando la seguridad. En el caso de los manipuladores telescópicos, estos espejos están colocados estratégicamente para proporcionar vistas a los lados y hacia atrás, permitiendo a los operadores evaluar las áreas circundantes antes de iniciar el movimiento. Al seleccionar e instalar espejos convexos, los usuarios deben considerar la distorsión inherente en la imagen del espejo, que aumenta con el grado de convexidad. Esta distorsión puede llevar a inexactitudes en la estimación de distancias, comprometiendo potencialmente la seguridad. Además, las vibraciones excesivas del vehículo transmitidas a través de los montajes del espejo pueden alterar la imagen, haciendo que el espejo sea ineficaz para proporcionar una visibilidad clara. Ambos factores deben ser cuidadosamente evaluados para asegurar la efectividad de la instalación del espejo.

Conducir y operar un manipulador telescópico de manera segura requiere adaptabilidad, especialmente porque las condiciones de trabajo pueden variar. Aquí hay una guía general sobre cómo conducir y operar un manipulador telescópico de manera efectiva, junto con técnicas para modificar basadas en condiciones de trabajo cambiantes.

Entendiendo la Operación Básica: Antes de conducir el manipulador telescópico, asegúrate de familiarizarte con sus controles, indicadores y alarmas. Consulta el manual del operador para controles específicos únicos del modelo.

Chequeos Iniciales de Seguridad: Comienza con una inspección previa a la operación para identificar posibles problemas mecánicos. Revisa frenos, neumáticos, luces, bocina y otras características de seguridad. Asegúrate de que todos los espejos y cámaras estén limpios y ajustados correctamente para la máxima visibilidad.

Evaluando las Condiciones de Trabajo: Observa el terreno y ajusta la velocidad de conducción en consecuencia, especialmente en superficies irregulares o resbaladizas. Ten en cuenta los obstáculos aéreos si elevas el brazo y sé consciente de otro personal o maquinaria cercana.

Modificando Técnicas para Condiciones Cambiantes: Adapta las técnicas de conducción basadas en las condiciones del suelo y el clima. Usa la tracción en las 4 ruedas en terrenos inestables para una mejor tracción. Ajusta la velocidad y el manejo de la carga en condiciones climáticas adversas.

Monitoreando la Estabilidad de la Carga: Siempre asegúrate de que la carga esté segura antes de moverte. Mantén la carga baja al suelo para mantener la estabilidad. Ten cuidado al elevar el brazo, ya que afecta el centro de gravedad del manipulador telescópico.

Operando en Áreas Concurridas: Utiliza un observador o guía terrestre cuando la visibilidad sea limitada. Usa la bocina para alertar al personal sobre los movimientos y da el derecho de paso a los peatones.

Monitoreo Continuo: Revisa regularmente los instrumentos y medidores durante la operación por si hay señales de problemas. Presta atención a ruidos, vibraciones o cambios en el rendimiento desconocidos.

Modificando Técnicas según sea Necesario: Ajusta las operaciones basadas en las condiciones. Por ejemplo, reduce la altura del accesorio o trabaja a velocidades más lentas en condiciones de viento para mantener el control.

Chequeos al Finalizar la Operación: Baja los accesorios al suelo una vez completada la tarea. Estaciona el manipulador telescópico en terreno nivelado, activa el freno de estacionamiento y realiza una inspección visual en busca de señales de daño o desgaste.

Procedimientos Generales para Conducir un Manipulador Telescópico

La mayoría de los manipuladores telescópicos están equipados con sistemas de dirección que ofrecen tres modos: normal, dirección en las cuatro ruedas y dirección en modo cangrejo.

Dirección en modo de dos ruedas: Iniciar en el modo de dirección de dos ruedas es a menudo recomendado para fines de entrenamiento. En este modo, solo las ruedas delanteras están comprometidas para la dirección, lo que lo hace adecuado para viajes de larga distancia y uso en carreteras. Es importante enfatizar que el cambio de modo de dirección solo debe hacerse mientras la máquina está estacionaria para prevenir daños en la transmisión. Además, tanto las ruedas delanteras como las traseras deben estar alineadas rectas antes de cambiar el modo, lo cual se indica típicamente por luces indicadoras iluminadas.

La observación y la visibilidad son cruciales al operar manipuladores telescópicos, ya que los accidentes graves a menudo resultan de peligros que se pasan por alto. La visibilidad a la derecha de la cabina del conductor se ve particularmente obstaculizada por el brazo, lo que hace necesaria la utilización de espejos para asistir con la visibilidad, aunque no deben reemplazar el acto físico de mirar alrededor.

Dirección en modo de cuatro ruedas: El modo de dirección de cuatro ruedas es el modo de dirección más comúnmente utilizado para manipuladores telescópicos, ofreciendo una mayor maniobrabilidad. Se recomienda para la mayoría de los ejercicios de entrenamiento, incluyendo maniobras en espacios confinados mientras se mantiene la conciencia del entorno.

Dirección en modo cangrejo: El modo cangrejo, donde la máquina se mueve diagonalmente, es el tercer modo de dirección disponible para manipuladores telescópicos. Aunque se usa menos comúnmente en la práctica, puede ser útil para movimientos laterales leves para alinearse con posiciones de apilado. Los aprendices deben practicar la dirección izquierda y derecha, así como los movimientos hacia adelante y hacia atrás, para familiarizarse con este modo.

Antes de participar en tareas de apilado y desapilado, los operadores deben aprender a operar los controles hidráulicos de forma segura. Típicamente, hay una palanca para las funciones de elevar/bajar/inclinar y otra para extender el brazo telescópico.

Los manipuladores telescópicos están equipados con características de seguridad como una placa de radio, que proporciona información similar a una placa de capacidad en máquinas convencionales. Esta placa indica el centro de carga y cómo la extensión del brazo telescópico afecta la capacidad. Además, algunas máquinas cuentan con un indicador de nivel posicionado sobre el parabrisas para asistir en la consecución de una posición nivelada. Un dispositivo de advertencia de sobrecarga es estándar en todos los manipuladores telescópicos, proporcionando señales visuales y auditivas si la máquina se sobrecarga.

Procedimiento de Apilado con Manipulador Telescópico

Acerca al apilado con la carga posicionada baja e inclinada hacia atrás, asegurando que las ruedas estén lo más rectas posible. Si el manipulador telescópico está equipado con estabilizadores hidráulicos, bájalos en esta etapa. Las máquinas con un indicador de nivel deben nivelarse en este punto.

OPERACIÓN DE EQUIPOS DE MANEJO DE MATERIALES 221

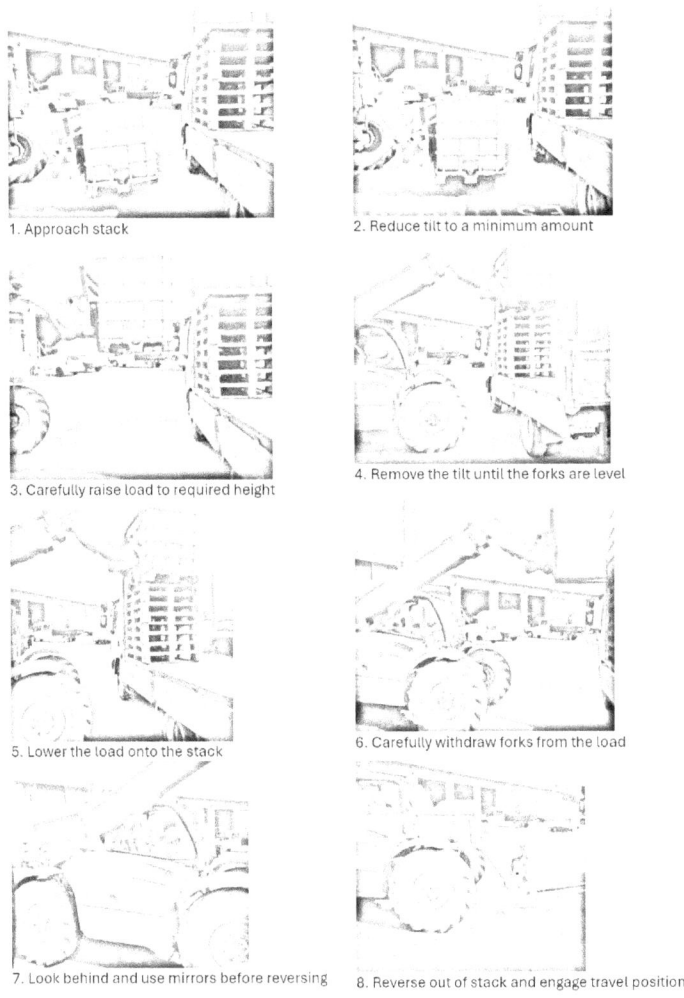

Figura 60: Procedimiento de apilado.

Minimizar la Inclinación: Reduce gradualmente la inclinación al mínimo requerido para estabilizar la carga, teniendo cuidado de no activar la inclinación hacia adelante por error. Los manipuladores telescópicos ofrecen una amplia gama de opciones de inclinación hacia adelante y hacia atrás.

Posicionar Cuidadosamente la Carga: Eleva y extiende el brazo hasta que la carga esté directamente sobre el apilado, monitoreando el ángulo del brazo, la extensión y el indicador de sobrecarga. Si se activa el indicador de sobrecarga, detén inmediatamente el procedimiento, retrae primero el brazo y luego bájalo.

Nivelar la Carga: Elimina toda inclinación hasta que las horquillas y la carga estén niveladas, asegurando una alineación adecuada con el apilado.

Bajar la Carga sobre el Apilado: Baja la carga sobre el apilado ajustando el ángulo del brazo y retrayéndolo ligeramente si es necesario. Ten cuidado ya que retraer el brazo también puede causar un movimiento hacia abajo, lo que podría representar un peligro. Algunos manipuladores telescópicos están diseñados para permitir que las horquillas "suban" ligeramente en tales situaciones.

Retirar las Horquillas: Suelta y retira las horquillas usando una combinación de controles de retracción del brazo y ángulo de inclinación, teniendo en cuenta los posibles peligros. Si el suelo está nivelado, es preferible retirar las horquillas invirtiendo la máquina.

Revisar Detrás Antes de Retroceder: Antes de moverte, inspecciona visualmente el área detrás de la máquina girando y usando espejos para cubrir puntos ciegos. No confíes únicamente en los espejos para este propósito.

Retroceder y Prepararse para el Viaje: Retrocede cuidadosamente de la posición de apilado, baja el brazo y posiciona las horquillas en la correcta posición de viaje sin carga, lo más cerca posible del suelo con inclinación hacia atrás aplicada. Antes de retroceder, revisa minuciosamente todo alrededor y luego mira en la dirección del viaje.

Desapilar con un manipulador telescópico implica el proceso inverso al apilado. Uno de los desafíos que se encuentran es asegurar que las horquillas permanezcan niveladas, especialmente al entrar en espacios confinados como un paquete de ladrillos. Estas máquinas están equipadas con una característica de bloqueo de inclinación, lo que significa que si las horquillas están niveladas (horizontales) en la parte inferior, permanecerán en esa posición a todas las alturas del brazo. El método más efectivo para confirmar la horizontalidad de las horquillas es elevarlas al nivel de los ojos e inspeccionar visualmente a lo largo de la parte superior de las horquillas. Con un poco de práctica, alcanzar una posición horizontal se vuelve sencillo. Una vez niveladas, típicamente no debería ser necesario ajustar la palanca de inclinación. Sin embargo, pueden ser necesarios ajustes menores a medida que las horquillas penetran la carga.

Gestión de Cargas

Realizar una prueba de elevación es una medida de seguridad fundamental al usar un manipulador telescópico. Esto asegura la seguridad de la carga, la estabilidad del manipulador telescópico bajo condiciones de carga y el correcto funcionamiento de la máquina. Aquí tienes una guía paso a paso sobre cómo realizar una prueba de elevación:

1. Pre-Inspección:

    ◦ Inspecciona el manipulador telescópico en busca de signos visibles de daño o desgaste, enfocándote en componentes como neumáticos, frenos, luces y sistemas hidráulicos.

    ◦ Asegúrate de que el manipulador telescópico esté en un terreno estable y nivelado, y despliega los estabilizadores si están disponibles.

2. Verificar Datos de la Carga:

    ◦ Determina el peso de la carga y confirma que no exceda la capacidad nominal del manipulador telescópico.

    ◦ Identifica el centro de gravedad de la carga y asegúrate de que esté correctamente equilibrada y asegurada.

3. Encender el Manipulador Telescópico:

- Enciende el manipulador telescópico y déjalo funcionar durante unos minutos para asegurarte de que todos los sistemas funcionen correctamente.

- Escucha cualquier sonido inusual que pueda indicar problemas.

4. Elevación Inicial:

- Levanta la carga unos centímetros del suelo.

- Verifica si hay alguna inclinación o desequilibrio en el manipulador telescópico.

- Monitorea cualquier desplazamiento o inestabilidad de la carga.

- Asegúrate de que todos los sistemas hidráulicos, como la extensión y la inclinación del brazo, funcionen sin problemas.

5. Prueba de Extensión Completa:

- Extiende el brazo cuidadosamente hasta la distancia de operación planeada para la tarea (evita la extensión completa a menos que sea necesario).

- Monitorea la estabilidad del manipulador telescópico y asegúrate de que no haya un balanceo excesivo o movimiento de la carga.

6. Prueba de Altura:

- Eleva la carga hasta la altura de operación planeada.

- Observa la estabilidad del manipulador telescópico y asegúrate de que no se incline.

- Vigila cualquier movimiento o desplazamiento inusual de la carga.

7. Prueba de Maniobra:
    - Con la carga levantada, practica maniobras menores que se realizarán durante las operaciones reales.
    - Evalúa cómo el manipulador telescópico maneja la carga en movimiento.

8. Bajar la Carga:
    - Baja la carga lentamente y de manera uniforme de vuelta al suelo.
    - Verifica los controles del manipulador telescópico para una respuesta precisa y rápida.

9. Verificar Sistemas de Advertencia:
    - Verifica que los sistemas de advertencia a bordo, como alarmas o luces de alerta, estén operativos.
    - Estos sistemas son esenciales ya que pueden alertar al operador si la máquina se acerca a sus límites operativos.

10. Revisión:
    - Después de la prueba de elevación, evalúa cualquier problema o desafío encontrado durante el proceso.
    - Haz los ajustes necesarios al plan de operación o toma medidas correctivas según sea necesario.

11. Asegurar la Comunicación:

- Si trabajas con un equipo, asegúrate de que todos los miembros del equipo estén familiarizados con las señales y protocolos de comunicación.

- La comunicación clara es vital para la seguridad durante las operaciones reales.

Realizar una prueba de elevación es un paso crítico para garantizar operaciones seguras con el manipulador telescópico. La seguridad siempre debe tener prioridad sobre la velocidad, y este paso nunca debe omitirse, especialmente al tratar con cargas o entornos desconocidos.

Los manipuladores telescópicos son frecuentemente utilizados para posicionar cargas suspendidas. La calificación estándar de un manipulador telescópico se refiere a la elevación de cargas unitarias en horquillas; por lo tanto, la carta de carga estándar no se aplica a la elevación de cargas suspendidas debido a variaciones en los centros de carga y el impacto de cualquier pendiente lateral. Desde 2010, se exige que las máquinas de nueva fabricación estén equipadas con control de momento de carga longitudinal (como se detalla en el manual del operador). Esta característica proporciona a los operadores indicaciones sobre la estabilidad longitudinal cuando están estacionarios y previene que la máquina opere más allá de los límites determinados por el fabricante. Tales máquinas ofrecen medidas de seguridad mejoradas al levantar cargas suspendidas. Hay dos configuraciones operativas principales (funciones) para levantar cargas suspendidas con un manipulador telescópico:

1. Levantar una carga suspendida con el manipulador telescópico estacionario y apoyado en estabilizadores o

2. Levantar una carga suspendida con el manipulador telescópico estacionario, sin asegurar sobre ruedas

Se recomienda encarecidamente que, si están disponibles, los estabilizadores se utilicen consistentemente al levantar cargas suspendidas. Dado que ambas configuraciones operativas representan aplicaciones específicas del uso de manipuladores telescópicos, las cartas de carga estándar para levantar cargas unitarias en horquillas no son aplicables. En su lugar, se deben referenciar y seguir meticulosamente cartas de carga específicas adaptadas a cada configuración.

Es esencial que el operador de un manipulador telescópico tenga información precisa sobre el peso de la carga que se va a levantar. Esta información se puede obtener típicamente de varias fuentes, incluyendo:

- La placa de datos del fabricante;

- Marcas directamente en la carga;

- Hojas de datos o instrucciones proporcionadas por el fabricante;

- Dibujos de ingeniería;

- Documentos de envío;

- Pesaje directo de la carga.

En casos donde no sea factible obtener el peso exacto, se puede hacer una estimación calculando el volumen y haciendo referencia a datos relevantes, como se describe en la tabla a continuación. Sin embargo, tales estimaciones deben abordarse con precaución, considerando factores como formas irregulares, materiales compuestos o la presencia de espacios huecos que contienen materiales adicionales que pueden desplazarse durante las operaciones de elevación.

Al usar un manipulador telescópico para tareas de carga o descarga, asegurar la estabilidad de la carga en el vehículo o apilado es crucial para prevenir posibles peligros. Sin seguir la secuencia correcta de carga o descarga, hay un riesgo de inestabilidad, que podría llevar a lesiones a personas cercanas. Los procedimientos de carga siempre deben realizarse teniendo en cuenta la descarga, enfocándose en distribuir la carga de manera uniforme y trabajando metódicamente de lado a lado. Al descargar, esta secuencia debe ser invertida. Además, al cargar remolques articulados desacoplados, se debe dar prioridad a colocar la primera parte de la carga sobre el eje trasero antes de proceder a cargar desde el frente.

Además, se deben tomar precauciones para prevenir que cualquier parte de la carga se desplace por contacto con el carro del manipulador telescópico, las horquillas u otros accesorios. Medidas como establecer zonas de exclusión o barreras pueden ayudar a asegurar que el personal se mantenga alejado de las cargas que caen. Antes de levantar una carga, es imperativo evaluar su estabilidad y seguridad, asegurando que las horquillas estén espaciadas uniformemente a cada lado del centro de gravedad de la carga. Para cargas largas o de forma irregular, el centro de gravedad puede estar más cerca de los bordes de las horquillas, aumentando el riesgo de inestabilidad durante las operaciones de elevación.

Uso de Accesorios

La capacidad de elevación de un manipulador telescópico puede verse influenciada por el accesorio que se utilice. Mientras que las horquillas se emplean comúnmente, varios accesorios como pluma para trusses, cucharones o plataformas de trabajo ofrecen diferentes capacidades y configuraciones de carga. Entender el peso, la altura de elevación y los requisitos de alcance, así como la capacidad tanto de la máquina como del accesorio, es esencial para una operación segura. Cada accesorio viene con su capacidad de carga específica, que puede variar en función de factores como el peso, las dimensiones y la posición del centro de carga. Los contratistas y operadores deben referirse a la carta de carga relevante específica para el accesorio elegido, asegurándose de que sea legible y accesible antes de iniciar cualquier actividad de elevación.

Para asegurar el cumplimiento con los requisitos de la carta de carga del manipulador telescópico y los procedimientos de trabajo seguro, se deben seguir los siguientes pasos:

1. Consultar la Carta de Carga: Consulta la carta de carga del manipulador telescópico para la carga máxima permitida en diferentes ángulos, longitudes y extensiones del brazo.

2. Determinar el Peso de la Carga: Utiliza sistemas de pesaje de carga o estima el peso en base a las especificaciones si es desconocido.

3. Verificar la Posición de la Carga: Asegúrate de que el centro de gravedad de la carga esté cerca del mástil o brazo del manipulador telescópico y distribuido uniformemente en las horquillas o accesorio.

4. Evaluar el Ángulo y la Extensión del Brazo: Determina el ángulo y la extensión del brazo requeridos, cruzando la información con la carta de carga.

5. Considerar la Condición del Manipulador Telescópico: Realiza una inspección previa a la elevación para asegurarte de que la máquina esté en óptimas condiciones de trabajo.

6. Evaluar las Condiciones del Suelo: Posiciona el manipulador telescópico en un terreno estable y nivelado, evitando terrenos blandos o irregulares.

7. Verificar la Posición de los Accesorios: Asegúrate de que los accesorios estén segura y correctamente adjuntos, considerando su peso en la capacidad total de elevación.

8. Ajustar según sea Necesario: Modifica el peso de la carga, la posición o el ángulo del brazo si es necesario para alinearse con los requisitos de la carta de carga.

9. Monitorear Durante la Operación: Monitorea continuamente el comportamiento del manipulador telescópico y la estabilidad de la carga, respondiendo de manera oportuna a cualquier anomalía o advertencia.

Desplazamiento

Es imperativo que los manipuladores telescópicos sean conducidos con el brazo bajado para mantener el centro de gravedad lo más bajo posible, tanto para la máquina como para la carga. Conducir con el brazo elevado nunca debe considerarse una práctica estándar debido a los riesgos asociados descritos anteriormente. Cualquier decisión de conducir con el brazo elevado introduce riesgos adicionales que deben ser evaluados cuidadosamente.

En casos donde las restricciones del sitio hacen imposible maniobrar sin elevar el brazo, la gestión del sitio debería reconsiderar el uso de un manipulador telescópico en su totalidad o explorar opciones alternativas de máquinas. Elevar el brazo solo con fines de visibilidad, una práctica vista en el pasado, está desactualizada considerando el diseño moderno de los manipuladores telescópicos, que elimina la necesidad de tales medidas. Por lo tanto, los supervisores siempre deben cuestionar y desalentar la práctica habitual de conducir un manipulador telescópico con el brazo elevado.

Desplazarse con una carga suspendida implica moverse con el brazo elevado de su posición normal de transporte, resultando en fuerzas dinámicas adicionales causadas por el balanceo de la carga. Si se proporciona información por el fabricante y es permitido por el sitio, se deben seguir las siguientes pautas:

1. Mantener el brazo y la carga lo más cerca posible del suelo (aproximadamente 300-500mm por encima del suelo). La selección adecuada de longitudes de cadenas o eslingas es crucial para lograr esto.

2. Extender el brazo solo lo necesario para evitar que la carga interfiera con la parte frontal del chasis del manipulador telescópico, asegurando que el radio de la carga permanezca dentro de los límites especificados por la carta de carga.

3. Esperar visibilidad reducida y planificar en consecuencia con medidas de control adecuadas, como utilizar un coordinador para guiar al operador.

4. Minimizar el balanceo de la carga mediante un cuidadoso manejo de los controles y manteniendo velocidades de desplazamiento bajas.

5. Tener precaución al frenar y girar para evitar transmitir fuerzas dinámicas al brazo, lo cual compromete la estabilidad.

6. Nunca permitir que señaladores o personal camine frente al manipulador telescópico para estabilizar una carga balanceándose, ya que esto representa un riesgo significativo de tropiezo, caída y ser aplastado por las ruedas del manipulador telescópico.

7. Mantener una velocidad de desplazamiento extremadamente baja, nunca excediendo el paso de caminata.

8. Seguir las instrucciones del fabricante para desplazarse en pendientes e inclinaciones, evitando intentos de navegar por inclinaciones más allá de los límites especificados por el fabricante para mitigar el riesgo de volcamiento.

9. Se debe prestar especial atención a artículos ligeros pero volu-

minosos como cerchas de techo, que presentan riesgos únicos debido a su tamaño, susceptibilidad al viento y fuerzas dinámicas. Las restricciones específicas del sitio pueden requerir elevar el brazo para despejar obstrucciones fijas, añadiendo un riesgo extra que debe ser abordado en la evaluación de riesgos del sitio.

10. Estar atento para evitar obstrucciones aéreas, incluidas las líneas eléctricas.

Para asegurar una tracción y capacidad de frenado adecuadas al desplazarse en pendientes, sigue estas pautas:

- Cuando el manipulador telescópico está descargado, la parte trasera de la máquina es el extremo más pesado. Conduce con las horquillas apuntando cuesta abajo para mantener la estabilidad.

- Por el contrario, cuando el manipulador telescópico está cargado, la parte frontal de la máquina se convierte en el extremo más pesado. En este caso, conduce con las horquillas apuntando cuesta arriba para una mejor tracción.

- Para prevenir que la máquina acelere incontrolablemente en pendientes, reduce la marcha a una velocidad más baja y usa el freno de servicio según sea necesario para mantener una velocidad lenta y segura.

OPERACIÓN DE EQUIPOS DE MANEJO DE MATERIALES   233

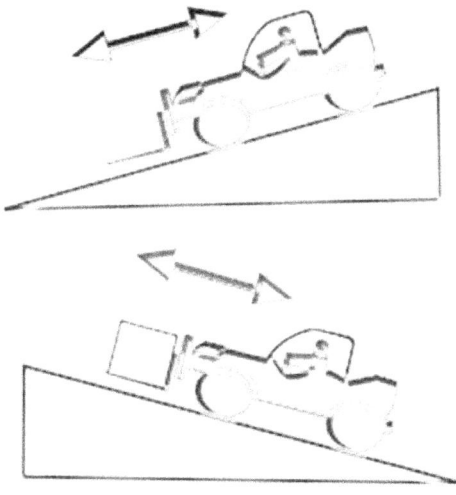

Figura 61: Direcciones correctas de desplazamiento en pendientes con y sin carga.

Al navegar por pendientes pronunciadas más allá de los gradientes máximos delineados para fines de planificación o al operar en modos de viaje no estándar (por ejemplo, con el brazo elevado o extendido), es necesario realizar una evaluación de riesgos exhaustiva. Esta evaluación debe ser llevada a cabo por un individuo competente que tenga acceso a la guía del fabricante del manipulador telescópico y comprenda los riesgos asociados. Los operadores capacitados en el manejo de cargas dinámicas y elevadas, y familiarizados con las pautas del fabricante, son capaces de realizar esta evaluación.

Precauciones y técnicas operativas para un viaje seguro en pendientes pronunciadas incluyen:

- Durante la planificación del trabajo, seleccionar cuidadosamente las rutas o preparar el terreno para evitar pendientes muy pronunciadas, superficies resbaladizas o terrenos sueltos.

- Mantener la dirección de conducción correcta y la posición de viaje para negociar pendientes. Al transportar una carga, posicionar la carga mirando cuesta arriba. Cuando esté descargado, posicionar los brazos de la horquilla mirando cuesta abajo.

- Evitar hacer giros o atravesar pendientes, a menos que la máquina esté específicamente equipada para tales maniobras. Descender directamente por el gradiente más suave en lugar de conducir diagonalmente a través de él.

- Nunca intentar apilar o desapilar una carga en una pendiente.

- Tener precaución para evitar giros bruscos mientras se viaja en pendientes.

- Ser consciente del riesgo de volcarse lateralmente o hacia atrás, particularmente cuando se mueve con el brazo elevado, incluso cuando el manipulador telescópico está descargado.

Algunos fabricantes proporcionan cartas de carga que delinean los límites de carga, velocidad y pendiente para viajar con una carga unitaria en horquillas. Estas pautas deben ser consultadas y seguidas para una operación segura.

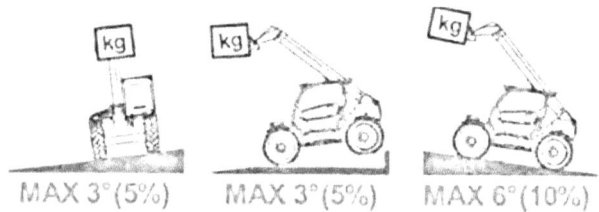

Figura 62: Ejemplo de indicaciones de carta de carga sobre límites de pendiente.

Asegurar operaciones seguras al retroceder un manipulador telescópico requiere controles cuidadosos para minimizar posibles peligros. Esto incluye realizar una inspección preoperacional para evaluar la condición general del manipulador telescópico, asegurando que no haya daños visibles o problemas. Esto implica examinar los frenos, luces y la alarma de reversa para confirmar que estén funcionando correctamente.

Despejar la vista trasera es crucial. Los operadores deben asegurarse de que los espejos retrovisores estén limpios y ajustados correctamente para proporcionar una vista clara del área detrás del manipulador telescópico. Además, si están equipados, deben asegurarse de que cualquier sistema de cámara de vista trasera esté operativo y proporcionando una vista clara.

Antes de iniciar la reversa, los operadores deben verificar el área circundante inspeccionando físicamente el espacio detrás del manipulador telescópico para asegurarse de que esté libre de obstrucciones, personas, equipos o cualquier peligro potencial. También deben tomar nota de cualquier obstáculo, hoyo o condiciones del suelo inestables que podrían representar desafíos durante la maniobra de reversa.

Internamente, los operadores necesitan confirmar que el asiento del conductor y los controles estén ajustados correctamente para el operador y que no haya obstrucciones que impidan la línea de visión del operador dentro de la cabina.

La comunicación es clave, especialmente en entornos concurridos o cuando la vista está obstruida. Los operadores deberían considerar usar un observador o un señalero para guiar el proceso de reversa y establecer señales de comunicación claras con ellos.

Antes de retroceder, los operadores deben activar cualquier sistema de advertencia auditivo o visual, como alarmas de reversa o luces intermitentes, para alertar al personal circundante.

También deben confirmar que los controles de movimiento del manipulador telescópico, como el selector de marcha y el volante, respondan y funcionen correctamente. Antes de iniciar la reversa, deben probar suavemente los frenos para asegurarse de que respondan y puedan detener el manipulador telescópico de manera eficiente si es necesario durante el proceso de reversa.

Planificar la ruta es esencial. Los operadores deben trazar mentalmente su ruta prevista, considerando cualquier giro o maniobra que necesiten hacer y cualquier obstáculo potencial en su camino.

Al iniciar la reversa, los operadores deben proceder lentamente y con constancia. Los movimientos rápidos o bruscos pueden llevar a errores o accidentes.

El monitoreo continuo del área detrás y alrededor del manipulador telescópico es esencial mientras los operadores retroceden. Si están equipados con un sistema de cámara, los operadores deben alternar entre usarlo y verificar físicamente los espejos y el entorno.

Al realizar diligentemente estos controles y mantener un sentido elevado de conciencia, los operadores pueden asegurarse de que la reversa de un manipulador telescópico se realice de manera segura y eficiente.

Finalización de Operaciones con Manipulador Telescópico

La finalización de operaciones con manipulador telescópico incluye:
1. Desmontaje, Limpieza y Almacenamiento de Accesorios: o Siguiendo las instrucciones del fabricante y los procedimientos del lugar de trabajo, desmonta los accesorios del manipulador telescópico de manera segura, asegurando no dañar el equipo o el entorno. o Limpia meticulosamente cada accesorio utilizando agentes y herramientas de limpieza aprobados, adhiriéndote a las pautas del fabricante para mantener un rendimiento óptimo y longevidad. o Almacena los accesorios en áreas designadas según los procedimientos del lugar de trabajo, asegurando que

estén posicionados de forma segura para prevenir accidentes y daños, y que sean fácilmente accesibles para su uso futuro.

2. Preparación para el Transporte: o Según los procedimientos del lugar de trabajo, prepara el manipulador telescópico para el transporte asegurando objetos sueltos, retraer el brazo y remover cualquier accesorio si es necesario. o Sigue las pautas para cargar y asegurar el manipulador telescópico en vehículos de transporte, asegurando el cumplimiento con las regulaciones de seguridad y minimizando riesgos durante el transporte.

3. Procedimientos de Estacionamiento y Apagado: o Estaciona el manipulador telescópico de manera segura en un área designada lejos del tráfico y peatones, asegurando que el suelo esté estable y nivelado. o Activa el freno de estacionamiento, coloca la transmisión en neutro y apaga el motor de acuerdo con los procedimientos del lugar de trabajo. o Completa cualquier procedimiento de apagado adicional especificado por los protocolos del lugar de trabajo o delineado en el manual del fabricante.

4. Salida del Manipulador Telescópico: o Utiliza tres puntos de contacto (por ejemplo, dos manos y un pie) al salir del manipulador telescópico, asegurando estabilidad y minimizando el riesgo de caídas. o Desciende del manipulador telescópico con precaución, prestando atención al entorno y posibles peligros, como superficies resbaladizas o terreno irregular.

5. Chequeos de Rutina al Apagar y Mantenimiento: o Sigue las instrucciones de mantenimiento del fabricante y los protocolos del lugar de trabajo para chequeos de rutina al apagar y mantenimiento. o Realiza inspecciones de niveles de fluidos, mangueras, correas y otros componentes, abordando cualquier problema de inmediato para prevenir malfuncionamientos y

asegurar la confiabilidad continua del manipulador telescópico.

6. Chequeos Post-Operacionales y Reportes: o Realiza chequeos post-operacionales exhaustivos tanto en el manipulador telescópico como en los accesorios para identificar cualquier malfuncionamiento, fallo o rendimiento irregular. o Registra y reporta cualquier problema identificado de manera pronta y precisa, siguiendo los procedimientos del lugar de trabajo para la documentación y reporte, facilitando la resolución y mantenimiento oportunos.

7. Etiquetado como Fuera de Servicio: o Si se detecta un defecto que hace que el manipulador telescópico sea inseguro para su uso, sigue los procedimientos del lugar de trabajo para etiquetar el equipo como fuera de servicio. o Adjunta una etiqueta claramente visible indicando la razón por la cual el manipulador telescópico está fuera de servicio y cualquier acción de reparación o mantenimiento necesaria.

8. Extracción de Llaves y Almacenamiento Seguro: o Retira las llaves del manipulador telescópico del encendido y almacénalas de manera segura de acuerdo con los protocolos del lugar de trabajo para prevenir el uso o acceso no autorizado.

9. Mantenimiento de Registros de Uso: o Mantén registros meticulosos del uso del manipulador telescópico y los accesorios, documentando fechas, horas, tareas realizadas y cualquier problema encontrado durante la operación. o Sigue los procedimientos del lugar de trabajo para el mantenimiento de registros para asegurar una documentación precisa y completa del uso y el historial de mantenimiento del equipo.

Seguridad en la Extracción de Accesorios

La seguridad siempre debe ser lo primero al retirar accesorios de un manipulador telescópico. Antes de comenzar el proceso de extracción, asegúrate de que el manipulador telescópico esté apagado, estacionado de manera segura en terreno estable y que el freno de estacionamiento esté activado para prevenir cualquier movimiento accidental. Utiliza los mecanismos o palancas de liberación designados por el fabricante para desmontar el accesorio de manera segura. Es esencial seguir meticulosamente el procedimiento de extracción, ya que algunos accesorios pueden requerir múltiples pasos o secuencias para un desmontaje adecuado. Evita usar fuerza excesiva durante el proceso de extracción, ya que esto puede dañar potencialmente el accesorio o el manipulador telescópico. Si encuentras resistencia, evalúa cuidadosamente la situación para identificar cualquier obstrucción o pasos omitidos en el proceso.

Limpieza de los Accesorios

Antes de iniciar el proceso de limpieza, realiza una inspección detallada del accesorio para verificar si hay suciedad, escombros o residuos acumulados durante la operación. Dependiendo del tipo de accesorio y los materiales de los que esté hecho, selecciona los agentes de limpieza apropiados según lo recomendado por el manual del fabricante. Después de aplicar los agentes de limpieza, enjuaga bien cualquier residuo y permite que el accesorio se seque completamente. Este paso es crucial para prevenir la oxidación o corrosión, especialmente en accesorios metálicos. Tras el proceso de limpieza, inspecciona cuidadosamente el accesorio en busca de signos de desgaste, daños o posibles malfunciones. Cualquier problema identificado debe ser reportado inmediatamente para su evaluación y resolución.

Almacenamiento de los Accesorios

Cuando se trata de almacenar accesorios, la adherencia a procedimientos adecuados es primordial para asegurar su longevidad y seguridad. Siempre almacena los accesorios en sus áreas designadas para facilitar la identificación fácil y minimizar el riesgo de daños o accidentes. Si los accesorios son susceptibles a daños por elementos climáticos, asegura que las áreas de almacenamiento proporcionen protección adecuada, especialmente contra la humedad o la oxidación. Etiqueta claramente cada accesorio, particularmente en lugares de trabajo donde se usan múltiples accesorios de apariencia similar. Algunos lugares de trabajo también pueden requerir mantener un registro detallando cuándo se usó, limpió y almacenó un accesorio. Más allá de las pautas del fabricante, la estricta adherencia a procedimientos o protocolos de almacenamiento del lugar de trabajo es esencial para mantener la integridad de los accesorios.

Cuidado Continuo

El mantenimiento regular es clave para asegurar el rendimiento óptimo y la longevidad de los accesorios. Incluso cuando no estén en uso, inspecciona periódicamente los accesorios en busca de signos de desgaste o daño. Programa el mantenimiento de rutina según las instrucciones del fabricante para abordar cualquier problema de manera oportuna y prevenir posibles fallas durante la operación. Mantente actualizado sobre cualquier nueva guía o recomendación proporcionada por el fabricante con respecto al cuidado y mantenimiento de los accesorios para asegurar que continúen funcionando de manera segura y efectiva.

Asegurar el transporte seguro de un manipulador telescópico implica prestar meticulosa atención a las pautas de seguridad y adherirse a los procedimientos del lugar de trabajo. Aquí tienes una guía detallada sobre cómo preparar tu manipulador telescópico para el transporte:

1. Consulta el Manual: Siempre comienza consultando el manual

del fabricante para obtener pautas específicas de transporte.

2. Realiza una Inspección Pre-Transporte: Verifica si hay daños visibles o fugas, asegura que todos los componentes estén en condiciones de funcionamiento y verifica la funcionalidad de las luces, frenos e indicadores.

3. Asegura el Equipo: Baja completamente el brazo, retira cualquier accesorio si es necesario y guárdalos por separado. Asegura que las horquillas estén en su posición más baja o retiradas y almacenadas de forma segura.

4. Drena Fluidos si es Necesario: Dependiendo de la distancia y modo de transporte, considera drenar los fluidos para prevenir fugas, siguiendo las recomendaciones del fabricante.

5. Desconecta los Sistemas de Conducción: Activa el freno de estacionamiento, apaga toda la energía, retira la llave y activa cualquier característica de desconexión de la transmisión.

6. Asegura Partes Sueltas: Retira o asegura componentes sueltos para prevenir daños durante el tránsito.

7. Verifica la Presión de los Neumáticos: Asegura que todos los neumáticos estén correctamente inflados a la presión recomendada para prevenir daños durante la carga, el tránsito y la descarga.

8. Documenta la Condición del Equipo: Documenta la condición del manipulador telescópico con fotografías para fines de seguro o en caso de daños durante el transporte.

9. Carga en un Vehículo de Transporte: Utiliza rampas capaces de soportar el peso del manipulador telescópico, conduce lentamente hacia el vehículo de transporte y activa el freno de esta-

cionamiento.

10. Asegura el Manipulador Telescópico: Utiliza cadenas, correas o cables de alta resistencia para asegurar el manipulador telescópico al vehículo de transporte, asegurando que no se mueva durante el tránsito.

11. Etiqueta según sea Necesario: Sigue las regulaciones locales o procedimientos del lugar de trabajo respecto a la etiquetación para cargas de gran tamaño.

12. Confirma la Preparación del Vehículo de Transporte: Asegura que el vehículo de transporte esté en buenas condiciones de funcionamiento con luces, frenos e indicadores funcionando.

13. Verificación Final: Realiza una última inspección alrededor para asegurar que todo esté seguro y listo para el transporte.

Cargar equipos pesados de manera segura requiere una consideración cuidadosa para asegurar la fiabilidad y la legalidad. Sigue estas medidas de seguridad para operaciones de carga seguras:

1. Designar Responsabilidades: Asigna roles para las operaciones de carga, incluyendo un conductor y un señalizador, para asegurar una comunicación y coordinación claras.

2. Limpiar la Rampa y el Remolque: Asegura que las rampas y las plataformas del remolque estén libres de suciedad, aceite y escombros para proporcionar una tracción óptima al cargar el equipo.

3. Despejar y Nivelar el Área de Carga: Elige un espacio deshabitado y nivelado para las operaciones de carga para prevenir accidentes y asegurar la estabilidad.

4. Comenzar la Alineación de la Máquina/Rampa: Conduce grad-

ualmente el equipo por la rampa hacia la plataforma del remolque, manteniendo un movimiento lento y constante.

5. Comenzar a Amarrar el Equipo Pesado: Asegura el equipo a la plataforma del remolque usando cadenas ajustadas y seguras posicionadas en puntos de amarre apropiados, siguiendo las regulaciones estatales y las pautas del fabricante.

6. Recordatorios Adicionales: Asegura que las cadenas estén sujetas linealmente con fuerza hacia abajo, sin holgura, y coincidan adecuadamente en tamaño y grado para prevenir daños al equipo y asegurar el cumplimiento con los estándares de seguridad.

Figura 63: Manipulador telescópico siendo transportado en plataforma flotante. Frédéric BISSON de Rouen, Francia, CC BY 2.0, a través de Wikimedia Commons.

Seleccionar un lugar de estacionamiento adecuado es crucial para asegurar la seguridad al estacionar un manipulador telescópico. Se recomienda elegir una superficie plana y sólida, evitando áreas cerca de terraplenes, zanjas o terrenos inestables. Además, es preferible seleccionar una ubicación de estacionamiento que esté alejada de zonas de alto tráfico para minimizar el riesgo de colisiones o bloqueos.

Una vez estacionado, el brazo del manipulador telescópico debe estar completamente bajado, y cualquier accesorio, como horquillas, debe estar en el suelo. Se debe tener cuidado de asegurar que no haya tensión o estrés indebidos en las partes hidráulicas durante este proceso.

Antes de iniciar la secuencia de apagado, el freno de estacionamiento debe estar activado para prevenir el movimiento no intencionado del manipulador telescópico. La transmisión de la máquina debe estar en punto muerto o en su modo de estacionamiento especificado, y cualquier sistema suplementario, como luces o aire acondicionado, debe estar apagado.

Para apagar el motor, usa la llave de encendido o el interruptor de apagado especificado, permitiendo que el motor deje de funcionar completamente antes de proceder. Como medida de seguridad, se recomienda retirar la llave de encendido después del apagado para prevenir el uso no autorizado. Si el manipulador telescópico tiene una cabina, es prudente cerrar y, si es posible, bloquear sus puertas y ventanas.

Antes de alejarse del manipulador telescópico, se debe realizar una breve inspección para verificar posibles fugas, daños o problemas operativos. Es esencial asegurar que los alrededores de la máquina estén libres de cualquier herramienta u objeto que se haya utilizado.

Ciertos lugares de trabajo pueden requerir el registro de los tiempos de apagado, la condición del equipo o cualquier preocupación notable. Es importante completar cualquier documentación o registros obligatorios según las pautas del lugar de trabajo.

En espacios compartidos, puede ser necesario erigir barreras o conos alrededor del manipulador telescópico como medida de precaución. Estacionar la máquina en un lugar designado o en un área protegida es beneficioso donde sea posible.

La comunicación con los miembros relevantes del equipo o el personal supervisor es crucial una vez que el manipulador telescópico esté estacionado y desactivado, especialmente si la ubicación de la máquina puede afectar otras operaciones o caminos.

Cabe destacar que los manipuladores telescópicos nunca deben estacionarse en pendientes pronunciadas o gradientes. En situaciones de emergencia donde el estacionamiento en una pendiente o gradiente sea inevitable, las ruedas deben ser calzadas y la carga o las horquillas deben dejarse en la posición completamente bajada o en el suelo. Además, se debe considerar el rendimiento del freno de estacionamiento, especialmente en superficies empinadas o inferiores, ya que puede no ser capaz de mantener el manipulador telescópico estacionario o prevenir el deslizamiento de las ruedas.

Al salir de la cabina del manipulador telescópico, independientemente de la razón, es imperativo que el operador apague el motor y retire la llave. Una vez concluidas las operaciones, el manipulador telescópico debe ser almacenado en un lugar seguro, idealmente en terreno nivelado, con el freno de mano activado, el brazo y las horquillas o el accesorio de manejo bajados al suelo, la llave retirada y la cabina asegurada con llave. La llave debe ser almacenada en un lugar seguro.

Antes de salir del manipulador telescópico, es esencial tomar varias medidas de precaución. Primero, asegúrate de que el manipulador telescópico esté estacionado de manera segura en terreno nivelado con el freno de estacionamiento activado. Apaga el motor y recuerda siempre retirar la llave de encendido para prevenir cualquier movimiento no intencionado de la máquina. Además, despeja el asiento del operador y el área circundante de cualquier obstrucción, escombro o herramienta potencial.

Cuando estés listo para salir, gírate hacia la cabina antes de abrir la puerta para facilitar una salida hacia atrás, proporcionando un mejor agarre y estabilidad durante la maniobra.

Mantén un agarre firme al salir, utilizando las manijas dentro de la puerta de la cabina y ya sea en el exterior de la cabina o cerca de los escalones. Comienza colocando firmemente un pie en el escalón más alto, asegurándote de que esté libre de barro, nieve u otras sustancias resbaladizas. Mientras mantienes un agarre firme, procede al siguiente escalón con el otro pie.

A lo largo del descenso, siempre mantén tres puntos de contacto con la máquina, distribuyendo el peso para estabilidad y equilibrio mientras sales. Esto puede involucrar una combinación de dos manos y un pie, o viceversa.

Desciende deliberadamente, un escalón a la vez, asegurando una base estable y un agarre en cada punto. Al llegar al último escalón y establecer un agarre firme con tus manos, baja al suelo un pie a la vez.

Después de salir de manera segura del manipulador telescópico, suelta el agarre de las manijas y toma un momento para verificar doblemente tu equilibrio y apoyo antes de alejarte de la máquina. Prioriza la seguridad en todo momento, usando calzado adecuado con buen agarre y evitando apresurarte, saltar o saltarte escalones, ya que estas acciones pueden llevar a accidentes incluso desde alturas bajas. Se recomiendan inspecciones regulares de los escalones y manijas del manipulador telescópico para identificar y abordar cualquier daño u obstrucción que pueda comprometer la seguridad.

Mantener un manipulador telescópico de manera efectiva es fundamental para asegurar operaciones seguras. Al igual que toda maquinaria, un manipulador telescópico experimenta desgaste, deterioro y daños potenciales con el tiempo. El proceso de mantenimiento, que abarca diversas verificaciones e inspecciones, sirve para monitorear, prevenir y corregir esta degradación. El personal encargado de estas responsabilidades debe poseer la capacitación específica de la máquina, experiencia y competencia tanto en mantenimiento periódico como en reparaciones.

Tanto el usuario como el propietario del manipulador telescópico, junto con cualquier accesorio utilizado, tienen la responsabilidad de mantenerlos en una condición de trabajo segura. Típicamente, las tareas de mantenimiento, aparte de las verificaciones previas al uso, son realizadas por el propietario del manipulador telescópico. La adherencia a las instrucciones de mantenimiento preventivo del fabricante es crucial para mantener la seguridad durante el uso. Las verificaciones e inspecciones deben considerar la frecuencia de uso del manipulador telescópico y las condiciones ambientales a las que regularmente se enfrenta. Los operadores competentes pueden estar autorizados para realizar verificaciones rutinarias previas al uso y semanales.

Los empleadores que supervisan estas verificaciones deben asegurarse de que el manipulador telescópico sea retirado del servicio por la duración requerida. Además, ellos o el personal autorizado deben establecer un sistema de trabajo seguro para prevenir que el personal esté expuesto a riesgos, como la operación inadvertida del equipo.

Las verificaciones básicas e inspecciones deben alinearse con las instrucciones de la empresa y las recomendaciones del fabricante. Las verificaciones diarias previas al uso, realizadas al inicio de cada turno o día, se centran en daños y el correcto funcionamiento del manipulador telescópico. Las inspecciones semanales sirven como controles adicionales a las previas al uso y también deben ser registradas.

Cualquier defecto que afecte la operación segura del manipulador telescópico debe ser reportado inmediatamente, resultando en que la máquina sea retirada del servicio. Los defectos que no afecten inmediatamente la operación segura deben ser reportados a los supervisores para reparaciones oportunas.

Las verificaciones de rutina al apagar y el mantenimiento son vitales para asegurar la longevidad y seguridad de un manipulador telescópico. Seguir las instrucciones de mantenimiento del fabricante y los procedimientos del lugar de trabajo es crucial para mantener la máquina en óptimas condiciones. Este proceso involucra varios pasos:

1. Preparación para el Mantenimiento: Consulta el manual del fabricante y reúne las herramientas y equipos necesarios.

2. Verificaciones al Apagar: Realiza inspecciones visuales, verifica los sistemas operativos, verifica los niveles de fluidos e inspecciona los neumáticos.

3. Mantenimiento de Rutina: Limpia la máquina, verifica la batería, inspecciona los sistemas hidráulicos, lubrica los componentes y reemplaza los filtros.

4. Chequeos Avanzados: Examina los sistemas de frenos, tren de conducción, transmisión y sistemas eléctricos.

5. Documenta las Actividades de Mantenimiento: Mantén un registro detallado de todas las verificaciones y tareas de mantenimiento realizadas e informa cualquier problema.

6. Asegura el Manipulador Telescópico: Almacena la máquina adecuadamente, retira la llave de encendido y guárdala de manera segura.

7. Mantente Actualizado: Asiste a sesiones de capacitación regulares y mantente informado sobre las actualizaciones y pautas del fabricante.

El mantenimiento consistente es un enfoque proactivo para prolongar la vida útil del equipo y asegurar la seguridad del operador.

Las verificaciones postoperacionales son esenciales para asegurar que el manipulador telescópico y sus accesorios estén en condiciones óptimas para futuras operaciones. Este proceso implica identificar y reportar cualquier malfuncionamiento, fallo o daño a través de los siguientes pasos:

1. Inspección Visual: o Recorre el manipulador telescópico para inspeccionar signos visibles de daño, desgaste o fugas. o Revisa los accesorios en busca de problemas aparentes. o Asegura la estabilidad e integridad de todas las partes móviles, uniones y accesorios.

2. Prueba de Funciones Operativas: o Verifica funciones básicas como levantar, bajar, inclinar y rotar. o Prueba cualquier función especializada y verifica la funcionalidad del accesorio en uso.

3. Escucha Irregularidades: o Enciende el manipulador telescópico y escucha ruidos inusuales o sonidos que indiquen malfuncionamientos o daños. o Presta atención a vibraciones, traqueteos, moliendas o cualquier sonido anormal.

4. Verifica Luces Indicadoras y Alarmas: o Confirma que las luces del tablero, alarmas de advertencia e indicadores funcionen correctamente. o Nota cualquier luz de advertencia que permanezca iluminada.

5. Revisa Niveles de Fluidos y Busca Fugas: o Chequea los niveles de aceite, fluido hidráulico, líquido de frenos y refrigerante. o Inspecciona debajo en busca de signos de fugas.

6. Examina los Neumáticos: o Verifica pinchazos, desgaste u otros daños visibles. o Asegura la correcta inflación de los neumáticos.

7. Registra Hallazgos: o Documenta detalladamente los malfuncionamientos, fallos, irregularidades o daños identificados. o Llena los formularios estándar o informes digitales utilizados para este propósito.

8. Reporta Problemas: o Reporta inmediatamente los problemas serios al supervisor o autoridad designada. o Sigue los protocolos del lugar de trabajo para problemas no críticos.

9. Asegura el Manipulador Telescópico: o Almacena en el área designada y retira la llave de encendido para prevenir el uso no autorizado.

10. Revisa los Procedimientos del Lugar de Trabajo: o Sigue los protocolos específicos del lugar de trabajo para las verificaciones postoperación e informes.

Estas verificaciones aseguran la resolución pronta de cualquier problema, promoviendo un ambiente de trabajo más seguro.

Reporte de Defectos: Los operadores deben reportar los defectos inmediatamente utilizando un formato predefinido, proporcionando detalles como fecha, hora y circunstancias. Los 'Informes Nulos' también deben ser presentados regularmente. Todos los informes deben ser enviados al propietario del manipulador telescópico para la toma de decisiones informada.

Mantenimiento Programado: La gestión del sitio es responsable de asegurar que los manipuladores telescópicos estén bien mantenidos. Un programa de mantenimiento preventivo programado, considerando el uso de la máquina y el entorno, ayuda a cumplir con este requisito.

Mantenimiento por Intervalo de Operación: Aparte de las verificaciones diarias, los operadores deben realizar mantenimiento en intervalos regulares, como cada 50 o 100 horas de operación, revisando elementos como los neumáticos, filtros hidráulicos y aceite del motor.

Mantenimiento Trimestral: Una verificación comprensiva cada trimestre debe cubrir las conexiones de la batería, cableado eléctrico, tensión del nivel de las horquillas y filtro de aire del motor. Las verificaciones anuales adicionales pueden incluir inspeccionar el filtro del tanque hidráulico. Consulta el manual del manipulador telescópico para intervalos y procedimientos específicos.

Evitar el uso accidental o no autorizado de la máquina es crucial para evitar posibles accidentes y peligros.

Procedimiento de Apagado: Comienza el proceso de apagado del manipulador telescópico estacionándolo en una superficie nivelada, idealmente dentro de su área de almacenamiento designada. Asegura que todos los controles estén en posición neutral. Después de estas precauciones, procede a apagar el encendido. Si la máquina requiere una secuencia de apagado específica, permite que complete este proceso.

Manejo de la Llave: Después de confirmar el apagado seguro del manipulador telescópico, procede a extraer la llave del encendido. Es aconsejable inspeccionar brevemente la llave en busca de signos de desgaste, daño o deformidades. Si surgen preocupaciones, repórtalas de inmediato para facilitar acciones necesarias, como reemplazos.

Almacenamiento de Llaves: Para el almacenamiento de llaves, se recomienda utilizar una caja o armario de llaves designado y seguro, hecho a medida para llaves de máquinas y equipos. Esta unidad de almacenamiento debe ser fácilmente accesible para el personal autorizado mientras asegura el acceso restringido a otros en el sitio. Mejora la seguridad asegurando que la caja o el armario se puedan cerrar con llave. Antes de colocar la llave dentro, etiquétala adecuadamente o a su llavero para una rápida identificación, especialmente en escenarios con múltiples máquinas o manipuladores telescópicos. Una vez que la llave esté posicionada de manera segura, cierra con llave la caja o el armario.

Documentación y Gestión de Acceso: Muchas organizaciones abogan por mantener un libro de registro para rastrear las actividades de almacenamiento de llaves. Si aplica, registra detalles como la fecha, hora e individuo responsable del almacenamiento de la llave. Se pueden incluir comentarios adicionales según sea necesario. Es imperativo controlar el acceso a la caja o armario de llaves, limitando la entrada a individuos de confianza con la autorización apropiada. Revisiones regulares de la lista de acceso ayudan a mitigar el riesgo de entrada no autorizada. Además, las verificaciones periódicas de la unidad de almacenamiento aseguran que todas las llaves estén presentes, particularmente en entornos donde múltiples personas tienen acceso.

5
Plataformas Elevadoras de Trabajo

Una Plataforma Elevadora de Trabajo (PET), también conocida como plataforma de trabajo aérea o plataforma elevadora de trabajo móvil (PEWM, por sus siglas en inglés), es un dispositivo mecánico utilizado para proporcionar acceso temporal a áreas elevadas para personal, herramientas o equipos. Las PET son comúnmente utilizadas en tareas de construcción, mantenimiento y reparación donde se requiere trabajar en altura.

Las plataformas elevadoras de trabajo abarcan varios tipos, como elevadores de tijera, plataformas de brazo articulado (conocidas como "cherry pickers"), plataformas de brazo telescópico y torres de viaje, disponibles tanto en variantes alimentadas por batería como con motores de combustión interna. Mientras que algunas están diseñadas para uso en superficies sólidas y niveladas, otras están diseñadas para operar en terrenos irregulares.

Las personas que operan torres de viaje, plataformas de brazo telescópico o plataformas de brazo articulado deben usar arneses de seguridad anclados de forma segura, mientras que aquellos que usan elevadores de tijera están exentos de este requisito.

Las PET encuentran aplicaciones comunes en sitios de construcción, almacenes y cualquier entorno que requiera acceso móvil a áreas elevadas.

Las PET típicamente consisten en una plataforma o cesta adjunta a un brazo o mástil extensible, que se puede elevar o bajar verticalmente. Algunas PET también tienen la capacidad de moverse horizontalmente o rotar, proporcionando flexibilidad adicional en la posicionamiento de los trabajadores o materiales.

Hay varios tipos de PET, incluyendo:

1. Elevadores de Tijera (ver Figura 64): Estos tienen una plataforma que se mueve verticalmente a lo largo de un par de soportes cruzados, pareciendo la forma de una tijera cuando se extienden.

Figura 64: Elevadores de tijera. KeepOnTruckin, CC BY 2.5, a través de Wikimedia Commons.

2. Plataformas de Brazo (ver Figura 65): También conocidas como plataformas de brazo articulado o "cherry pickers", estas tienen un brazo telescópico o articulado con una plataforma en el extremo para que los trabajadores se paren. Las plataformas de brazo pueden alcanzar más alto y más lejos horizontalmente en comparación con los elevadores de tijera.

Figura 65: Plataforma de Brazo Recto con brazo telescópico extendido. ERab123, CC BY-SA 4.0, a través de Wikimedia Commons.

3. Elevadores Verticales (ver Figura 66): Estos tienen un único mástil que se extiende verticalmente, ofreciendo un diseño más compacto adecuado para uso en interiores o espacios reducidos.

OPERACIÓN DE EQUIPOS DE MANEJO DE MATERIALES 257

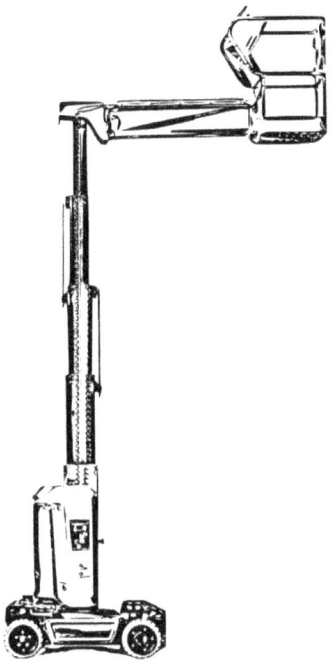

Figura 66: Elevador de mástil vertical.

4. Elevadores para Personal (ver Figura 67): Estas son plataformas más pequeñas y portátiles diseñadas para que los trabajadores individuales accedan de manera segura a áreas elevadas.

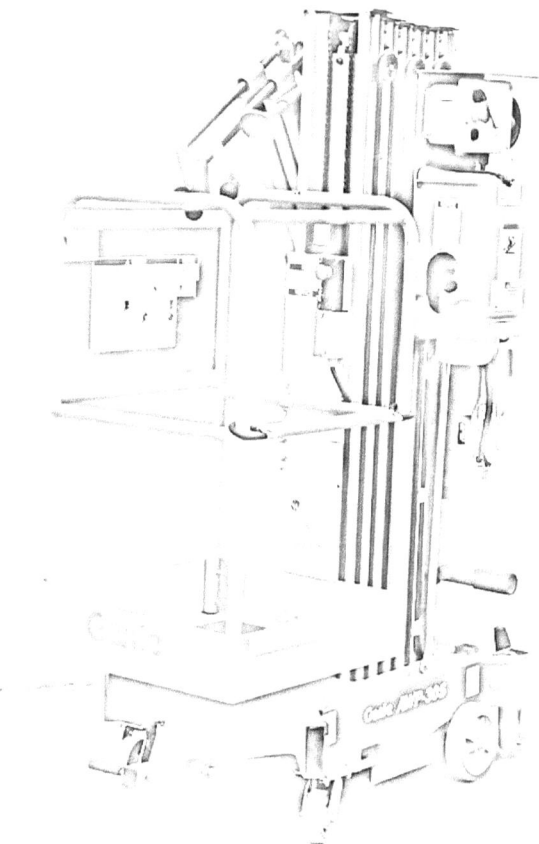

Figura 67: Elevador para personal.

Las PET están equipadas con características de seguridad tales como barandillas, sistemas de bajada de emergencia y protección contra sobrecargas para garantizar la seguridad de los trabajadores que operan en altura. La formación adecuada y la adherencia a los protocolos de seguridad son esenciales al usar las PET para prevenir accidentes y lesiones.

Las PET también pueden ser:
- PET Montada en Remolque: Estas plataformas elevadoras de trabajo están fijadas a un remolque móvil y pueden ser remolcadas por la mayoría de los vehículos equipados con una bola de

remolque. Están equipadas con estabilizadores ajustables manualmente para asegurar la estabilidad de la plataforma durante la operación y ofrecen un rango de alturas de trabajo de hasta 26 metros.

- PET Autopropulsada con Brazo Telescópico: Estas PET son unidades autopropulsadas diseñadas para su uso en losas niveladas o superficies firmes no selladas. La plataforma se eleva usando un brazo de extensión recta (telescópico), con controles accesibles tanto a nivel del suelo como en la propia plataforma.

- PET Autopropulsada con Brazo Articulado Telescópico (ver Figura 68): Estas PET son unidades autopropulsadas adecuadas para su despliegue en losas niveladas o superficies firmes no selladas. La plataforma se eleva mediante un brazo que cuenta con al menos dos secciones principales conectadas por una articulación tipo nudillo, montadas en una torreta que permite el giro. Esta configuración permite que el brazo alcance por encima de los obstáculos. Ambas secciones del brazo pueden incorporar extensiones telescópicas, y los controles están disponibles tanto a nivel del suelo como en la plataforma.

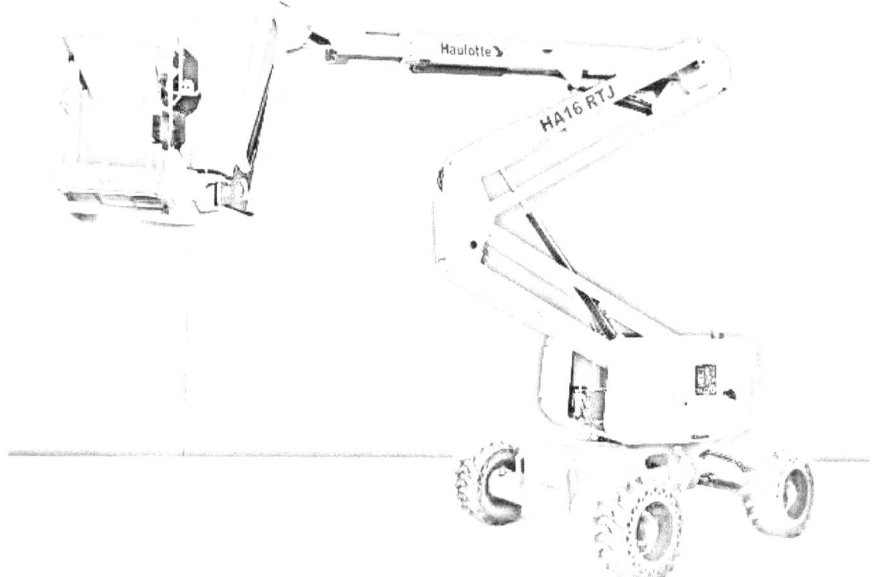

Figura 68: PET autopropulsada con brazo articulado telescópico.

- PET Montada en Vehículo (ver Figura 69): Estas PET suelen ser camiones registrados para uso vial, equipados con un brazo recto o un brazo articulado montado en el chasis del camión. El brazo está montado en una torreta para el giro, y se instalan estabilizadores en el chasis para la estabilidad. Los controles están accesibles tanto a nivel del suelo como en la plataforma.

OPERACIÓN DE EQUIPOS DE MANEJO DE MATERIALES 261

Figura 69: PET montada en camión. Usuario:Mattes, CC BY-SA, a través de Wikimedia Commons.

Una plataforma elevadora de trabajo (PET) típica con brazo telescópico consta de varias partes/componentes esenciales diseñados para facilitar una operación segura y eficiente. Aquí hay una descripción de cada uno:

1. Conjunto del Brazo: El componente estructural principal de la PET, el conjunto del brazo se extiende verticalmente para elevar la plataforma a varias alturas. Típicamente comprende múltiples secciones que pueden extenderse o retraerse telescópicamente para alcanzar diferentes alturas.

2. Plataforma: Esta es el área de trabajo elevada donde los operadores se paran o realizan tareas. La plataforma suele estar equipada con barandillas, tablones y puertas para seguridad. También puede tener un panel de control para operar la PET.

3. Controles: El panel de control permite a los operadores manipular el movimiento del brazo, ajustar la altura de la plataforma y controlar otras funciones como la rotación (si aplica) y el movimiento de conducción (para modelos autopropulsados). Los controles pueden ubicarse en la propia plataforma y/o a nivel del suelo.

4. Base/Chasis: La base o el chasis proporcionan estabilidad y soporte para la PET. Puede tener ruedas para movilidad o estabilizadores para asegurar la estabilidad mientras la plataforma está elevada.

5. Estabilizadores: Estas patas o brazos extensibles se despliegan para aumentar la estabilidad de la PET, especialmente al trabajar en altura o en terrenos irregulares. Proporcionan soporte adicional y previenen el vuelco.

6. Sistema Hidráulico: Responsable de alimentar el movimiento del brazo y la plataforma, el sistema hidráulico utiliza fluido hidráulico bajo presión para extender y retraer las secciones del brazo y elevar/bajar la plataforma.

7. Contrapesos (Opcional): En algunas PET, se pueden usar contrapesos para equilibrar el peso del brazo y la plataforma extendidos, mejorando la estabilidad y seguridad.

8. Características de Seguridad: Se incorporan diversas características de seguridad en el diseño de la PET para proteger a los operadores y transeúntes. Estas pueden incluir botones de parada de emergencia, sensores de sobrecarga, sensores de inclinación y alarmas audibles/visuales.

9. Fuente de Energía: Las PET pueden ser alimentadas por motores de combustión interna (típicamente para uso exterior)

o motores eléctricos (comúnmente usados en interiores). La fuente de energía proporciona la energía necesaria para operar el sistema hidráulico y otros componentes eléctricos.

10. Secciones Telescópicas: En las PET con brazo telescópico, el brazo consta de múltiples secciones telescópicas que pueden extenderse o retraerse de manera independiente o en secuencia. Estas secciones permiten que el brazo alcance diferentes alturas manteniendo estabilidad y maniobrabilidad.

11. Mecanismo de Rotación (Opcional): Algunas PET cuentan con una plataforma rotativa o torreta que permite al operador rotar la plataforma horizontalmente, proporcionando mayor flexibilidad y acceso a las áreas de trabajo.

En conjunto, estos componentes trabajan juntos para permitir una operación segura, eficiente y versátil de las PET con brazo telescópico en diversas aplicaciones de construcción, mantenimiento e industriales.

Figura 70: Figura 70: Partes de una PET típica con brazo telescópico. Imagen trasera - Fotografía por Mike Peel, CC BY-SA 4.0, a través de Wikimedia Commons.

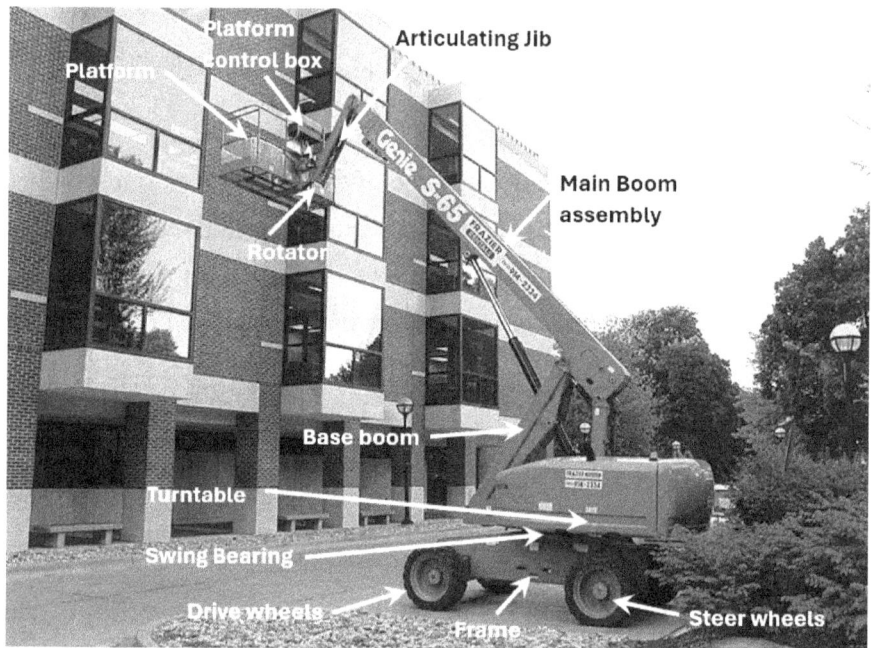

Figura 71: Partes de una PET típica con brazo articulado telescópico. Imagen trasera - Dwight Burdette, CC BY 3.0, a través de Wikimedia Commons.

OPERACIÓN DE EQUIPOS DE MANEJO DE MATERIALES 265

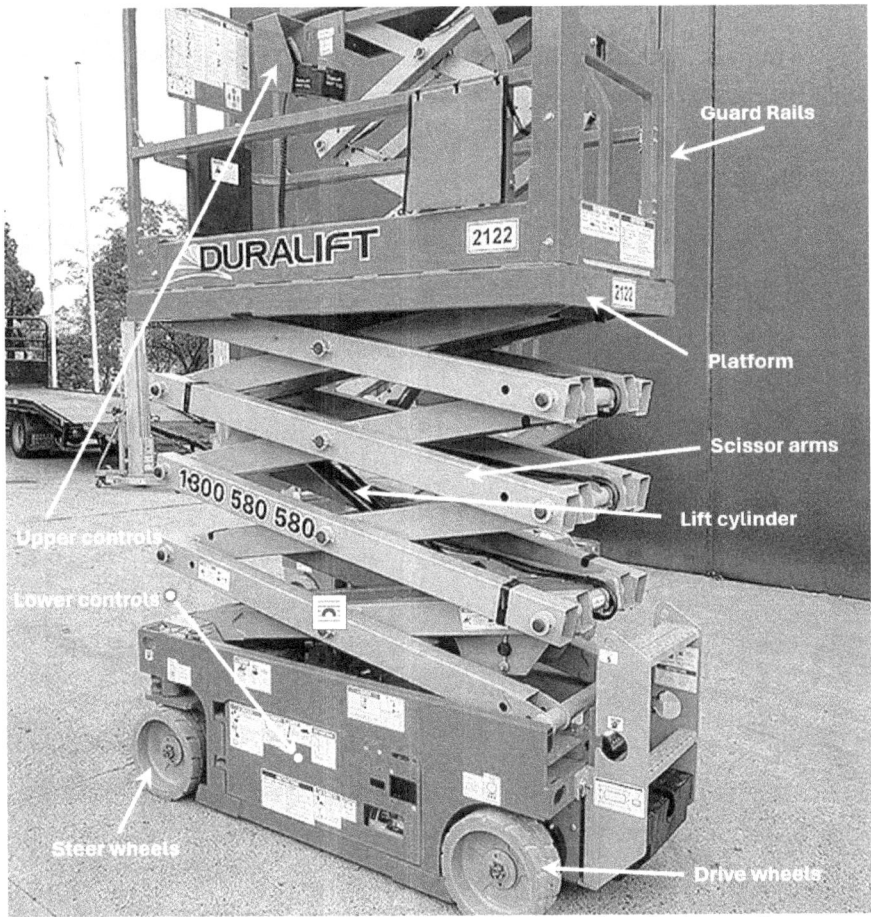

Figura 72: Partes de una PET típica de elevador de tijera. Imagen trasera - ERab123, CC BY-SA 4.0, a través de Wikimedia Commons.

Las Plataformas Elevadoras de Trabajo (PET) operan bajo el principio de proporcionar un área de trabajo elevada segura y estable para que el personal realice tareas en altura. Los principios operativos pueden variar dependiendo del tipo de PET, pero generalmente involucran una combinación de componentes estructurales, sistemas hidráulicos y características de seguridad. Aquí hay una visión general de los principios operativos de varios tipos de PET:

1. Elevadores de Tijera: o Los elevadores de tijera operan usando un mecanismo que extiende y retrae una serie de soportes

cruzados (el mecanismo de tijera) verticalmente, proporcionando elevación a la plataforma. o El mecanismo de tijera es impulsado por un sistema hidráulico, que típicamente consiste en una bomba, cilindros y válvulas, que controlan el flujo de fluido hidráulico para extender o retraer los brazos de tijera. o La plataforma permanece nivelada mientras se mueve verticalmente, proporcionando una superficie de trabajo estable. Algunos modelos también pueden ofrecer movimiento horizontal limitado. o Los elevadores de tijera son comúnmente usados para tareas de mantenimiento interior, construcción e instalación.

2. Plataformas de Brazo Articulado (también conocidas como Plataformas de Trabajo Aéreo): o Las plataformas de brazo articulado cuentan con un brazo articulado con una plataforma en el extremo, permitiendo alcanzar vertical y horizontalmente. o El brazo a menudo está montado en una base o chasis con ruedas para movilidad. Algunos modelos también pueden tener estabilizadores para mayor estabilidad. o Un sistema hidráulico alimenta la extensión y articulación del brazo, permitiendo a los operadores posicionar la plataforma con precisión. o Las plataformas de brazo articulado son versátiles y comúnmente usadas para tareas como poda de árboles, mantenimiento exterior de edificios y reparaciones eléctricas.

3. Plataformas de Brazo: o Las plataformas de brazo cuentan con un brazo telescópico o articulado que se extiende vertical y/o horizontalmente, proporcionando acceso a áreas de trabajo elevadas. o El brazo puede estar montado en una base con ruedas para movilidad o en un chasis de vehículo. A menudo se despliegan estabilizadores para mejorar la estabilidad. o Los sistemas hidráulicos controlan la extensión, articulación y elevación del

brazo, permitiendo a los operadores maniobrar la plataforma en varias posiciones. o Las plataformas de brazo son ampliamente utilizadas en construcción, mantenimiento y entornos industriales para tareas como mantenimiento de edificios, instalación de señalización y limpieza de ventanas.

4. PET Montadas en Remolque: o Las PET montadas en remolque están montadas en un remolque móvil y pueden ser remolcadas por vehículos con bola de remolque. o Típicamente cuentan con estabilizadores ajustables manualmente para proporcionar estabilidad mientras están en uso y tienen un rango de alturas de trabajo. o Los sistemas hidráulicos controlan la elevación y posicionamiento de la plataforma, similar a otros tipos de PET.

5. PET Autopropulsadas: o Las PET autopropulsadas están equipadas con su propio sistema de propulsión, permitiendo a los operadores conducirlas a diferentes ubicaciones de trabajo. o Pueden contar con brazos telescópicos o articulados, que pueden ser extendidos y maniobrados usando controles hidráulicos. o Las PET autopropulsadas son versátiles y adecuadas para una amplia gama de aplicaciones interiores y exteriores.

En resumen, las PET operan utilizando sistemas hidráulicos, componentes estructurales y características de seguridad para proporcionar acceso seguro y eficiente a áreas de trabajo elevadas. Los principios operativos específicos pueden variar dependiendo del tipo y diseño de la PET, pero todos buscan asegurar estabilidad, maniobrabilidad y seguridad del operador mientras trabajan en altura.

Planificación de Operaciones con PET

La planificación de operaciones con PET incluye:
1. Identificación de Requisitos de la Tarea: o Revisa la orden de trabajo o las instrucciones proporcionadas para entender el alcance del trabajo. o Consulta con el personal relevante, como supervisores o miembros del equipo, para aclarar cualquier duda o requisito. o Realiza una inspección del sitio para evaluar las condiciones y el entorno donde se utilizará la PET.

2. Evaluación del Suelo/Superficie del Área de Trabajo: o Inspecciona el suelo o la superficie operativa donde se desplegará la PET. o Verifica si hay algún peligro u obstáculo que podría afectar la estabilidad o la operación segura de la PET. o Asegura que la superficie sea nivelada, firme y capaz de soportar el peso de la PET y su carga prevista. o Sigue los requisitos del fabricante y los procedimientos del lugar de trabajo para la evaluación del suelo.

3. Establecimiento de Capacidades de la PET: o Determina la capacidad máxima de carga y la altura de trabajo de la PET según las especificaciones del fabricante. o Evalúa los requisitos específicos de la tarea, incluyendo el peso de los materiales, herramientas y personal a elevar. o Asegura que la PET sea adecuada para el trabajo previsto y pueda acomodar de manera segura los requisitos de carga.

4. Evaluación de Caminos Operativos: o Identifica y evalúa posibles caminos para operar la PET dentro del área de trabajo. o Considera factores como obstáculos aéreos, espacios confinados y puntos de acceso. o Determina las rutas más eficientes y seguras para maniobrar la PET a las ubicaciones deseadas.

5. Aplicación de Medidas de Control de Riesgos y Peligros: o Identifica posibles peligros asociados con las operaciones de la PET,

como líneas eléctricas aéreas, terrenos irregulares o superficies inestables. o Implementa medidas de control para mitigar riesgos, como el uso de barricadas, equipo de protección personal (EPP) o establecimiento de zonas de exclusión. o Comunica las medidas de control de peligros al personal relevante y asegura su comprensión y cumplimiento.

6. Confirmación del Plan de Gestión de Tráfico: o Revisa el plan de gestión de tráfico para asegurar que se alinee con las operaciones previstas de la PET. o Confirma la implementación del plan, incluyendo cualquier medida de control de tráfico o señalización requerida para gestionar de manera segura el movimiento de vehículos y peatones en el área de trabajo.

7. Identificación de Procedimientos de Comunicación: o Establece protocolos de comunicación con el personal relevante involucrado en la operación de la PET, como observadores en tierra, supervisores u otros trabajadores. o Determina métodos de comunicación, como radios bidireccionales, señales manuales o indicaciones verbales, basados en el entorno de trabajo específico y los requisitos.

8. Confirmación de Cobertura del Trabajo: o Asegura que todos los aspectos de los requisitos de trabajo/tarea estén abordados y contemplados en el plan. o Verifica que la PET esté equipada y configurada para satisfacer las necesidades de la tarea, incluyendo accesorios, herramientas y equipos de seguridad necesarios.

Antes de comenzar cualquier trabajo, es crucial determinar las tareas específicas que se requieren realizar. Estas instrucciones pueden comunicarse a través de diversos canales y formatos, incluyendo:

- Instrucciones de turno.

- Detalles de entrega.
- Órdenes de trabajo.
- Especificaciones del equipo.
- Naturaleza y alcance de las tareas.
- Detalles de la carga.
- Objetivos de logro.
- Condiciones de trabajo.
- Arreglos de iluminación del sitio.
- Defectos del equipo.
- Peligros y riesgos potenciales.
- Requisitos de coordinación.

Entender estos requisitos de trabajo es esencial ya que impactan directamente en la selección del equipo y los métodos de ejecución de la tarea. Tener un claro entendimiento de los requerimientos del trabajo asegura que se realice de manera segura y eficiente.

Es aconsejable tener una especificación de trabajo detallada que describa el tipo de trabajo y los resultados esperados. Conocer los requisitos del trabajo ayuda a seleccionar la maquinaria apropiada y determinar la fuerza laboral necesaria para la tarea. Por ejemplo, entender de antemano los requisitos de altura del trabajo y las tareas asociadas puede simplificar los esfuerzos de planificación.

Las consideraciones clave al determinar el alcance del trabajo incluyen:

- Tipo de trabajo.

- Ubicación, incluyendo factores del sitio y ambientales.

- Altura del trabajo.

- Aprobaciones necesarias.

- Plazo para la finalización.

- Resultados esperados.

Realizar una inspección visual del sitio durante la planificación preoperacional, si es factible, es beneficioso. Alternativamente, recopilar tanta información sobre el sitio como sea posible antes de acordar realizar el trabajo. Esto puede involucrar hacer un conjunto estándar de preguntas desarrollado por su empleador.

Tenga en cuenta cualquier requisito operativo especial, como la proximidad a líneas eléctricas o el uso de químicos en la plataforma de trabajo. Si en algún momento no está seguro de los requisitos del trabajo, consulte a su supervisor para aclaración.

Establecer prioridades de trabajo es crucial, especialmente cuando las tareas involucran múltiples actividades. La naturaleza del trabajo a menudo dicta las prioridades de las tareas. Su plan de trabajo debe esbozar la secuencia en la que se ejecutarán las tareas, teniendo en cuenta factores como los niveles de elevación y los requisitos de seguridad.

La adhesión a las reglas y procedimientos del lugar de trabajo es primordial. Consulte al personal relevante para entender las reglas y procedimientos específicos del sitio, y coopere con otros siguiendo los protocolos establecidos. Considere consultar con los propietarios del edificio/sitio, autoridades gubernamentales, gerentes del sitio, supervisores y otros oficios según sea necesario.

Es esencial estar al tanto de los requisitos regulatorios aplicables al trabajo que se realiza desde la PEE. Esto puede involucrar certificaciones estatutarias o formación de inducción en el sitio, dependiendo del lugar de trabajo y la naturaleza del trabajo. Asegúrese de cumplir con las regulaciones de salud y seguridad ocupacional y use el equipo de protección personal (EPP) adecuado en todo momento, incluyendo un arnés de seguridad, casco, zapatos con punta de acero, chaleco de seguridad y gafas, según lo requieran los procedimientos del lugar de trabajo y las regulaciones locales. Puede ser necesario EPP adicional basado en el ambiente de trabajo específico y los peligros presentes.

La planificación incluye evaluar el área de trabajo y la superficie del suelo. Para evaluar el suelo o la superficie del área de trabajo antes de desplegar la Plataforma Elevadora de Trabajo (PET), sigue estos pasos:

1. Inspeccionar el Suelo o la Superficie de Operación: Comienza por inspeccionar minuciosamente el suelo o la superficie de operación donde se desplegará la PET. Camina alrededor del área para examinar visualmente el suelo en busca de irregularidades, como baches, hoyos, escombros o terreno desigual.

2. Identificar Peligros u Obstáculos: Busca cualquier peligro u obstáculo que pueda representar un riesgo para la estabilidad o la operación segura de la PET. Estos peligros pueden incluir objetos en las cercanías, obstrucciones aéreas, suelo blando o inestable, pendientes, trincheras u otros posibles peligros.

3. Verificar la Condición de la Superficie: Asegúrate de que la superficie esté nivelada, firme y capaz de soportar el peso de la PET y su carga prevista. Presta atención a la condición del suelo, considerando factores como la estabilidad, compactación y adecuación para soportar cargas pesadas.

4. Seguir los Requisitos del Fabricante y los Procedimientos del Lugar de Trabajo: Cumple con los requisitos del fabricante y los procedimientos del lugar de trabajo para la evaluación del suelo. Consulta el manual de operación de la PET o las directrices proporcionadas por el fabricante para entender los requisitos

específicos del suelo y las recomendaciones.

5. Documentar los Hallazgos: Documenta tus hallazgos de la evaluación del suelo, señalando cualquier peligro, obstáculo o condiciones de la superficie que puedan impactar la operación segura de la PET. Esta documentación puede ser útil para fines de referencia y evaluación de riesgos.

6. Tomar las Precauciones Necesarias: Basado en los hallazgos de la evaluación, toma las precauciones necesarias para mitigar los riesgos identificados. Esto puede involucrar despejar obstáculos, nivelar el suelo, usar estabilizadores o soportes, o tomar otras medidas para asegurar la estabilidad y seguridad de la PET durante la operación.

7. Comunicación y Colaboración: Comunica cualquier hallazgo o preocupación relevante sobre la evaluación del suelo al resto del personal involucrado en la operación de trabajo. Colabora con colegas para abordar cualquier peligro identificado o preparar el área de trabajo para un despliegue seguro de la PET.

8. Monitoreo Regular: Monitorea continuamente las condiciones del suelo durante la operación de la PET, especialmente en entornos de trabajo dinámicos o cuando las condiciones pueden cambiar con el tiempo. Mantente vigilante ante cualquier peligro emergente o cambios en la superficie que puedan afectar la seguridad de la PET y sus ocupantes.

Las operaciones de Plataforma Elevadora de Trabajo (PET) conllevan peligros inherentes que pueden representar riesgos tanto para los operadores como para los transeúntes. Estos peligros incluyen:

1. Caídas desde Altura: Uno de los peligros más significativos asociados con las operaciones de PET es el riesgo de caídas

desde altura. Los operadores y trabajadores pueden caer de la plataforma si no se implementan medidas de protección contra caídas adecuadas o si se inclinan sobre las barandillas.

2. Vuelco o Volcadura: Las PET pueden volcarse o caerse si se operan en terrenos irregulares, pendientes o si se excede la capacidad de carga. Esto puede resultar en lesiones graves o fatales para el operador y otras personas en las cercanías.

3. Atrapamiento o Aplastamiento: Los trabajadores pueden quedar atrapados o aplastados entre la plataforma y los obstáculos o estructuras sobrecabezas si la PET se opera en espacios confinados o cerca de obstrucciones.

4. Electrocución: El contacto con líneas eléctricas aéreas o equipos eléctricos representa un riesgo significativo de electrocución para los operadores y trabajadores de la PET. El contacto accidental puede ocurrir si la PET se acerca demasiado a conductores eléctricos energizados.

5. Objetos Caídos: Los objetos o materiales caídos de la plataforma de la PET representan un riesgo de lesión para los trabajadores o transeúntes debajo. La falta de aseguramiento adecuado de herramientas, equipos o materiales puede resultar en objetos caídos.

6. Fallos Mecánicos: Los fallos mecánicos o malfuncionamientos de la PET, como fallas en el sistema hidráulico o defectos estructurales, pueden conducir a accidentes o averías del equipo durante la operación.

Para mitigar estos peligros y asegurar operaciones seguras de la PET, se deben implementar las siguientes medidas:

1. Formación y Certificación de Operadores: Asegurar que los

operadores reciban formación completa y certificación en la operación de la PET, incluyendo procedimientos de seguridad, reconocimiento de peligros y protocolos de respuesta ante emergencias.

2. Chequeos Preoperacionales: Realizar chequeos e inspecciones preoperacionales exhaustivas de la PET antes de cada uso para identificar cualquier defecto mecánico, daño estructural o problemas de seguridad. Abordar cualquier problema de manera pronta antes de operar el equipo.

3. Sistemas de Protección Contra Caídas: Implementar sistemas efectivos de protección contra caídas, como barandillas, arneses y líneas de vida, para prevenir caídas desde la plataforma de la PET. Asegurar que los trabajadores estén debidamente formados en medidas de protección contra caídas y usen el equipo de protección personal (EPP) adecuado.

4. Estabilización y Nivelación: Asegurar que la PET esté instalada en un suelo estable y nivelado y que los estabilizadores o soportes se desplieguen según sea necesario para prevenir vuelcos o volcaduras. Seguir las guías del fabricante para procedimientos adecuados de estabilización y nivelación.

5. Evitar Peligros Eléctricos: Identificar y evaluar los peligros eléctricos en el área de trabajo, como líneas eléctricas aéreas, e implementar medidas para mantener una distancia segura de los conductores energizados. Usar materiales no conductivos y mantener distancias de seguridad adecuadas al trabajar cerca de fuentes eléctricas.

6. Comunicación y Señalización: Comunicar y hacer cumplir claramente las reglas, procedimientos y señalizaciones rela-

cionadas con las operaciones de la PET. Usar señales de advertencia, barricadas y barreras para restringir el acceso a áreas peligrosas y asegurar que los trabajadores estén conscientes de los riesgos potenciales.

7. Mantenimiento y Inspecciones Regulares: Establecer un programa de mantenimiento rutinario para la PET y realizar inspecciones regulares para identificar y abordar de manera pronta cualquier problema mecánico o deficiencia. Asegurar que solo personal calificado realice el mantenimiento y las reparaciones del equipo.

Determinar la capacidad de elevación para una Plataforma Elevadora de Trabajo (PET), ya sea de tipo brazo o de tijera, involucra varios pasos. En primer lugar, los operadores deben referirse a las Especificaciones del Fabricante, consultando las especificaciones y el manual de operación del fabricante para el modelo específico de PET que se está utilizando. Esto proporciona información detallada sobre la capacidad máxima de elevación, incluyendo tablas de carga, capacidades en diversas configuraciones de brazo o plataforma y otros factores relevantes.

Identificar la Capacidad Nominal es crucial. Los operadores deben localizar la capacidad nominal de la PET, que generalmente se proporciona en el manual de operación o se muestra en la propia PET. Esta capacidad nominal indica la carga máxima que la PET puede levantar de forma segura bajo condiciones ideales.

Para las PET de tipo brazo, considerar la Configuración del Brazo es esencial. Los operadores necesitan tener en cuenta la configuración del brazo, incluyendo la longitud del brazo, extensión y ángulo. La capacidad de elevación puede variar dependiendo de estos factores, por lo que es aconsejable referirse a las tablas de carga proporcionadas por el fabricante para configuraciones específicas.

Tener en Cuenta el Peso de la Plataforma es otro paso crítico. Los operadores deben tener en cuenta el peso de la plataforma en sí, junto con cualquier equipo, herramienta o material adicional que se colocará en la plataforma durante la operación. Asegurarse de que la carga total, incluyendo el peso de la plataforma y cualquier carga adicional, no exceda la capacidad nominal de la PET es esencial.

También se deben considerar las Condiciones Ambientales. Los operadores deben tener en cuenta factores ambientales como la velocidad del viento, las condiciones del suelo y la pendiente, ya que estos pueden afectar la estabilidad y la capacidad de elevación de la PET. Seguir las guías del fabricante y las tablas de carga ayuda a determinar los ajustes necesarios basados en las condiciones ambientales.

Comprender la Distribución de Carga es vital para la estabilidad. Los operadores deben asegurarse de que la carga esté distribuida uniformemente en la plataforma para prevenir vuelcos o inestabilidad. Es crucial evitar sobrecargar un lado de la plataforma o colocar cargas pesadas en un área concentrada para una operación segura.

Inspeccionar y mantener regularmente la PET es de suma importancia. Realizar inspecciones regulares asegura que la PET esté en condiciones de trabajo adecuadas, con todos los componentes, incluidos los sistemas hidráulicos, elementos estructurales y dispositivos de seguridad, funcionando correctamente. Abordar cualquier problema de mantenimiento de manera pronta ayuda a mantener la capacidad de elevación segura.

Por último, asegurar la Formación y Certificación de los operadores es esencial. Los operadores deben estar debidamente formados y certificados en la operación de PET, incluyendo la comprensión de las capacidades de carga, tablas de carga y prácticas de operación seguras. Ser consciente de las limitaciones de la PET y seguir todas las guías del fabricante y procedimientos de seguridad es imperativo.

Una placa de datos de una Plataforma Elevadora de Trabajo (PET) típicamente contiene información esencial sobre el equipo, incluyendo:

1. Información del Fabricante: Esto incluye el nombre, logotipo y detalles de contacto del fabricante o proveedor de la PET.

2. Modelo y Número de Serie: El nombre específico del modelo o número de la PET y su número de serie único para fines de identificación.

3. Capacidad y Calificación de Carga: Información sobre la capacidad máxima de carga de la PET, incluyendo tanto la capacidad de la plataforma como la capacidad total, típicamente expresada en unidades de peso como kilogramos (kg) o libras (lbs).

4. Dimensiones de la Plataforma: Medidas del tamaño de la plataforma, incluyendo dimensiones de longitud, ancho y altura, proporcionando una comprensión del espacio de trabajo disponible.

5. Fuente de Energía: Detalles sobre la fuente de energía utilizada para operar la PET, ya sea eléctrica, diésel, alimentada por batería u otra fuente.

6. Instrucciones de Operación: Instrucciones básicas de operación o guías pueden ser proporcionadas en la placa de datos, incluyendo precauciones de seguridad, funciones de control y procedimientos de emergencia.

7. Fecha de Fabricación: La fecha en que la PET fue fabricada, lo cual puede ser importante para los horarios de mantenimiento, seguimiento de garantía e historial del equipo.

8. Información de Cumplimiento: Certificaciones, estándares o

regulaciones con las cuales la PET cumple, como las normas de ANSI (Instituto Nacional Americano de Estándares) o la marca CE (Conformité Européenne) para el cumplimiento europeo.

9. Características de Seguridad: Información sobre características o sistemas de seguridad instalados en la PET, como botones de parada de emergencia, sensores de inclinación, protección contra sobrecarga y sistemas de detención de caídas.

10. Requisitos de Mantenimiento: Recomendaciones o requisitos para tareas regulares de mantenimiento, intervalos de inspección y horarios de servicio para asegurar la operación segura continua de la PET.

11. Advertencias y Precauciones: Advertencias de peligro, etiquetas de precaución o avisos de seguridad que indican riesgos potenciales, limitaciones de operación y precauciones a observar durante el uso de la PET.

12. Cumplimiento Regulatorio: Cualquier información adicional de cumplimiento regulatorio requerida por leyes locales, regulaciones o estándares aplicables a la región donde se usa la PET.

La placa de datos sirve como una referencia valiosa para operadores, personal de mantenimiento e inspectores, proporcionando información esencial para una operación segura y eficiente de la PET.

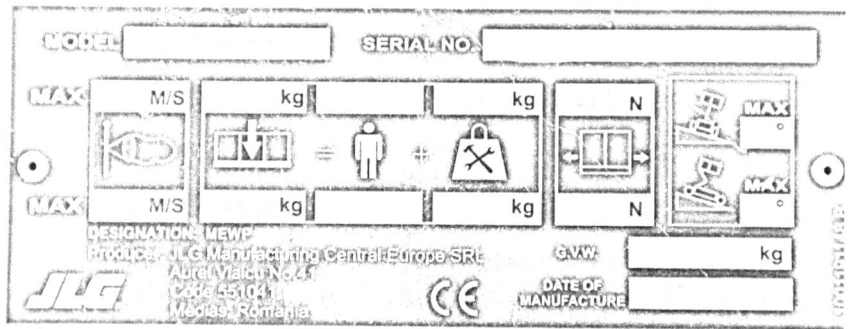

Figura 73: Placa de datos de muestra.

Un Sobre Operativo de PET, también conocido como Diagrama de Alcance, es una representación gráfica que ilustra los límites operacionales seguros y las capacidades de una Plataforma Elevadora de Trabajo (PET). Proporciona a los operadores una guía visual para entender el rango de movimiento y alcance de la PET, asegurando una operación segura dentro de los parámetros especificados.

El Sobre Operativo típicamente muestra varios factores como la altura máxima de trabajo, el alcance máximo y la capacidad de carga en diferentes configuraciones del brazo. También puede incluir información sobre ángulos de rotación de la plataforma, pendientes permitidas y condiciones ambientales que afectan la operación segura.

Los operadores pueden referirse al Sobre Operativo para determinar si la PET puede acceder de manera segura a un área de trabajo específica o realizar una tarea particular. Observando los límites delineados en el diagrama, los operadores pueden asegurarse de permanecer dentro del rango operativo seguro de la PET, minimizando el riesgo de accidentes o daños al equipo.

OPERACIÓN DE EQUIPOS DE MANEJO DE MATERIALES 281

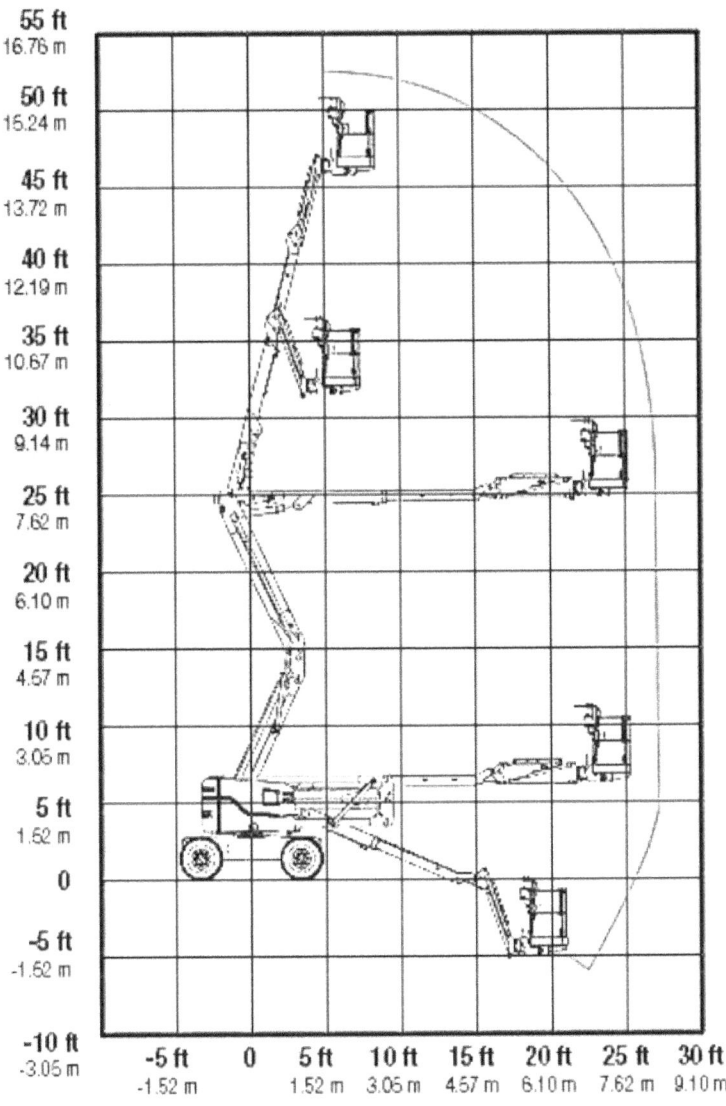

Figura 74: Sobre operativo de muestra.

El Diagrama de Alcance usualmente es proporcionado por el fabricante y se basa en las especificaciones de diseño de la PET, las tablas de carga y los estándares de seguridad. Sirve como una herramienta esencial para que los operadores tomen decisiones informadas sobre la operación de la PET, ayudando a prevenir la sobrecarga, el vuelco o otras situaciones peligrosas.

Muchas PET de tipo brazo exhiben un rango de movimiento con forma de 'arco suave', como se muestra en la Figura 74. Sin embargo, es crucial notar que hay modelos con un sobre operativo con forma de 'diente de sierra', como se ilustra a la izquierda. Al operar una PET con un sobre operativo en forma de 'diente de sierra', el operador podría necesitar ajustar (o retraer) el brazo para ejecutar una tarea sucesiva que requiera mover la cesta a lo largo del borde exterior del sobre operativo. Un diagrama de alcance también indica si una PET puede realizar trabajos alcanzando por debajo del nivel del suelo. Este aspecto es particularmente significativo para ciertas aplicaciones, como trabajar al lado o debajo de un puente, entre otros.

Como un ejemplo de uso del diagrama del sobre operativo, digamos que un operador necesitaba acceder a un trabajo a un alcance de 10 metros cuando la PET está configurada a 3 metros de distancia del trabajo, podría hacerlo ya que está dentro del sobre, como se muestra en la Figura 75.

OPERACIÓN DE EQUIPOS DE MANEJO DE MATERIALES 283

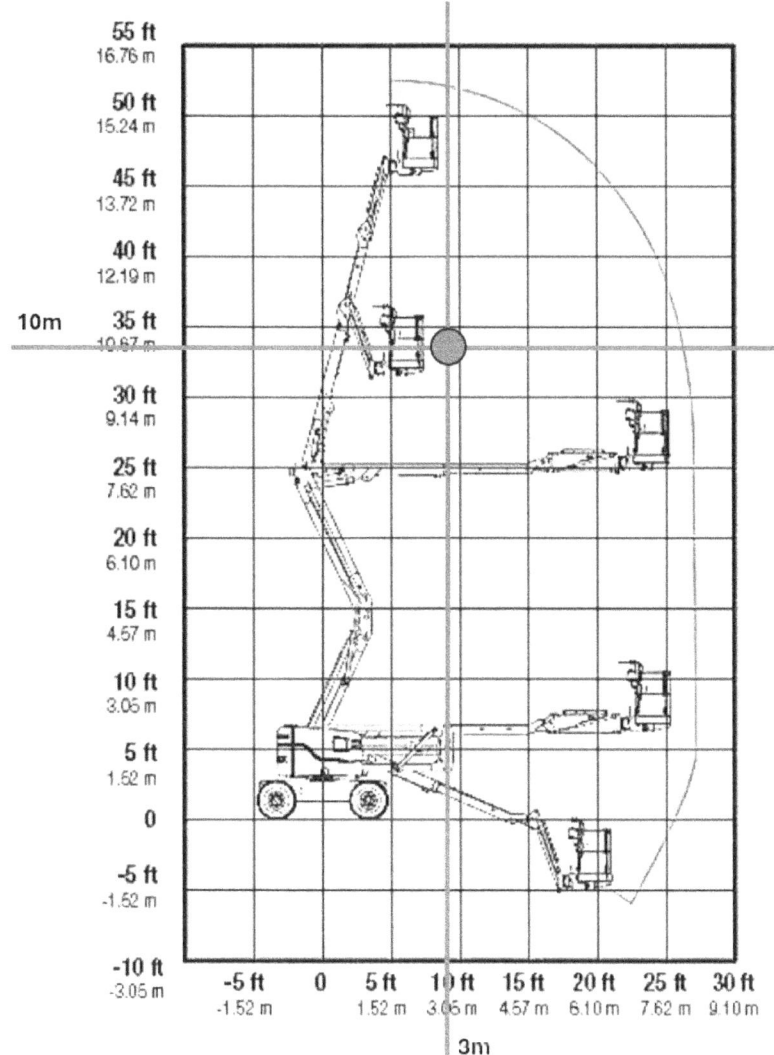

Figura 75: Trabajo a un alcance de 10 metros cuando la PET está instalada a 3 metros de distancia del trabajo.

Al prepararse para desplegar una Plataforma Elevadora de Trabajo (PET) cerca de una excavación o trinchera, es imperativo evaluar el riesgo de colapso de la trinchera. Esto implica considerar cuidadosamente la distancia entre la PET y el sitio de excavación. Como una guía general de seguridad, la distancia no debe ser menor que la profundidad de la excavación misma. Por ejemplo, si la excavación mide 2 metros de profundidad, no es aconsejable instalar la PET a menos de 2 metros de la trinchera. Alternativamente, la distancia apropiada puede ser determinada por un individuo competente que esté informado sobre los protocolos de seguridad en excavaciones.

En situaciones donde el espacio es limitado, se deben tomar precauciones específicas al posicionar la PET. Estas consideraciones incluyen asegurar que haya acceso adecuado para que la PET maniobre hacia y desde el espacio restringido. Además, se deben tener en cuenta posibles obstrucciones o la presencia de personal en el área para prevenir accidentes o interrupciones en las operaciones de trabajo. Puede ser necesario el uso de un guía para asistir en la navegación segura de la PET dentro del espacio confinado.

Además, al instalar la PET en un área restringida, es esencial asegurar un giro seguro del brazo, considerando los obstáculos circundantes y los requisitos de espacio libre. También se debe mantener suficiente espacio para una salida de emergencia para facilitar una salida rápida en caso de una situación de emergencia. Además, si la PET opera con diésel, es crucial monitorear la acumulación de gases o vapores durante la operación para prevenir posibles riesgos para la salud. Estas precauciones ayudan a mitigar riesgos y asegurar la operación segura de la PET en espacios confinados o restringidos.

El daño a los neumáticos en las plataformas elevadoras de trabajo móviles (PEWMs) es un problema frecuente, a menudo planteando desafíos para determinar su usabilidad continua. Los neumáticos de las PEWMs típicamente vienen en tres tipos: sólidos, llenos de espuma de poliuretano o neumáticos, que se encuentran comúnmente en vehículos de carretera como los montados en camiones y las plataformas de remolque. Es crucial que todos los neumáticos utilizados en las PEWMs estén aprobados por el fabricante para sus aplicaciones previstas. Las siguientes pautas describen criterios razonables para evaluar la condición de los neumáticos en las PEWMs.

Cuando se observen cualquiera de las siguientes condiciones, se debe tomar acción inmediata para retirar el neumático del servicio y organizar su reemplazo:

Neumáticos Llenos de Espuma de Poliuretano

- Cortes lisos y uniformes a través de las capas de cordón que excedan el 10% del ancho de la banda de rodadura

- Desgarres o rasgaduras (con bordes irregulares) en las capas de cordón que excedan los 25mm en cualquier dirección

- Perforaciones que excedan los 25mm de diámetro

- Daño a los cordones del área del talón del neumático

- Evidencia de fuga de líquido del neumático en el vástago de la válvula, el talón o cualquier perforación/hueco

Neumáticos Sólidos

- Si un corte, desgarro, trozo u otra discrepancia excede cualquiera de las siguientes dimensiones:
  - 76mm de largo o el 10% del diámetro del neumático en longitud, 19mm de ancho, o 19mm de profundidad
  - Si la rueda metálica es visible en algún punto a través de la banda de rodadura del neumático

Neumáticos Llenos de Aire/Neumáticos

- Cuando cualquier corte, desgarro o rasgadura expone los cordones del área de la pared lateral o de la banda de rodadura, el neumático debe ser retirado inmediatamente del servicio. Se deben hacer arreglos de manera pronta para el reemplazo del neumático.

- Cualquier defecto que haga que el neumático no sea apto para la carretera, como la pérdida de banda de rodadura o los indicadores de desgaste visibles, justifica el reemplazo del neumático. Nota: no se recomiendan recauchutados para PEWMs montadas en vehículos que se apoyan en neumáticos neumáticos.

Rines
- Los rines instalados en cada modelo de producto están diseñados para cumplir con los requisitos de estabilidad, incluyendo el ancho de la vía, la presión de los neumáticos y la capacidad de carga. Cualquier alteración al tamaño del rin, como cambios en el ancho, desplazamiento o diámetro, sin recomendaciones escritas de fábrica, puede comprometer la estabilidad y seguridad.

La inspección diaria de las presiones de los neumáticos y los rines es un componente esencial de los chequeos preoperacionales, que debe ser realizada por un operador capacitado. Todos los hallazgos de estas inspecciones deben ser meticulosamente registrados en el Libro de Registro. El mantenimiento adecuado de la presión de los neumáticos en los neumáticos llenos de aire es primordial para asegurar la máxima estabilidad, el manejo óptimo de la máquina y minimizar el desgaste de los neumáticos. Se aconseja a los operadores que consulten el manual del operador de la máquina para determinar los requisitos precisos de presión de los neumáticos para esa máquina en particular.

En el caso de reemplazo de neumáticos, es imperativo que el nuevo neumático coincida con el tamaño, capas y marca del neumático original instalado en la máquina. Los operadores deben consultar el Manual de Partes de la máquina para obtener el número de parte del neumático aprobado para el modelo específico de la máquina. Asegurar que el peso de la rueda coincida con el de las ruedas reemplazadas es crítico para mantener la estabilidad de la máquina.

A menos que esté expresamente aprobado, no se recomienda sustituir un ensamblaje de neumático lleno de espuma por un neumático neumático. Durante la selección e instalación de neumáticos de reemplazo, es vital adherirse a la presión de los neumáticos recomendada por el fabricante. Dadas las posibles discrepancias de tamaño entre marcas de neumáticos, ambos neumáticos en el mismo eje deben ser idénticos, y los cuatro neumáticos deben contener el mismo medio de relleno.

Preparación para Operaciones de PET

La comunicación efectiva con el personal relevante es fundamental para alinear el plan de trabajo con los requisitos del sitio. Esto implica participar en discusiones con supervisores, colegas u otros interesados para abordar tareas, peligros y consideraciones específicas del sitio, adhiriéndose a los procedimientos de consulta en el lugar de trabajo.

Antes de comenzar el trabajo, se deben realizar chequeos exhaustivos para asegurar que los peligros identificados sean adecuadamente gestionados. Esto implica verificar la implementación de protocolos y procedimientos de seguridad para mitigar riesgos, de acuerdo con las directrices y regulaciones del lugar de trabajo.

Inspeccionar, ajustar correctamente y utilizar el equipo de protección personal (EPP) es primordial para la seguridad del operador. Este paso implica examinar la condición del EPP, asegurando un ajuste adecuado y adhiriéndose a los requisitos del fabricante y los procedimientos de trabajo seguros para su uso.

Acceder de manera segura a la PET es esencial para prevenir accidentes. Los operadores deben seguir los requisitos del fabricante y los procedimientos de trabajo seguros para entrar y salir de la plataforma, utilizando escalones, escaleras o puertas de acceso de manera correcta y segura.

Realizar chequeos prearranque completos es crítico para asegurar que la PET esté en condiciones óptimas de trabajo. Esto implica seguir los requisitos del fabricante y los procedimientos de trabajo seguros para inspeccionar la máquina en busca de fallas, daños o mal funcionamiento, asegurando su preparación para la operación.

Al arrancar la PET, los operadores deben escuchar cualquier ruido inusual que pueda indicar problemas mecánicos. Adhiriéndose a los procedimientos de trabajo seguros, este paso facilita la detección temprana de posibles problemas antes de que se agraven.

La posición precisa de la PET de acuerdo con el plan de trabajo es vital para la seguridad y eficiencia. Los operadores deben adherirse a los requisitos relevantes del fabricante y los procedimientos de trabajo seguros para posicionar la plataforma de manera segura y precisa dentro del área de trabajo designada.

Estabilizar adecuadamente la PET es crucial para prevenir accidentes y asegurar la estabilidad de la plataforma. Esto implica desplegar estabilizadores o soportes según sea necesario, siguiendo el plan de trabajo y los requisitos relevantes del fabricante, y adhiriéndose a los procedimientos de trabajo seguros.

Realizar chequeos operativos desde los controles base asegura que todas las funciones de la PET estén operando correctamente. Los operadores deben seguir los requisitos relevantes del fabricante y los procedimientos de trabajo seguros para probar los controles para levantar, bajar y otras funciones esenciales.

Identificar y probar todos los controles de la plataforma es esencial para asegurar una operación segura. Los operadores deben localizar, identificar y probar los controles de la plataforma de acuerdo con los requisitos del fabricante y los procedimientos de trabajo seguros para verificar la funcionalidad adecuada.

La notificación inmediata de cualquier daño o defecto identificado durante los chequeos prearranque o la operación es crucial para el mantenimiento y la seguridad. Los operadores deben seguir los requisitos del fabricante y los procedimientos de trabajo seguros para reportar problemas y tomar las acciones apropiadas para corregirlos.

Inspeccionar minuciosamente y asegurar la precisión del libro de registro de la PET es esencial para el mantenimiento de registros y el cumplimiento. Los operadores deben seguir los requisitos del fabricante y los procedimientos de trabajo seguros para completar y firmar el libro de registro de manera precisa, manteniendo una documentación completa.

Evaluar las condiciones climáticas y ambientales ayuda a determinar su impacto en la operación y posicionamiento de la PET. Los operadores deben seguir los requisitos del fabricante y los procedimientos de trabajo seguros para evaluar las condiciones y ajustar los planes en consecuencia por seguridad.

Después de completar la inspección del sitio, la identificación de peligros y los chequeos preoperacionales en la Plataforma Elevadora de Trabajo (PET), el siguiente paso es configurar la máquina para comenzar el trabajo. Este procedimiento implica varias tareas críticas, todas las cuales requieren familiaridad y competencia en la ejecución.

Antes de iniciar la configuración, es necesario un chequeo final del sitio de trabajo para asegurarse de que no ha habido cambios desde la inspección inicial. El área de configuración elegida debe ser plana y capaz de soportar el peso de la máquina. Si el suelo es irregular, blando o rellenado, se deben utilizar coberturas de suelo adecuadas como placas de acero o durmientes para mitigar los peligros asociados con el suelo inestable.

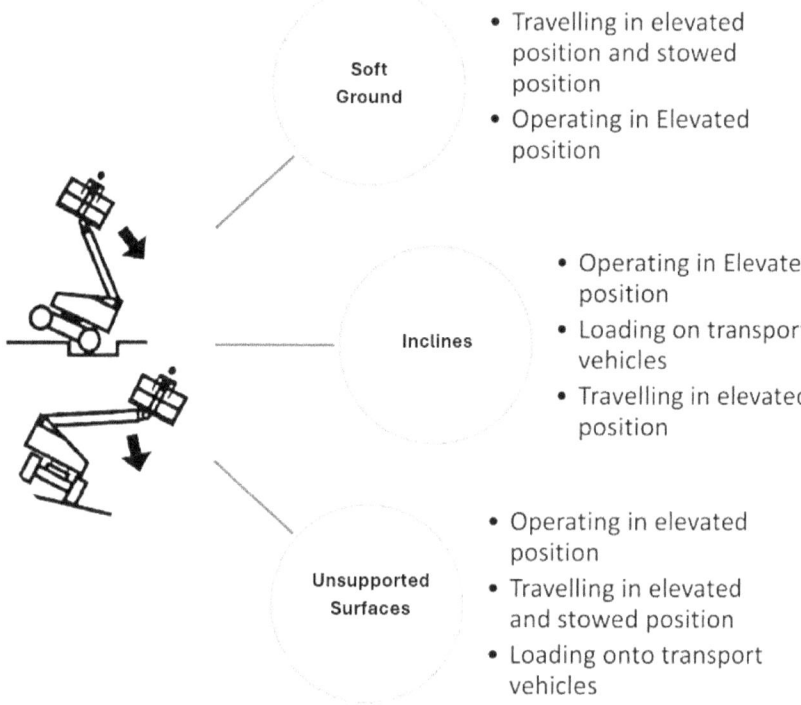

Figura 76: Condiciones que pueden llevar al vuelco.

El procedimiento de configuración involucra:

1. Notificar al personal relevante, como el capataz del sitio o el oficial de seguridad, sobre tu llegada e intenciones, y discutir el programa de trabajo con ellos para buscar consejos.

2. Verificar las condiciones ambientales, incluyendo la velocidad del viento, para asegurar el cumplimiento de las especificaciones del fabricante.

3. Posicionar la PET lo más cerca posible del área de trabajo designada mientras se minimiza la perturbación a los trabajadores cercanos. Un observador puede asistir en el posicionamiento de la PET, asegurándose de que no esté en una pendiente que exceda las recomendaciones del fabricante.

4. Aplicar el freno de estacionamiento, colocar la transmisión en neutro y establecer todos los dispositivos de advertencia y controles de tráfico requeridos.

5. Si la PET carece de estabilizadores, bloquear un par de ruedas para prevenir el movimiento. Si hay estabilizadores presentes, bloquear las ruedas delanteras y desplegar los estabilizadores sobre una superficie firme.

6. Asegurar que todos los arneses de seguridad y líneas de vida necesarios estén en la máquina, cumpliendo con las normas relevantes y en buenas condiciones.

7. Verificar y preparar el equipo de protección personal (EPP) requerido para el trabajo.

8. Activar los bloqueos de resorte de la PET, si están disponibles, y deshacer las correas de sujeción de la cesta y/o el brazo para permitir el movimiento libre.

9. Asegurar que todo el personal esté alejado de la cesta y el brazo mientras se baja la cesta a la posición de entrada.

Adicionalmente, es esencial considerar los riesgos asociados con operar las PETs en pendientes y terrenos blandos. Estos riesgos incluyen la posibilidad de que la PET se deslice, vuelque o se vuelva inestable, lo que representa un peligro significativo para los operadores y las personas cercanas. Una evaluación adecuada de las condiciones del sitio, el cumplimiento de las especificaciones del fabricante y la implementación de las precauciones necesarias son vitales para mitigar estos riesgos y garantizar la seguridad durante las operaciones de la PET.

Figura 77: Posicionando la PET lo más cerca posible del área de trabajo designada. Jim.henderson, CC0, a través de Wikimedia Commons.

Realizar chequeos prearranque en una Plataforma Elevadora de Trabajo (PET) es un procedimiento crítico para asegurar una operación segura y eficiente. Aquí te explicamos cómo llevar a cabo los chequeos prearranque de la PET:

1. Consultar los Requisitos del Fabricante y los Procedimientos de Trabajo Seguro: Comienza familiarizándote con los requisitos del fabricante y los procedimientos de trabajo seguro descritos en el manual de operación de la PET. Esto te proporcionará pautas e instrucciones específicas para realizar los chequeos prearranque.

2. Inspeccionar en Busca de Fallas, Daños y Malfuncionamientos: Inspecciona minuciosamente la PET en busca de cualquier falla, daño o malfuncionamiento que pueda comprometer su seguri-

dad o funcionalidad. Esto incluye examinar visualmente todos los componentes, estructuras y mecanismos de la máquina.

3. Verificar la Integridad Estructural: Asegúrate de que la integridad estructural de la PET esté intacta. Busca signos de grietas, abolladuras o deformidades en el chasis, el brazo, la plataforma o otros elementos estructurales. Presta especial atención a las juntas soldadas y los puntos de estrés.

4. Examinar los Sistemas Hidráulicos: Inspecciona los sistemas hidráulicos en busca de fugas, daños en las mangueras o signos de fuga de fluido hidráulico. Revisa los cilindros hidráulicos, mangueras, accesorios y conectores en busca de cualquier desgaste o daño visible.

5. Verificar los Sistemas Eléctricos: Chequea los sistemas eléctricos, incluyendo cableado, conectores y paneles de control, en busca de signos de daño, corrosión o conexiones sueltas. Prueba todos los controles e interruptores eléctricos para asegurarte de que funcionen correctamente.

6. Probar los Dispositivos de Seguridad: Prueba todos los dispositivos de seguridad, incluidos los botones de parada de emergencia, sistemas de protección contra sobrecarga y bloqueos de seguridad, para asegurarte de que estén operativos. Verifica que las características de seguridad, como los interruptores de límite y los sensores de proximidad, funcionen según lo previsto.

7. Inspeccionar los Controles Operativos: Revisa todos los controles operativos, palancas, pedales y joysticks para asegurarte de que se muevan libremente y operen suavemente. Chequea en busca de signos de desgaste o daño en las superficies de control y las etiquetas.

8. Examinar los Niveles de Fluidos: Verifica los niveles de fluidos, incluyendo el fluido hidráulico, aceite del motor, refrigerante y líquido de frenos, y rellena según sea necesario. Asegúrate de que todos los depósitos estén llenos hasta los niveles recomendados para prevenir fallos mecánicos.

9. Probar el Sistema de Descenso de Emergencia (si aplica): Si la PET está equipada con un sistema de descenso de emergencia, pruébalo para asegurarte de que funcione correctamente. Familiarízate con el procedimiento para activar el sistema de descenso de emergencia en caso de emergencia.

10. Documentar los Hallazgos: Documenta cualquier falla, daño o anomalía observados durante los chequeos prearranque. Informa cualquier problema significativo al personal apropiado y asegúrate de que se aborden antes de operar la PET.

Después de completar todos los chequeos preoperacionales y configurar la PET para el trabajo, el siguiente paso es arrancar la máquina y realizar más chequeos para verificar la funcionalidad de todos los controles y movimientos antes de comenzar el trabajo. Estos chequeos finales son cruciales para asegurar la conducta segura de las actividades de trabajo y generalmente están guiados por un supervisor o entrenador que delineará cada paso que necesita ser chequeado.

Es imperativo localizar y revisar a fondo el manual de operaciones antes de proceder con estos chequeos de arranque. Inspección del Compartimento de Tierra: Para comenzar los chequeos de arranque, abre el compartimento de tierra y cambia el interruptor selectivo a la posición de 'tierra', luego arranca el motor. Procede a operar cada una de las palancas de control de tierra sistemáticamente para asegurarte de que funcionen correctamente. Se deben realizar las siguientes acciones:

- Elevar y bajar el brazo, notando cualquier grifo de bajada de emergencia que pueda estar presente. Estos grifos permiten un descenso controlado de la máquina a su posición plegada en caso de emergencias. Asegúrate de estar familiarizado con su ubicación y funcionalidad.

- Girar el brazo hacia la izquierda y hacia la derecha, asegurándose de que no haya peligros potenciales que obstruyan este movimiento. Si el brazo no puede girar, verifica que el pasador de bloqueo de giro haya sido removido.

- Extender el brazo hasta el rango requerido para las tareas a mano y retraerlo de vuelta a su posición inicial.

- Revisar la unidad de potencia auxiliar en máquinas diésel y de gas, ya que esto es crucial en escenarios donde la unidad principal se quede sin combustible o funcione mal. La unidad de potencia auxiliar proporciona la energía necesaria para las funciones vitales requeridas para el descenso.

- Consulta el manual del operador para obtener orientación sobre cómo bajar la máquina en situaciones de emergencia si la máquina carece de una unidad de potencia auxiliar o válvulas de bajada de emergencia.

Chequeo del Sistema de Bajada de Emergencia Es esencial verificar el sistema de bajada de emergencia antes de elevar la plataforma. Los controles de tierra no deben utilizarse mientras el personal esté trabajando en la cesta. Están estrictamente reservados para:
- Verificar la operación de la máquina antes de usarla.

- Realizar mantenimiento en la máquina.

- Propósitos de emergencia como bajar la cesta en situaciones críticas.

Para iniciar los chequeos operativos desde los controles de tierra, se deben realizar una serie de tareas. Estas incluyen elevar y bajar la cesta, inspeccionar la unidad de potencia auxiliar en máquinas diésel y de gas, girar el brazo hacia la izquierda y hacia la derecha si es aplicable, y extender el brazo hasta el rango requerido. Es esencial asegurarse de la ausencia de peligros potenciales y de la extracción del pasador de bloqueo de giro si es necesario.

Continuando con la inspección de los controles de la cesta, comienza cambiando el interruptor selectivo al modo plataforma/cesta. Entra en la cesta de la PET usando tres puntos de contacto, asegura tu arnés y ponte el equipo de protección personal (EPP) requerido, incluyendo un casco de seguridad y zapatos con suela de goma y puntera de acero. Confirma la acción de cierre automático de la puerta de la plataforma, prueba el interruptor de hombre muerto y verifica el dispositivo de nivelación automática junto con todos los sistemas de alarma.

Prueba cada palanca de control en la cesta de manera sistemática para garantizar una operación suave y precisa de todas las funciones. Esto implica probar operaciones como elevar y bajar la cesta, girar a la izquierda y a la derecha, extender y retraer el brazo, y realizar movimientos de articulación e inclinación.

Antes de comenzar el trabajo, realiza una inspección exhaustiva de todos los dispositivos de seguridad para asegurarte de que estén operativos. Esto incluye verificar la funcionalidad de bocinas/sirenas, dispositivos de reversa auditivos y visuales, dispositivos de restricción para el operador como la puerta de la plataforma y cualquier luz aplicable.

Además, inspecciona cualquier equipo de comunicación que se vaya a usar, como radios de dos vías o teléfonos móviles, para asegurarte de que funcionen correctamente.

En el evento de que se identifiquen defectos o daños durante el proceso de inspección, documéntalos prontamente en el libro de registro de servicio y repórtalos a una persona autorizada para su posterior acción.

Tras los chequeos del compartimento de tierra, procede a realizar chequeos operativos desde la plataforma o cesta. Cambia el interruptor selectivo al modo plataforma/cesta, coloca tu arnés y ponte el EPP necesario. Confirma la acción de cierre automático de la puerta de la plataforma, prueba la funcionalidad del interruptor de hombre muerto y verifica el dispositivo de nivelación automática mientras chequeas todos los sistemas de alarma. Confirma las posiciones de 'Carga de Trabajo Segura al Conducir' y prueba cada palanca de control en la cesta para asegurar una operación adecuada y suave antes de comenzar el trabajo.

Mecanismos de Bajada de Emergencia de la PEWM y Procesos de Emergencia

A medida que la industria de acceso motorizado continúa expandiéndose, surgen diversos fabricantes y tipos de máquinas, cada uno con sus propios sistemas de operación y bajada de emergencia, que pueden diferir significativamente entre sí. Los siguientes detalles esbozan ejemplos de los cuatro tipos principales de sistemas de bajada de emergencia.

Es esencial que las plataformas elevadoras de trabajo móviles (PEWMs) tengan un manual del operador fácilmente disponible, que contenga instrucciones claras sobre cómo utilizar el sistema de bajada de emergencia de la máquina durante emergencias. Es imperativo adherirse estrictamente a las instrucciones de operación y bajada de emergencia de los fabricantes proporcionadas en el manual.

Todo trabajo en altura debe planificarse y ejecutarse de manera segura, incluyendo la selección del equipo más adecuado para la tarea en cuestión. Además, debe haber provisiones para emergencias y arreglos de rescate de acuerdo con las Normas relevantes como AS2550.10. 1.6 (f).

Al operar PEWMs, asegúrate de que los controles de tierra y el sistema de bajada de emergencia sean fácilmente accesibles, especialmente cuando se estacione cerca de una estructura. Familiarízate con la operación de los controles de emergencia de antemano, ya que descubrirlos durante una emergencia puede ser demasiado tarde.

Los sistemas de bajada de emergencia están diseñados para usarse en caso de falla del suministro principal de energía, como la pérdida de combustible. Si el suministro principal de energía está disponible, usa los controles inferiores, pero siempre asegúrate de que la trayectoria de bajada esté libre de obstrucciones antes de intentar bajar la plataforma.

Hay cuatro tipos principales de sistemas de bajada de emergencia encontrados en las PEWMs:

1. Motor de Energía Auxiliar (APU)

2. Cable de bajada de emergencia

3. Bombas manuales

4. Válvulas de purga

Las imágenes proporcionadas a continuación muestran ejemplos de sistemas de bajada de emergencia instalados en las PEWMs. Es importante tener en cuenta que diferentes fabricantes pueden tener sus propias versiones de estos sistemas.

Unidades de Energía Auxiliar (APUs) se instalan típicamente en plataformas de tipo brazo y tijera. Consisten en un motor eléctrico alimentado por la batería de la máquina, conectado a una pequeña bomba hidráulica. Activar el motor energiza la bomba hidráulica, proporcionando presión hidráulica al sistema de la máquina. Los controles para el APU suelen estar ubicados tanto en los controles base como en los de la plataforma y solo deben usarse en caso de falla de la fuente principal de energía.

Las válvulas de purga se instalan comúnmente en varios tipos de equipos de acceso motorizado. Típicamente, se activan presionando un émbolo ubicado en el cilindro. Al utilizar estas válvulas, ten cuidado con los riesgos de aplastamiento a medida que el brazo baja y siempre reinicia la válvula después de usarla.

1. Es esencial consultar las instrucciones del fabricante para el procedimiento de bajada de emergencia específico para la máquina que se está utilizando.

2. Si el manual no está disponible con la máquina, abstente de comenzar las operaciones diarias. Muchos fabricantes ofrecen manuales descargables de forma gratuita en sus sitios web.

3. Las máquinas varían en términos del tipo y complejidad del sistema de bajada de emergencia instalado.

4. Antes de operar la máquina, asegúrate de que el sistema de bajada de emergencia esté operativo realizando una prueba de verificación.

5. Documenta tus hallazgos de inspección previa al uso en el Libro de Registro.

6. Como parte del plan de rescate, siempre designa a una persona competente a nivel del suelo que esté familiarizada y sea capaz de ejecutar el procedimiento de bajada de emergencia.

Al desarrollar un plan de rescate, es crucial considerar varios factores. Primero, identifica el tipo de sistema de bajada de emergencia instalado en tu máquina y localiza los controles de bajada de emergencia, revisando sus instrucciones de uso. Asigna personas responsables que estén adecuadamente capacitadas para operar estos controles y evalúa su accesibilidad mientras la PEWM está operativa.

Los casos en los que se necesita un plan de rescate incluyen escenarios como la incapacidad del operador, fallo de los controles de la plataforma mientras está elevada, sobrecarga que impide la eliminación de la carga, o expulsión del operador y suspensión en su arnés. Se requiere extrema precaución en casos de mal funcionamiento que afecten los controles de la plataforma, de tierra y de bajada de emergencia, proximidad a líneas de distribución o transmisión, riesgo de vuelco debido a la inestabilidad o atrapamiento que involucre al operador o a la PEWM.

Las consideraciones para desarrollar un plan de rescate implican asegurar que un operador capacitado esté disponible y designar a una persona competente familiarizada con los controles de la máquina y los procedimientos de emergencia en tierra. Proporcionar supervisión adecuada y establecer sistemas de comunicación, determinando cómo se difundirá la información y a quién. Tener números de contacto de emergencia, dirección del sitio y direcciones para el acceso de los servicios de emergencia fácilmente disponibles. Además, considerar el rescate de cesta a cesta de la PEWM como último recurso, ejerciendo extrema precaución en tales situaciones.

Un operativo suspendido en un arnés tras una caída presenta una emergencia médica crítica. A pesar de estar suspendido, el rescate rápido y efectivo es imperativo debido al riesgo de "Trauma por Suspensión" para los operadores en tales situaciones. Por lo tanto, los planes de rescate deben ser meticulosamente planeados, practicados y ejecutados de manera pronta para asegurar la seguridad y el bienestar del operador.

Planificar el trabajo cerca de líneas eléctricas aéreas, incluidas las líneas de servicio, es crucial para garantizar la seguridad. Las plataformas elevadoras de trabajo (PEWMs) se utilizan comúnmente para tareas cerca de líneas eléctricas debido a su capacidad para proporcionar acceso en altura. Al realizar visitas al sitio antes de comenzar el trabajo, es esencial identificar los peligros y determinar las medidas de control necesarias, prestando especial atención a cualquier línea eléctrica que pueda afectar el trabajo. A pesar de ser una característica omnipresente del paisaje exterior, es fácil pasar por alto las líneas eléctricas aéreas. Mientras se concentran en las actividades de trabajo, las personas pueden acercarse inadvertidamente a las líneas eléctricas que transportan electricidad de alta o baja tensión, lo cual puede ser fatal al contacto.

Incluso cuando las líneas eléctricas no son visibles o parecen estar lejanas, el peligro inherente persiste. Es imperativo asumir que todas las líneas eléctricas están 'vivas' y no aisladas a menos que se confirme lo contrario como desenergizadas y aisladas. Aunque algunas PEWMs cuentan con brazos aislados, esta aislación puede no ofrecer protección suficiente cuando se trabaja cerca de líneas eléctricas. Se deben observar zonas de exclusión específicas legisladas en todo momento al trabajar cerca de líneas eléctricas, independientemente de si el brazo está aislado o no.

Si el trabajo se va a realizar dentro de estas zonas de exclusión, se debe designar a un observador de seguridad capacitado para advertir sobre cualquier incursión más allá de la distancia segura especificada desde la línea eléctrica. Mantener una distancia segura de los cables eléctricos es primordial para evitar convertir un trabajo en una tragedia.

Trabajar cerca de partes vivas expuestas, como líneas eléctricas aéreas o cables subterráneos, presenta graves riesgos de lesiones o muerte. Incluso sin contacto directo, las personas están en riesgo debido al potencial de que la electricidad de alta tensión arquee o salte brechas. La adherencia a un código de práctica, como el Código de Práctica - Trabajando Cerca de Partes Vivas Expuestas, es esencial para la seguridad al trabajar alrededor de la electricidad. Este código se aplica a varias ocupaciones, incluidos operadores de grúas, pintores, reparadores eléctricos y otros que trabajan cerca de partes vivas expuestas o involucrados en actividades como el desbroce de vegetación cerca de líneas aéreas.

Las zonas de exclusión, que delimitan el espacio alrededor de las partes eléctricas vivas, requieren la presencia de un observador de seguridad para cualquier trabajo que pueda violar estas zonas, asegurando que se mantengan medidas de seguridad reforzadas.

Operando una PEWM

En las operaciones de Plataformas Elevadoras de Trabajo (PET), asegurar la seguridad y el cumplimiento de los procedimientos es primordial. Esto incluye:

1. Verificar la Implementación de Medidas de Prevención/Control de Riesgos Identificadas: Antes de comenzar el trabajo, es esencial verificar que las medidas de prevención y control de riesgos identificadas durante la evaluación de riesgos se implementen de acuerdo con los procedimientos de trabajo seguro. Esto implica asegurar que los protocolos de seguridad, como barreras, señalización y equipo de protección personal (EPP), estén en su lugar para mitigar efectivamente los riesgos identificados.

2. La PET está Ubicada de Manera Segura en el Punto de Trabajo dentro del Área de Trabajo: La PET debe estar posicionada de manera segura en el punto de trabajo designado dentro del área de trabajo, siguiendo los procedimientos de trabajo seguro. Esto implica seleccionar una ubicación adecuada que asegure estabilidad y minimice riesgos, como terreno irregular u obstrucciones aéreas. Puede ser necesario estabilizar adecuadamente el suelo, desplegar estabilizadores u otras medidas de estabilización para mejorar la seguridad.

3. La Plataforma de la PET está Posicionada para las Tareas de Trabajo y la Estabilidad: Posicionar la plataforma de la PET para las tareas de trabajo implica alinearla adecuadamente para acceder de manera segura al área de trabajo. La plataforma debe estar estable, nivelada y posicionada de manera segura de acuerdo con los procedimientos de trabajo seguro. Es esencial el monitoreo constante de la estabilidad de la plataforma durante la operación para detectar de manera oportuna cualquier peligro o inestabilidad potencial.

4. El Equipo de Trabajo y las Herramientas están Almacenados y Asegurados: Todo el equipo de trabajo y las herramientas deben almacenarse de manera segura en áreas designadas dentro de la plataforma de la PET y asegurarse correctamente para evitar desplazamientos accidentales. Los procedimientos de trabajo seguro dictan los métodos correctos de almacenamiento y aseguramiento para minimizar el riesgo de que objetos caigan desde la altura, lo que podría poner en peligro al personal abajo.

5. La PET se Opera Utilizando Todos los Movimientos: Operar la PET implica utilizar todos los movimientos, incluyendo elevar, bajar, extender y girar, de acuerdo con los procedimientos de trabajo seguro y los requisitos del fabricante. Los operadores deben estar capacitados y ser competentes en la operación de la PET y seguir los procedimientos prescritos para asegurar una operación segura y eficiente.

6. Se Responde a Situaciones no Planificadas e Inseguras: En caso de situaciones no planificadas o inseguras, los operadores deben responder de manera rápida y efectiva de acuerdo con los procedimientos de trabajo seguro. Esto puede involucrar detener las operaciones, evaluar la situación e implementar acciones correctivas para mitigar riesgos y asegurar la seguridad del per-

sonal y el equipo.

7. Todos los Señales de Comunicación se Interpretan y Siguen Correctamente: La comunicación adecuada es vital durante las operaciones de la PET para coordinar movimientos y asegurar la seguridad. Los operadores deben interpretar con precisión las señales de comunicación del personal de tierra u otros operadores y seguirlas diligentemente de acuerdo con los procedimientos de trabajo seguro. Una comunicación clara y efectiva ayuda a prevenir accidentes y mejora la seguridad general.

8. Acceso y Salida de la Plataforma de la PET: Acceder y salir de la plataforma de la PET debe hacerse estrictamente de acuerdo con los procedimientos de trabajo seguro y los requisitos del fabricante. Esto incluye usar puntos de acceso designados, mantener tres puntos de contacto y adherirse a protocolos de seguridad como usar el EPP apropiado. Los procedimientos de entrada y salida seguros minimizan el riesgo de resbalones, tropiezos y caídas.

9. La PET está Aparcada, Apagada y Aislada de Manera Apropiada: Después de completar las tareas de trabajo, la PET debe ser aparcada, apagada y aislada siguiendo los requisitos del fabricante y los procedimientos de trabajo seguro. Los procedimientos de aparcamiento adecuados, como activar el freno de estacionamiento y bajar la plataforma a su posición más baja, aseguran estabilidad y previenen el uso no autorizado. Los procedimientos de aislamiento pueden implicar desconectar las fuentes de energía o bloquear los mecanismos de control para prevenir la activación accidental.

Realizando una elevación:
- Asegúrate de que tu arnés de seguridad se ajuste correctamente

y que la longitud del cordón sea apropiada para el tipo de arnés y los puntos de anclaje. Asegura el cordón del arnés al punto de anclaje, evitando engancharlo alrededor del riel de seguridad. Verifica que otro personal en la cesta también haya puesto y asegurado sus arneses de seguridad.

- Comprueba si hay objetos pequeños, como tuercas y tornillos, que puedan obstruir el interruptor de pie e impedir su funcionamiento.

- Realiza una inspección visual exhaustiva de los alrededores, incluidas las áreas superiores, para identificar cualquier obstrucción o línea eléctrica pasada por alto. Adhiérete al principio de seguridad de "mirar hacia arriba y vivir".

- Ten cuidado al mover la cesta o el brazo de la PET durante la operación, ya que esto puede introducir nuevos peligros, como una proximidad más cercana a las líneas eléctricas. Supervisa de cerca la PET para asegurarte de que la cesta y el brazo se muevan en la dirección prevista.

- Inicia la elevación accionando la palanca de control. Evita operar la elevación a alta velocidad, especialmente en espacios confinados. Ten en cuenta que la mayoría de las máquinas cambian al modo de avance lento después de alcanzar cierta altura. La velocidad de elevación, descenso, giro y extensión se regula mediante un controlador de velocidad en el panel del tablero.

- Eleva la PET a la extensión completa requerida solo si se considera seguro hacerlo.

- Prueba la función de giro del brazo, si aplica, para asegurar una operación suave.

- Al trabajar en áreas confinadas, opera siempre la PET en modo lento.

- Al soltar una palanca de control, espera un ligero retraso de unos segundos antes de que la función se detenga por completo. Este retraso, conocido como "rampa", permite que la función desacelere gradualmente en lugar de detenerse abruptamente. Esto es particularmente notable durante las operaciones de giro, donde las paradas bruscas podrían desestabilizar la máquina.

- En caso de emergencia, suelta de inmediato el interruptor de hombre muerto para detener todas las funciones al instante.

Mover una Plataforma Elevadora de Trabajo (PET) requiere atención cuidadosa debido al aumento del riesgo de desestabilizar la máquina. Es importante adherirse a medidas de seguridad específicas para asegurar un movimiento seguro:

1. Evita Mover con los Estabilizadores Extendidos: Nunca muevas una PET con sus estabilizadores extendidos ya que puede comprometer la estabilidad.

2. Aplica Medidas de Seguridad:

    - Siempre que sea posible, retrae la sección del brazo y baja la cesta.

    - Asegúrate de llevar puesto tu arnés y estar correctamente enganchado al punto de anclaje.

    - Alinea la sección del brazo con el chasis y posiciona la cesta detrás de las ruedas de tracción para una funcionalidad de control adecuada.

    - Activa el bloqueo de la torreta/cesta.

- Verifica que la ruta de viaje esté libre de obstáculos.
- Esté atento a los peatones en el área de viaje.
- Confirma el correcto funcionamiento de los dispositivos de advertencia.
- Revisa la presión de los neumáticos.
- Realiza movimientos de dirección de manera suave.
- Mantente alerta a peligros como baches, obstrucciones, personas y otras maquinarias.

3. Movimiento en Superficies Desiguales:
   - Retrae completamente el brazo y oriéntalo en la dirección de viaje.
   - Asegura la dirección hacia adelante indicada por la flecha "FWD" en el chasis de la máquina.
   - Al viajar cuesta arriba, orienta la plataforma hacia arriba.
   - Asegura que el brazo esté completamente retraído y cerca del suelo para viajes de larga distancia, seleccionando la velocidad de rango alto si la superficie es uniforme.
   - Ten cuidado al usar alta velocidad en áreas abiertas, evitando cambios bruscos de dirección.

4. Movimiento con la Plataforma Elevada:
   - Asegura que las herramientas y equipos no excedan la Carga de Trabajo Segura (SWL) y manténlas alejadas de la puerta.
   - Ten en cuenta los obstáculos superiores y las condiciones del

suelo.

- Viaja a velocidad de arrastre, manteniéndote atento a cualquier irregularidad en la superficie.
- Evita terrenos ásperos o desiguales y baja la máquina si es necesario para la estabilidad.
- Revisa la presión de los neumáticos para las PET montadas en camión.
- Ten cuidado al cruzar pendientes, evitando inclinaciones pronunciadas.
- Usa el interruptor de hombre muerto solo en emergencias, soltándolo para una parada inmediata.

Después del Movimiento:
- Verifica todos los indicadores, luces e interruptores para asegurar su correcto funcionamiento.
- Verifica los controles de parada de emergencia y los sistemas de bajada de emergencia.
- Antes de elevar una PET montada en tráiler o camión, asegúrate de que se haya quitado el pasador de la cuna o la correa de la cesta.

Figura 78: Operaciones de PET. Autoridad de Transporte Metropolitano del Estado de Nueva York, CC BY 2.0, a través de Wikimedia Commons.

Consideraciones Operativas incluyen:

- Protocolo de Seguridad: Es esencial adherirse a las directrices de seguridad al operar una plataforma elevadora de trabajo (PET). Los operadores deben abstenerse de salir de la máquina elevada excepto en situaciones de emergencia. Apoyarse en los pasamanos está permitido solo si está explícitamente autorizado por el fabricante; sin embargo, pararse en los pasamanos está estrictamente prohibido para garantizar la seguridad del operador.

- Mal Uso del Equipo: El mal uso del equipo puede llevar a daños severos y problemas operativos. Nunca utilices la PET como un conductor a tierra para un soldador eléctrico, ya que esto puede resultar en daños significativos. Además, evita manipular el interruptor de hombre muerto colocando objetos para mantenerlo presionado, ya que sirve como un dispositivo de seguridad crucial.

- Respuesta a Malfuncionamientos: En caso de movimientos persistentes después de llevar el controlador a una posición neutral, indicando un malfuncionamiento importante, se requiere una acción inmediata. Evita intentar manipular la palanca para resolver el problema. En su lugar, activa el botón de parada de emergencia de inmediato para deshabilitar la máquina y busca asistencia para bajar la plataforma de manera segura.

- Consideraciones Estructurales: Al operar una PET en un piso superior de un edificio de varios pisos, es imperativo verificar con el ingeniero del sitio que el piso pueda soportar el peso de la máquina. Acordonar el área de trabajo es esencial para prevenir que máquinas adicionales dupliquen el peso en una pequeña área del piso, asegurando la integridad estructural.

- Conciencia Ambiental: Los operadores deben permanecer vigilantes de las condiciones ambientales cambiantes durante las operaciones. Esto incluye monitorear el atenuamiento de la luz del día, áreas oscurecidas, viento, tormentas y rayos. Si la visibilidad se ve comprometida o las condiciones se vuelven peligrosas, el trabajo debe detenerse inmediatamente para mitigar riesgos.

- Procedimientos de Emergencia: Familiarizarse con los procedimientos de emergencia es crucial para una respuesta rápida y efectiva en situaciones críticas. Si el motor de la máquina se detiene durante el trabajo en altura, utiliza la batería de respaldo o el dispositivo de descenso de emergencia según se describió durante los chequeos de arranque. En caso de una caída inesperada de la plataforma, cesa las operaciones de inmediato y baja la cesta para inspección y reparación.

- Condiciones del Suelo y Problemas con los Neumáticos: La vigilancia respecto a las condiciones del suelo es primordial para prevenir incidentes. Si la PET comienza a hundirse en el suelo a pesar del apoyo, busca asistencia para evaluar y abordar las condiciones del suelo de manera oportuna. De manera similar, si los neumáticos de goma de una PET montada en camión comienzan a hundirse en el suelo, detén las operaciones, retrae y baja el brazo, y busca más asistencia para abordar el problema de manera efectiva.

En el evento de un contacto inadvertido con líneas eléctricas, a pesar de las precauciones previas, es imperativo adherirse a pasos específicos para garantizar la seguridad. Primero, mantener la compostura y evitar el pánico es esencial. Se debe evitar salir de la máquina ya que podría representar un riesgo de electrificación. Advierte a otros para mantener una distancia segura del área. Si es factible, intenta mover la máquina lejos de las líneas eléctricas para cortar el contacto. Posteriormente, desciende de inmediato y haz que la máquina sea inspeccionada en busca de daños. Notifica a la autoridad de energía para evaluar las líneas en busca de daños. En casos donde no sea posible liberarse de las líneas eléctricas, utiliza una PET montada en camión con un dispositivo de descenso de emergencia (EDD) para descender de manera segura de la cesta. Asegúrate de que otros en las cercanías estén informados y mantengan una distancia segura. Si hay riesgo de incendio o si estás solo, evacuar la máquina hacia un suelo seco es aconsejable mientras esperas asistencia. Es esencial informar al gerente/supervisor del sitio, quien debe contactar prontamente a las autoridades relevantes.

En caso de que un colega se desmaye o se derrumbe dentro de la cesta, se deben tomar medidas específicas. Intenta establecer comunicación con la persona de manera audible o por teléfono. Si la persona no responde, busca asistencia de primeros auxilios. Evalúa el área de trabajo en busca de cualquier peligro, como líneas eléctricas o sustancias peligrosas. Si las condiciones lo permiten, cambia la máquina a los controles de tierra y baja a la persona de manera segura. En presencia de peligros eléctricos, evita tocar la máquina y contacta a la autoridad eléctrica para el apagado y resolución.

Al notar una inclinación en la PET, se necesita una acción inmediata. Cesa el trabajo y baja la plataforma al suelo. Sal de la plataforma e inspecciona la causa de la inclinación, como el hundimiento de los apoyos o problemas con el cilindro hidráulico. Busca orientación de una persona competente antes de intentar elevar la plataforma nuevamente. Si es necesario, reubica la PET a un terreno estable para mitigar riesgos.

En caso de que el motor de la PET se apague, una respuesta rápida es crucial. Dirige a un operador en tierra para que active los controles de tierra y baje la plataforma. Utiliza métodos como purgar las válvulas hidráulicas o activar el dispositivo de descenso de emergencia, si está disponible. Para máquinas montadas en camiones, activa el acumulador hidráulico.

Muchas PETs están equipadas con Dispositivo de Descenso de Emergencia (EDD) para evacuaciones de emergencia. Sigue los procedimientos generales soltando el clip de seguridad del EDD y asegurándolo a tu arnés de seguridad. Engancha el EDD al anillo en D del arnés de seguridad y desciende con precaución usando la cuerda, ajustando la velocidad según sea necesario. Asegúrate de que no haya nadie debajo del brazo o la cesta antes de activarlo. Familiarízate con los procedimientos específicos del EDD para la máquina y adhiérete a los requisitos del proveedor.

Las Plataformas de Tijera Andantes vienen con riesgos potenciales:
1. Las plataformas de tijera diseñadas para pasar por aberturas estrechas con barandillas fijas pueden llevar a los operadores a pararse o agacharse en la plataforma, arriesgando el atrapamiento entre las barandillas y los marcos de las puertas. Tales escenarios pueden resultar en daños estructurales a la elevadora

o al edificio.

2. Conducir una plataforma de tijera subiendo/bajando rampas o hacia/desde vehículos de entrega/remolques mientras un operador está de pie en la plataforma baja plantea riesgos de que la elevadora se salga del borde, colapso de la rampa o golpear en ángulos diferentes, haciendo que el chasis pivote y pierda tracción. Esto puede llevar a lesiones del operador debido al vuelco o pérdida de control.

3. Conducir hacia o fuera de espacios confinados como contenedores de envío o vehículos de entrega puede causar ceguera temporal a medida que los operadores transitan de la luz visible a la oscuridad.

Observaciones: Operar una plataforma de tijera en estos escenarios es común, pero requiere un estudio del sitio de antemano y no se puede hacer desde la plataforma. Es necesario un análisis de riesgos para evaluar los peligros asociados con controlar la elevadora desde dentro de la plataforma o caminar junto a ella usando un cable de control extendido. Caminar junto a ella mientras se opera la plataforma de tijera desde los controles de la plataforma solo debe hacerse si no pone en peligro la seguridad del operador o de los transeúntes. Los operadores deben familiarizarse con las instrucciones del fabricante respecto a "Caminar la Tijera" e identificar todos los peligros antes de intentar tales maniobras.

Medidas de Control: Las plataformas de tijera solo deben operarse desde fuera de la plataforma utilizando la caja de control superior bajo condiciones específicas, como durante el mantenimiento, pruebas o cuando las barandillas están plegadas. Si una evaluación de riesgos considera que operar desde la plataforma es impráctico, los operadores deben utilizar los controles externos. Para minimizar los riesgos de lesiones mientras se camina con una plataforma de tijera, los operadores deben:

- Consultar el manual de operación del fabricante y cumplir con todos los requisitos.

- Mantener una vista clara de la superficie de apoyo y la ruta de viaje.

- Asegurarse de que el cable de control tenga al menos 1600 mm de longitud y permanecer al menos a 1000 mm de las ruedas.

- Sostener la caja de control en la mano en lugar de asegurarla a la máquina.

- Seleccionar la posición de velocidad más baja en el Interruptor de Selección de Torque/Velocidad.

- Limitar la velocidad de viaje según las condiciones y mantener una distancia segura de los obstáculos.

- Mantenerse alejado del camino de la plataforma y evitar conducirla hacia uno mismo.

- Prevenir el enredo de la caja de control con la plataforma o los objetos circundantes.

- Estar consciente del movimiento de la plataforma cuando se sueltan los controles y asegurarse de que otros en el área de trabajo estén informados.

- Mantener una distancia segura de los peligros y buscar asistencia cuando se tenga dudas.

Operar Plataformas Elevadoras Móviles de Trabajo (PEMTs) en o cerca del agua introduce riesgos adicionales que deben ser identificados y gestionados por una persona competente. Al seleccionar equipos para tales tareas, se deben considerar los peligros relacionados con el agua, y se debe preparar una declaración de método de trabajo seguro específica para el sitio, especialmente si hay riesgo de caídas que superen los 2 metros. Se debe evaluar el potencial de lesiones por caídas desde la plataforma versus el ahogamiento si se cae al agua para cada sitio.

Si el riesgo de ahogamiento es mayor, se deben usar chalecos salvavidas adecuados o dispositivos de flotación personal, y los riesgos de caídas deben controlarse utilizando métodos distintos a los arneses. Aunque tanto los arneses como los dispositivos de flotación pueden ser utilizados por el operador, no deben llevarse simultáneamente. Si los arneses son necesarios para otros propósitos, como movimiento o rescate, no deben conectarse a la PEMT mientras se trabaja cerca del agua. En su lugar, el ocupante debe conectarse al punto de anclaje una vez que la PEMT se aleje de dichas áreas.

Los esfuerzos deben priorizar la prevención de caídas, seguido del control de los riesgos de caídas. Al trabajar en una barcaza o pontón, se deben considerar peligros como las condiciones meteorológicas, la falla de la estructura de la barcaza y el vuelco de la PEMT. Las posibles medidas de control de riesgos incluyen el uso de observadores, asegurar la estabilidad de la barcaza, desactivar las funciones de conducción de la PEMT cuando sea posible y proporcionar equipo de rescate.

Una declaración de método de trabajo seguro integral debe describir los métodos de comunicación, el uso de arneses o dispositivos de flotación, los procedimientos de configuración de la PEMT y los planes de rescate para el personal en el agua o en la cesta. La información sobre la estabilidad de la PEMT en embarcaciones flotantes debe obtenerse de fuentes competentes.

Al trabajar desde un terraplén, se deben abordar peligros como el vuelco de la PET, cambios en las condiciones del agua y caídas del operador al agua. Las medidas de control de riesgos pueden incluir operadores capacitados, una configuración adecuada en superficies firmes y chequeos regulares de las condiciones del suelo. La declaración de método de trabajo seguro debe detallar el monitoreo del suelo, prácticas de viaje lento, métodos de comunicación y planes de rescate.

Los controladores del sitio deben proporcionar información relevante sobre las condiciones del suelo, la capacidad de carga, el terreno, la capacidad de soporte de carga y cualquier característica local que pueda impactar la estabilidad de la máquina. Es crucial ejercer precaución ya que las condiciones meteorológicas y del suelo pueden variar, lo que potencialmente podría llevar a accidentes si no se evalúan y gestionan adecuadamente.

Las Plataformas Elevadoras de Trabajo Móviles (PETs) también son susceptibles a fuerzas laterales, principalmente provenientes del viento y el esfuerzo manual (por ejemplo, empujar o tirar). Este documento de orientación delinea los factores a considerar para mitigar estas influencias dentro de los límites especificados por el fabricante.

Fuerzas del Viento: Cada PET debe mostrar de manera prominente su calificación máxima de viento, que se puede encontrar en la placa de datos/cumplimiento, el manual del operador y las calcomanías de seguridad adheridas a la máquina. Operar la PET más allá de los límites prescritos por el fabricante está estrictamente prohibido.

Es crucial reconocer que algunas PETs están destinadas únicamente para uso en interiores, donde el viento no es un factor. Además, los fabricantes pueden imponer restricciones sobre el número de ocupantes cuando la unidad se opera al aire libre. Incluso dentro de edificios cerrados con grandes aberturas, las PETs aún pueden verse afectadas por las fuerzas del viento.

La fuerza del viento aumenta proporcionalmente al cuadrado de la velocidad. Por lo tanto, duplicar la velocidad del viento resulta en un aumento cuádruple en la fuerza que actúa sobre la PET. Materiales como revestimientos de edificios, paneles y láminas pueden actuar como velas, aumentando el riesgo de vuelco, especialmente durante condiciones de ráfagas. Por lo tanto, se debe evitar adjuntar elementos como carteles o pancartas a la plataforma, incluso temporalmente.

Es esencial tener en cuenta que el viento puede ser canalizado por estructuras altas, amplificando su intensidad, incluso en entornos interiores como grandes almacenes o edificios de gran altura. Las velocidades del viento local también pueden verse influenciadas por factores como las estelas de los aviones en los aeropuertos o vehículos de gran altura en las autopistas.

El viento representa un peligro significativo durante las operaciones de PET. Típicamente, la velocidad del viento aumenta con la elevación y puede ser magnificada alrededor de obstáculos como edificios debido al efecto de canalización. A medida que la PET se eleva por encima de las estructuras circundantes, se expone a estratos superiores de viento, potencialmente experimentando velocidades hasta un 50% mayores que las del nivel del suelo. Incluso si inicialmente está protegida en niveles más bajos, a medida que la PET se eleva, se expone completamente a la fuerza del viento.

Durante períodos de vientos fuertes, es aconsejable abstenerse de operar PETs en áreas donde el viento puede ser canalizado e intensificado entre huecos en edificios o estructuras. Este flujo de viento concentrado puede generar fuerzas turbulentas capaces de desestabilizar una PET expuesta. Además, se debe tener precaución al operar cerca de las estelas de los aviones en los aeropuertos y en las proximidades de vehículos de gran altura en carreteras y autopistas.

Efecto Vela (Fuerza Lateral Causada por el Viento): Se debe tener mucho cuidado al colocar o adjuntar objetos en la cesta de una PET. Las superficies planas grandes tienen el potencial de actuar como velas, ejerciendo efectos adversos en la estabilidad de la máquina. Cualquier accesorio utilizado debe ser aprobado por el fabricante de la PET.

Fuerza Lateral Manual:
- La máxima fuerza lateral permisible (empujar o tirar) aplicable

hacia o desde la plataforma se conoce como fuerza lateral.

- La fuerza lateral se encuentra durante tareas como perforar o tirar cables.

- Los fabricantes especifican la máxima fuerza lateral permitida para la máquina en la placa de cumplimiento, con la fuerza medida en Newtons (10N equivale a 1kg).

- Típicamente, se permite una fuerza lateral de 200N a una sola persona, mientras que dos o más personas pueden aplicar hasta 400N.

Instalación de Protección de Malla en Cestas y Barandillas: La instalación de paneles de malla en las barandillas de las cestas de las PET a veces se considera una medida efectiva para prevenir que las herramientas o materiales caigan de la plataforma. Sin embargo, se ha observado que algunos sitios de construcción exigen la protección de malla como condición para el acceso al sitio. La instalación de paneles de malla, pantallas u otras medidas de protección puede aumentar las cargas de viento y potencialmente impactar la estabilidad y resistencia de la PET. Los fabricantes pueden ofrecer guardas de malla como una opción estándar para el ajuste de la plataforma, y estas generalmente se recomiendan. En casos donde no se proporciona una protección adecuada, los usuarios finales deben consultar al proveedor o fabricante antes de instalar la protección de malla. Se desaconseja la instalación no autorizada de guardas de malla, ya que puede afectar la resistencia, la Carga de Trabajo Segura y la estabilidad de la PET.

Completando Operaciones de PET y Apagando el Equipo

Chequeos Post-Operativos de la PET:

1. Cumplimiento con los Requisitos del Fabricante: Tras completar las operaciones de la PET, es imperativo realizar chequeos post-operativos en estricta conformidad con las pautas del fabricante. Estos chequeos típicamente abarcan una inspección exhaustiva de varios componentes y sistemas para asegurar un funcionamiento óptimo y seguridad.

2. Adherencia a los Procedimientos de Trabajo Seguro: Adicionalmente, los chequeos post-operativos deben alinearse con los procedimientos de trabajo seguro establecidos, adaptados al modelo específico de PET y al entorno operativo. Estos procedimientos sirven para mitigar los riesgos asociados con posibles malfuncionamientos del equipo o peligros surgidos del sitio de trabajo.

3. Inspección Minuciosa: La inspección post-operativa implica un examen meticuloso de componentes clave de la PET, incluyendo pero no limitado a sistemas hidráulicos, conexiones eléctricas, integridad estructural y mecanismos de seguridad. Cualquier signo de daño, desgaste o anomalías debe ser abordado y reportado de manera pronta.

4. Documentación: Es esencial documentar sistemáticamente los resultados de los chequeos post-operativos. Esta documentación sirve como un registro de cumplimiento con los requisitos del fabricante y los procedimientos de trabajo seguro, facilitando la rendición de cuentas y la trazabilidad en actividades de mantenimiento y operacionales.

Tras completar la operación, realiza una inspección de seguridad exhaustiva de la máquina para identificar cualquier rotura, daño o fuga. Específicamente, enfócate en las siguientes áreas:

- Revisa todos los brazos hidráulicos para asegurarte de que no estén dañados ni doblados por el uso de la máquina.

- Inspecciona el brazo en busca de signos de abolladuras o grietas en sus soldaduras y juntas.

- Examina el anillo de giro para detectar dobleces u otras formas de daño.

- Evalúa la cesta para asegurarte de que esté en óptimas condiciones de trabajo y no haya sufrido daños.

- Inspecciona los estabilizadores para verificar que funcionen correctamente.

- Verifica la integridad y funcionalidad de todos los dispositivos de seguridad.

Reporta de manera pronta cualquier falla o daño a tu supervisor/empleador, asegurándote de que se documenten en el registro para las medidas correctivas necesarias. Si es requerido, adjunta etiquetas de advertencia a la máquina para alertar a otros sobre los posibles peligros.

Retracción, Descenso, Almacenamiento y Aseguramiento del Brazo de la PET:

1. Especificaciones del Fabricante: La retracción, descenso, almacenamiento y aseguramiento del brazo de la PET deben adherirse estrictamente a las especificaciones del fabricante descritas en el manual del operador o materiales instructivos. Estas especificaciones típicamente abarcan procedimientos paso a paso para la operación y almacenamiento seguros del brazo.

2. Procedimientos de Trabajo Seguro: Además de las pautas del fabricante, se deben seguir meticulosamente los procedimientos de trabajo seguro específicos para la operación de la PET.

Estos procedimientos pueden incluir protocolos de seguridad para la manipulación del brazo, asegurando el manejo y posicionamiento adecuados del equipo para prevenir accidentes o daños.

3. Competencia del Operador: Solo el personal capacitado y autorizado debe ser confiado con la tarea de retraer, bajar, almacenar y asegurar el brazo de la PET. Una capacitación adecuada garantiza la competencia para ejecutar estas tareas de manera segura y eficiente, minimizando el riesgo de incidentes o daños al equipo.

4. Verificación del Almacenamiento Seguro: Al completar el proceso, es esencial verificar que el brazo de la PET esté almacenado de forma segura y correctamente bloqueado en su lugar. Cualquier conexión suelta o componente no asegurado debe ser corregido inmediatamente para prevenir posibles peligros durante el transporte o almacenamiento.

Almacenamiento del Equipo: Después de bajar la plataforma, procede a conducir la máquina a su lugar de estacionamiento designado, asegurándote de que esté posicionada de forma segura. Baja completamente la plataforma y apaga todos los sistemas. Luego, quítate el arnés, guárdalo de forma segura en un lugar seco y desciende de la máquina. Recupera tus herramientas y equipos de la cesta y asegura con llave las puertas del panel de control. Apaga el motor y, si es necesario, aísla el suministro de combustible. Dependiendo de las instrucciones de tu supervisor, conecta la máquina a una estación de carga o rellénala de combustible según sea necesario. Se aconseja aplazar las verificaciones de aceite y refrigerante hasta el día siguiente para evitar posibles quemaduras por aceite o escaldaduras por agua caliente.

Cuando se trata de una PET montada en camión o tráiler, el proceso para apagar y almacenar la máquina sigue una secuencia ligeramente diferente. Es esencial adherirse a los siguientes procedimientos:

- Antes de proceder, asegúrate de que no haya peligros debajo. Alinea el brazo con el chasis y baja el brazo inferior del brazo hacia la cuna. Luego, baja el brazo superior sobre el brazo inferior.

- Quita tu arnés de seguridad y guárdalo en el cilindro provisto ubicado en la esquina de la cesta. Reemplaza la tapa del cilindro.

- Sal de la cesta y recoge y almacena tus herramientas de forma segura.

- Levanta los estabilizadores y asegúralos con pasadores si es necesario.

- Recoge cualquier material de embalaje y colócalo en el área designada.

- Instala el pasador de bloqueo del brazo o la correa.

- Apaga el motor o desactiva la toma de fuerza (PTO) para una máquina montada en camión.

- Recupera las llaves de la PET, cierra con llave el gabinete de control de tierra y asegúrate de que las llaves se almacenen de forma segura.

Desconexión de Equipos de Seguridad y EPP:
1. Desconexión Secuencial: El equipo de seguridad y el equipo de protección personal (EPP) deben desconectarse de la plataforma de la PET de manera sistemática y en el orden inverso al de su conexión. Esto asegura un enfoque metódico para la retirada del equipo, minimizando el riesgo de omisiones o errores.

2. Manejo Adecuado: Durante la desconexión, se debe tener cuidado de manejar el equipo de seguridad y el EPP con precaución para evitar daños o contaminación. Se debe prestar especial atención a componentes delicados o artículos propensos al desgaste, como los arneses o las líneas de seguridad.

3. Inspección y Mantenimiento: Antes del almacenamiento, el equipo de seguridad y el EPP deben someterse a una inspección visual en busca de señales de daño, desgaste o degradación. Cualquier artículo comprometido debe ser reemplazado o reparado de inmediato para mantener su efectividad y cumplimiento con los estándares de seguridad.

Aplicación de Bloqueos de Movimiento y Frenos Relevantes:

1. Entender los Requisitos del Fabricante: La aplicación de bloqueos de movimiento y frenos debe realizarse de acuerdo con las recomendaciones específicas proporcionadas por el fabricante de la PET. Esto implica un entendimiento claro de los tipos de bloqueos y frenos instalados en el equipo y sus funciones previstas.

2. Verificación del Enganche: Antes del apagado, los operadores deben verificar que todos los bloqueos de movimiento y frenos relevantes estén aplicados según sea necesario para inmovilizar efectivamente la PET. Esto incluye verificar el enganche de los frenos de estacionamiento, los bloqueos de movimiento para sistemas hidráulicos y cualquier otro mecanismo de seguridad diseñado para prevenir el movimiento no intencionado.

3. Confirmación Visual: Los operadores deben confirmar visualmente el enganche de los bloqueos de movimiento y frenos antes de salir de la PET o entregar el control a otro personal. Esta confirmación visual sirve como un punto de control de

seguridad crítico para asegurar que el equipo esté inmovilizado de forma segura y listo para el apagado.

Almacenamiento y Aseguramiento de Estabilizadores/Soportes:
1. Procedimientos Adecuados: Los estabilizadores y soportes, si están equipados, deben ser almacenados y asegurados estrictamente de acuerdo con los requisitos del fabricante y los procedimientos de trabajo seguro. Esto implica retraer los estabilizadores o soportes a sus posiciones de almacenamiento designadas y asegurarse de que estén bloqueados de forma segura.

2. Enfoque Sistemático: El almacenamiento y aseguramiento de los estabilizadores/soportes deben realizarse de manera sistemática, siguiendo un proceso paso a paso descrito en el manual del operador o materiales instructivos. Esto asegura consistencia y precisión en la ejecución de estas tareas, minimizando el riesgo de errores u omisiones.

3. Vigilancia del Operador: Los operadores deben ejercer vigilancia durante el proceso de almacenamiento y aseguramiento, prestando especial atención al alineamiento y bloqueo adecuados de los estabilizadores/soportes. Cualquier desviación del comportamiento esperado o indicaciones de mal funcionamiento deben abordarse de inmediato para mantener la integridad y seguridad del equipo.

El proceso de asegurar y almacenar los estabilizadores requiere atención cuidadosa. Es esencial seguir estos procedimientos bajo la guía de tu supervisor:

- Retrae las placas de los pies de los estabilizadores.

- Trae hacia adentro las vigas de los estabilizadores.

- Si es necesario, asegura los estabilizadores con los pasadores apropiados.

- Asegúrate de que las placas de acero estén limpias.

- Almacena el material de apoyo ya sea en el portador o en un área de almacenamiento designada para futura accesibilidad.

Procedimiento de Apagado de Acuerdo con los Requisitos del Fabricante:

1. Secuencia de Apagado: El procedimiento de apagado de la PET debe ejecutarse estrictamente de acuerdo con la secuencia prescrita por el fabricante. Esto típicamente involucra una serie de pasos para apagar el equipo y desactivar sus sistemas operativos de manera controlada.

2. Cumplimiento con las Directrices: Los operadores deben adherirse a todas las directrices y recomendaciones proporcionadas por el fabricante con respecto a los procedimientos de apagado, incluyendo la secuencia de acciones, el tiempo y las precauciones de seguridad a observar.

3. Verificación del Apagado: Al completar el procedimiento de apagado, los operadores deben verificar que todos los sistemas estén debidamente desactivados y que la PET esté en un estado seguro y asegurado para su almacenamiento o transporte. Se pueden usar señales visuales y auditivas para confirmar la finalización de los pasos de apagado y asegurar el cumplimiento con los requisitos del fabricante.

4. Documentación e Informes: Es esencial documentar el procedimiento de apagado, incluyendo cualquier observación o anomalía encontrada durante el proceso. Esta documentación sirve como un registro de cumplimiento con los requisitos del fabricante y puede ser útil para fines de mantenimiento y solu-

ción de problemas.

Figura 79: Plataforma de tijera Genie GS-5390 almacenada y asegurada. Santeri Viinamäki, CC BY-SA 4.0, a través de Wikimedia Commons.

La correcta ejecución de los chequeos post-operativos, la retracción del brazo, la desconexión del equipo de seguridad, la aplicación de bloqueos de movimiento y frenos, el almacenamiento de estabilizadores y el procedimiento de apagado es crítico para garantizar la operación segura y eficiente del equipo de PET. La adherencia a los requisitos del fabricante y los procedimientos de trabajo seguro, junto con la competencia y vigilancia del operador, es esencial para mitigar riesgos y mantener los estándares de seguridad en el lugar de trabajo.

OPERACIÓN DE EQUIPOS DE MANEJO DE MATERIALES 327

6
Reach Stackers

Un reach stacker es un vehículo especializado utilizado en operaciones de manejo de materiales y logística, particularmente en terminales de contenedores, puertos y patios de carga. Está diseñado para levantar y transportar contenedores estándar ISO, comúnmente conocidos como contenedores de envío, con eficiencia y flexibilidad.

Las características clave de un reach stacker incluyen:

1. Brazo telescópico: Los reach stackers están equipados con un brazo telescópico que puede extenderse hacia adelante y retraerse, permitiéndoles alcanzar contenedores apilados en múltiples filas y niveles.

2. Accesorio de esparcidor: En el extremo del brazo, hay un accesorio de esparcidor que puede agarrar y levantar los contenedores desde los accesorios de esquina superiores, asegurándolos para el transporte.

3. Capacidad de elevación pesada: Los reach stackers son capaces de levantar y mover contenedores pesados, típicamente de 20 a 40 pies de longitud y pesando varias toneladas.

4. Maniobrabilidad: Están diseñados para maniobrar en espacios confinados como patios de contenedores, gracias a característis-

ticas como la dirección en todas las ruedas y dimensiones compactas.

5. Versatilidad: Los reach stackers pueden manejar varios tipos de contenedores, incluyendo contenedores secos estándar, plataformas planas, contenedores de techo abierto y contenedores refrigerados (reefers).

En esencia, un reach stacker, como se muestra en la Figura 80, juega un papel vital en el movimiento y organización eficiente de contenedores dentro de terminales y patios de almacenamiento, contribuyendo al flujo suave de bienes en las operaciones de comercio y logística globales.

Figura 80: Reach Stacker moviendo un contenedor. Joost J. Bakker de Ijmuiden, Países Bajos, CC BY 2.0, a través de Wikimedia Commons.

En el campo del manejo de materiales y la logística, los reach stackers se han convertido en equipos esenciales para el movimiento eficiente y la apilación de cargas pesadas, particularmente contenedores de envío. Diseñados para operar en entornos diversos como puertos, almacenes y patios intermodales, los reach stackers juegan un papel crucial en las operaciones de manejo de contenedores.

Los reach stackers eléctricos están impulsados por motores eléctricos y utilizan baterías recargables como su fuente principal de energía. Estas máquinas han ganado popularidad debido a su operación ecológica, emitiendo cero emisiones y produciendo niveles de ruido más bajos en comparación con los modelos a diésel. Los reach stackers eléctricos sobresalen en entornos interiores o cerrados donde las regulaciones de emisiones y ruido son estrictas. Ofrecen una maniobrabilidad excepcional y son favorecidos en entornos que priorizan la sostenibilidad y el cumplimiento ambiental.

Aplicaciones de los Reach Stackers Eléctricos:
- Manejo de contenedores en almacenes y centros de distribución con regulaciones estrictas de emisiones.
- Movimiento y apilamiento eficiente de contenedores en instalaciones industriales cerca de áreas residenciales.
- Manejo seguro de materiales en áreas ambientalmente sensibles como puertos y terminales.

Los reach stackers a diésel están impulsados por motores diésel conocidos por su alto torque, capacidad de elevación y robustez, haciéndolos ideales para aplicaciones pesadas al aire libre. Estas máquinas se utilizan comúnmente en grandes terminales portuarias y patios abiertos donde la infraestructura de energía puede ser limitada. Los reach stackers a diésel presumen capacidades superiores de elevación y son preferidos para manejar cargas pesadas y navegar por terrenos difíciles.

Aplicaciones de los Reach Stackers a Diésel:

- Manejo eficiente de contenedores en terminales portuarias concurridas con alto tráfico de contenedores.

- Apilamiento de contenedores en patios intermodales con superficies sin pavimentar o irregulares.

- Manejo de cargas pesadas y contenedores de gran tamaño en entornos industriales exigentes.

Figura 81: Konecranes SMV 4531 TB 5 reach stacker a diésel. TeWeBs, CC BY-SA 4.0, a través de Wikimedia Commons.

Los apiladores híbridos combinan componentes eléctricos y diésel, incluyendo un paquete de baterías recargable que trabaja junto a un generador diésel. Estas máquinas ofrecen una reducción en el consumo de combustible y emisiones en comparación con los modelos diésel tradicionales, al mismo tiempo que proporcionan la potencia y versatilidad necesarias para operaciones de gran envergadura.

Aplicaciones de los Apiladores Híbridos:

- Ambientes que requieren un equilibrio entre potencia y sostenibilidad ambiental.

- Manejo de contenedores en puertos y terminales con regulaciones de emisiones variables.

- Apilamiento y transporte eficiente de contenedores en patios intermodales con operaciones mixtas, tanto interiores como exteriores.

Además de los modelos eléctricos, diésel e híbridos, hay apiladores especializados que se adaptan a requerimientos específicos de manejo de materiales, ofreciendo características y funcionalidades únicas para diversas industrias. Ejemplos incluyen:

- Apiladores de Alcance para Contenedores Cargados: Diseñados para el manejo de contenedores cargados con sistemas avanzados de monitoreo de carga y estructuras reforzadas.

- Apiladores de Alcance para Contenedores Vacíos: Optimizados para apilar y mover contenedores vacíos con mayores capacidades de apilamiento y tiempos de ciclo más rápidos.

- Apiladores de Alcance Intermodal: Equipados para el transporte sin interrupciones de contenedores a través de diferentes modos, como camiones, trenes y barcos, facilitando operaciones intermodales eficientes.

Un apilador de alcance intermodal es un tipo especializado de apilador diseñado específicamente para el manejo de contenedores en entornos de transporte intermodal. El transporte intermodal implica el movimiento de contenedores de carga a través de múltiples modos de transporte, como camiones, trenes y barcos.

Los apiladores de alcance intermodal están equipados con características y accesorios que les permiten manejar de manera eficiente contenedores a medida que transitan entre diferentes modos de transporte. Estos apiladores están diseñados para resistir las demandas de las operaciones intermodales y a menudo cuentan con características de movilidad mejoradas para navegar por diversos terrenos y áreas de carga/descarga.

Características clave de los apiladores de alcance intermodal pueden incluir:

1. Movilidad Mejorada: Los apiladores de alcance intermodal están diseñados para operar en entornos diversos, incluyendo puertos, patios ferroviarios y centros de distribución. Pueden contar con características como tracción en todas las ruedas o bases de ruedas ajustables para navegar diferentes superficies y terrenos.

2. Accesorios de Levantamiento Versátiles: Estos apiladores suelen venir con accesorios de levantamiento especializados que permiten el manejo eficiente de contenedores de diferentes tamaños y configuraciones. Esta versatilidad es esencial para la transferencia sin interrupciones de contenedores entre diferentes modos de transporte.

3. Durabilidad y Fiabilidad: Dada la naturaleza exigente de las operaciones intermodales, los apiladores de alcance intermodal están construidos para resistir un uso intensivo y condiciones de trabajo difíciles. Están fabricados con materiales robustos y componentes para asegurar durabilidad y fiabilidad durante períodos prolongados de operación.

4. Características de Seguridad: Los apiladores de alcance inter-

modal pueden incorporar características de seguridad avanzadas como sistemas de monitoreo de carga, tecnología anticolisión y funcionalidades de asistencia al operador para mejorar la seguridad durante las operaciones de manejo de contenedores.

Un contenedor intermodal, a menudo simplemente referido como contenedor, es un contenedor de envío estandarizado grande diseñado para el transporte de mercancías de un modo de transporte a otro, típicamente de barco a tren o camión, sin descargar y volver a cargar la carga. Estos contenedores vienen en varios tamaños, pero los más comunes son la unidad equivalente a veinte pies (TEU), ver Figura 82, y la unidad equivalente a cuarenta pies (FEU). Los contenedores intermodales están hechos de acero y están construidos para resistir las rigurosidades del transporte, incluyendo ser apilados uno encima del otro. Tienen dimensiones estandarizadas y están equipados con esquineros para un manejo seguro usando grúas o montacargas. La adopción generalizada de contenedores intermodales ha revolucionado el comercio global simplificando la logística, reduciendo costos y aumentando la eficiencia.

OPERACIÓN DE EQUIPOS DE MANEJO DE MATERIALES   335

*Figura 82: Contenedor de Envío de Almacenamiento de 20 Pies.
IPLManagement, CC BY-SA 4.0, a través de Wikimedia Commons.*

Aquí están las dimensiones típicas y los pesos máximos para estos contenedores estándar:

1. Contenedor estándar de 20 pies (TEU):

    ○ Dimensiones externas: 20 pies de largo, 8 pies de ancho y 8 pies 6 pulgadas de alto (6.1 metros de largo, 2.44 metros de ancho y 2.59 metros de alto).

    ○ Dimensiones internas: Ligeramente menores debido al grosor de las paredes.

    ○ Peso bruto máximo (incluyendo el peso del contenedor y la carga): Aproximadamente 52,910 libras (24,000 kilogramos).

2. Contenedor estándar de 40 pies (FEU):

- Dimensiones externas: 40 pies de largo, 8 pies de ancho y 8 pies 6 pulgadas de alto (12.19 metros de largo, 2.44 metros de ancho y 2.59 metros de alto).

- Dimensiones internas: Ligeramente menores debido al grosor de las paredes.

- Peso bruto máximo (incluyendo el peso del contenedor y la carga): Aproximadamente 67,200 libras (30,480 kilogramos).

Cabe señalar que también existen versiones de cubo alto tanto para los contenedores de 20 pies como de 40 pies, los cuales son más altos que los contenedores estándar:

- Contenedor de cubo alto de 20 pies:

  - Dimensiones externas: Las mismas que el contenedor estándar de 20 pies, pero más alto.

  - Dimensiones internas: Más alto que la versión estándar.

  - Peso bruto máximo: Similar al contenedor estándar de 20 pies.

- Contenedor de cubo alto de 40 pies (ver Figura 83):

  - Dimensiones externas: Las mismas que el contenedor estándar de 40 pies, pero más alto.

  - Dimensiones internas: Más alto que la versión estándar.

  - Peso bruto máximo: Similar al contenedor estándar de 40 pies.

Los pesos máximos reales pueden variar ligeramente dependiendo de las regulaciones y especificaciones en diferentes regiones o por diferentes compañías de envío.

Figura 83: Contenedor de Envío de Cubo Alto de 40 Pies. IPLManagement, CC BY-SA 4.0, a través de Wikimedia Commons.

Los apiladores de alcance se definen por su capacidad de elevación, distancia entre ejes, alcance y radio de giro. La capacidad de elevación se refiere a la máxima fuerza o carga que puede soportar la elevación, el carro, el camión o la plataforma. La distancia entre ejes significa la distancia entre los ejes delantero y trasero de un vehículo. El alcance representa la variación entre las posiciones completamente retraída y completamente extendida de la elevación o brazo. El radio de giro indica el radio del círculo más pequeño dentro del cual el vehículo puede maniobrar.

En primer lugar, la capacidad de elevación se erige como una especificación fundamental, denotando el peso o fuerza máxima que el apilador de alcance puede levantar y manejar de manera segura. Esta capacidad es crucial para determinar los tipos y tamaños de cargas que el equipo puede manejar de manera eficiente, asegurando un rendimiento óptimo y seguridad en las operaciones de manejo de materiales.

En segundo lugar, la distancia entre ejes es una dimensión crítica que define la estabilidad y maniobrabilidad del apilador de alcance. Representa la distancia entre los ejes delantero y trasero del vehículo, influyendo en su equilibrio y distribución de peso. Una distancia entre ejes más larga típicamente mejora la estabilidad, especialmente al manejar cargas pesadas, mientras que una distancia entre ejes más corta puede ofrecer una mayor maniobrabilidad en espacios reducidos.

A continuación, el alcance es un parámetro vital que ilustra la extensibilidad y flexibilidad del mecanismo de elevación del apilador de alcance. Se refiere a la diferencia entre las posiciones completamente retraída y completamente extendida de la elevación o brazo. Un mayor alcance permite que el equipo acceda y maneje cargas situadas más lejos o en elevaciones más altas, expandiendo su versatilidad operativa y eficiencia.

Finalmente, el radio de giro es una especificación esencial que resalta la habilidad del apilador de alcance para navegar y maniobrar dentro de espacios confinados o ambientes congestionados. Representa el radio del círculo más pequeño dentro del cual el vehículo puede girar, afectando su agilidad y capacidad para negociar esquinas estrechas u obstáculos. Un radio de giro más pequeño facilita una maniobrabilidad mejorada, permitiendo que el apilador de alcance opere de manera eficiente en diversos entornos de trabajo mientras minimiza el riesgo de colisiones o accidentes.

Estos parámetros de diseño definen colectivamente las capacidades y características de rendimiento de los apiladores de alcance, empoderando a las empresas para seleccionar el equipo más adecuado para sus requisitos específicos de manejo de materiales. Al comprender y evaluar estas especificaciones, las organizaciones pueden optimizar sus operaciones, mejorar la productividad y asegurar un manejo seguro y eficiente de bienes y materiales a lo largo de la cadena de suministro.

Los apiladores de alcance operan bajo varios principios operativos para manejar y mover la carga de manera eficiente en diversas aplicaciones de manejo de materiales. Estos principios incluyen:

1. Sistemas Hidráulicos: Los apiladores de alcance utilizan sistemas hidráulicos para controlar el movimiento de sus diversos componentes, como el brazo, el mecanismo de elevación y la dirección. Los cilindros hidráulicos aplican fuerza para extender o retraer el brazo y los accesorios de elevación, permitiendo una posicionamiento preciso y la elevación de la carga. Estos sistemas también potencian el mecanismo de dirección, permitiendo que el apilador de alcance navegue por espacios reducidos y maniobre con facilidad.

2. Contrapeso: Los apiladores de alcance están diseñados con un sistema de contrapeso para compensar el peso de la carga elevada y mantener la estabilidad durante la operación. Este sistema típicamente incluye contrapesos colocados estratégicamente en el chasis del apilador de alcance para prevenir el vuelco o la inestabilidad al levantar cargas pesadas. Al equilibrar la distribución del peso, el apilador de alcance puede manejar de manera segura cargas grandes y distribuidas de manera desigual sin comprometer la seguridad o el rendimiento.

3. Brazo Telescópico: Los apiladores de alcance cuentan con un brazo telescópico que se extiende y retrae para alcanzar y levantar la carga desde diversas distancias y alturas. El diseño telescópico permite que el apilador de alcance se adapte a diferentes escenarios de carga y descarga, permitiéndole manejar contenedores u otros tipos de carga de manera eficiente. La extensión y retracción del brazo se controlan hidráulicamente,

proporcionando un movimiento suave y preciso para las operaciones de carga y descarga.

4. Tecnología de Detección de Carga: Muchos apiladores de alcance modernos están equipados con tecnología de detección de carga que ajusta automáticamente la presión hidráulica basada en el peso de la carga que se está levantando. Esta tecnología optimiza la eficiencia energética y reduce el desgaste de los componentes del apilador de alcance al entregar la fuerza necesaria para levantar la carga sin un esfuerzo o consumo de energía excesivo.

5. Sistemas de Control Electrónico: Los apiladores de alcance cuentan con sistemas de control electrónico avanzados que permiten a los operadores monitorear y controlar varios aspectos de la operación de la máquina, incluyendo funciones de elevación, dirección y seguridad. Estos sistemas a menudo incluyen pantallas táctiles o controles tipo joystick que proporcionan una operación intuitiva y retroalimentación en tiempo real, mejorando la productividad y la seguridad en el lugar de trabajo.

Al aprovechar estos principios operativos, los apiladores de alcance pueden manejar eficientemente una amplia gama de tipos y tamaños de carga, asegurando seguridad, estabilidad y precisión en las operaciones de manejo de materiales.

Figura 84: Componentes de un apilador de alcance. Imagen de fondo - HReuter, CC BY-SA 4.0, a través de Wikimedia Commons.

De manera similar a la operación de un balancín o cualquier equipo contrapesado, un apilador de alcance posee un punto de equilibrio pivotal o fulcro. Para el eje longitudinal (hacia adelante y hacia atrás) de la máquina, este fulcro se alinea con la línea central de los neumáticos delanteros (Taylor Machine Works, 2024).

Los principios del contrapeso pueden ser elucidados de la siguiente manera: El peso situado detrás de la línea central de los neumáticos delanteros, como se muestra en la Figura 85, es similar al peso de un niño posicionado a la distancia "D" del fulcro, como se ilustra en la Figura 86. Inversamente, el peso del accesorio del brazo y la carga misma, como se muestra en la Figura 85, puede equipararse al peso combinado de niños, como se presenta en la Figura 86, ubicados a la distancia "d" del fulcro.

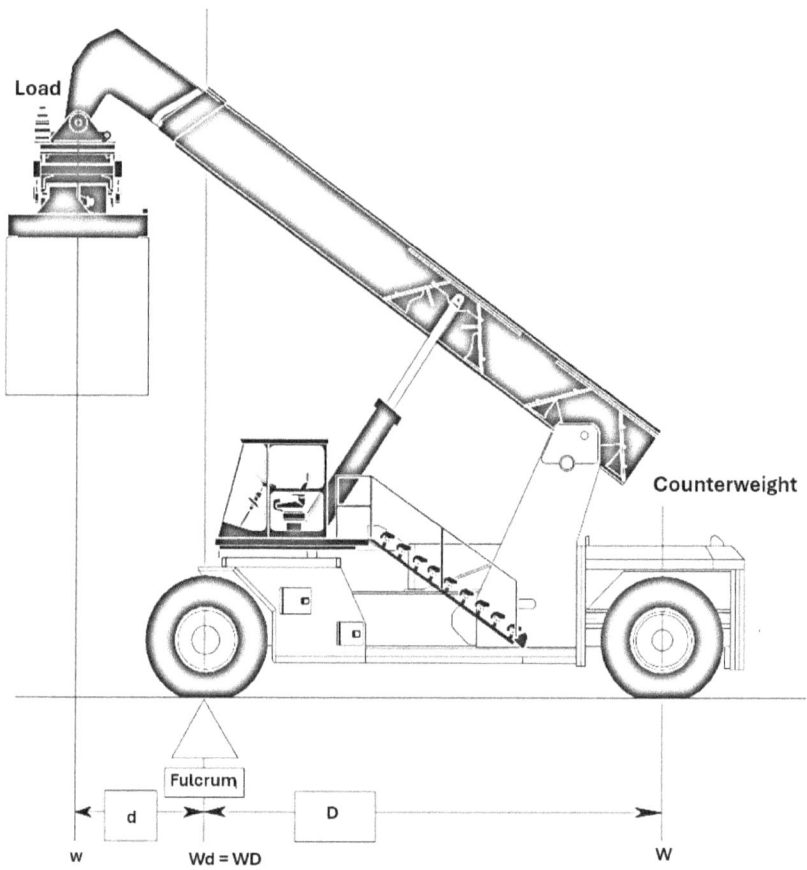

Figura 85: Contrapeso del apilador de alcance.

Al igual que la dinámica de un balancín, donde los niños ajustan sus posiciones relativas al fulcro hasta alcanzar el equilibrio, se busca un equilibrio similar dentro del apilador de alcance. Este equilibrio se expresa mediante la ecuación "w × d = W × D", significando que diversas combinaciones de peso multiplicado por distancia pueden producir un estado equilibrado.

En el contexto de los principios de estabilidad en un apilador de alcance, la analogía de un balancín sigue siendo pertinente, donde el peso de la carga y su distancia desde el fulcro dictan los requisitos de contrapeso.

Es imperativo reconocer que el apilador de alcance diverge en su mecanismo: el peso detrás de la línea central del eje de tracción (fulcro), cuando se multiplica por la distancia al centro de gravedad (CG) de ese peso, debe superar consistentemente, por un margen significativo, el peso delante del eje de tracción, multiplicado por la distancia a su CG. Acercarse a una condición equilibrada implica riesgos de vuelcos peligrosos del vehículo debido a fuerzas dinámicas asociadas con detenerse, viajar o inclinarse (Taylor Machine Works, 2024).

Cabe destacar que el peso del apilador de alcance posicionado detrás del fulcro, y el CG de este peso, permanecen constantes; por lo tanto, el contrapeso sigue siendo un valor fijo. Por el contrario, el peso del brazo y el accesorio permanece fijo, mientras que la distancia al CG delante del fulcro varía dependiendo del ángulo y la extensión del brazo.

A medida que el momento de la carga cambia con su ubicación delantera relativa al fulcro, dependiendo del ángulo y la extensión del brazo, el operador debe regular estas variables diligentemente. Asegurar que el peso total delante del fulcro, multiplicado por la ubicación combinada del CG más otras fuerzas operativas dinámicas, nunca supere el contrapeso del apilador de alcance es esencial para una operación segura.

Adherirse a estos protocolos de seguridad y ejercer un juicio sólido es primordial para la operación segura del apilador de alcance. El equilibrio para una operación adecuada es seguro si todos los componentes de la máquina se mantienen adecuadamente y el operador maneja la máquina de manera segura. Por ejemplo, la capacidad nominal de una máquina está calibrada para una combinación específica de la máquina, el brazo y el accesorio. Cualquier modificación al accesorio o al brazo podría afectar la capacidad, lo que requiere una comprensión completa de los cambios reales y los ajustes de capacidad resultantes (Taylor Machine Works, 2024).

Para garantizar tu seguridad, es esencial familiarizarse con varios aspectos clave del apilador de alcance. Esto incluye comprender las dimensiones de la máquina, su capacidad operativa y la competencia en su operación. Igualmente crucial es conocer las características de seguridad que ofrece, así como adherirse a los procedimientos operativos seguros específicos para tu sitio de trabajo. Además, es imperativo realizar controles diarios para asegurar que el apilador de alcance funcione correctamente. Utilizar todas las características de seguridad disponibles y seguir consistentemente los procedimientos operativos seguros son prácticas esenciales. Además, mantener la alerta y emplear el sentido común durante la operación mejora aún más las medidas de seguridad.

La capacidad especificada de un apilador de alcance contrapesado es válida únicamente bajo condiciones en las que el camión está posicionado en terreno nivelado, y la carga está adecuadamente elevada y posicionada con respecto a las ruedas delanteras. Es crucial comprender que esta capacidad disminuye y la estabilidad del camión se ve comprometida en las siguientes circunstancias: cuando el brazo está elevado, cuando el brazo está extendido o cuando el camión está posicionado en una pendiente. La estabilidad del apilador de alcance depende del sistema de suspensión de tres puntos del camión, como se ilustra en la Figura 87.

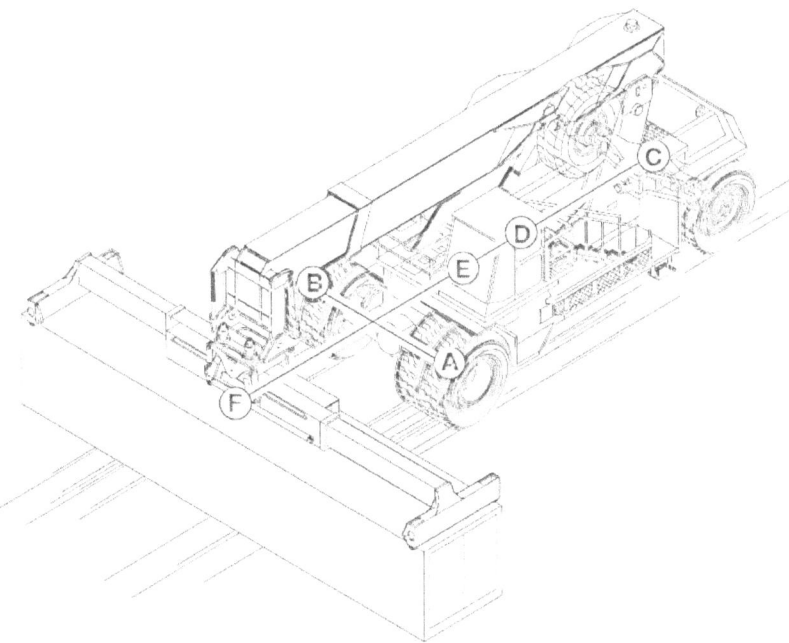

Figura 87: Sistema de suspensión de 3 puntos del apilador de alcance.

El camión es sostenido por los neumáticos en el eje de tracción (designados como puntos A y B) y el punto de pivote de la línea central del eje de dirección (designado como punto C). El punto D indica el centro de gravedad de un camión sin carga, mientras que el punto F denota el centro de gravedad de la carga. El punto E representa el centro de gravedad combinado tanto del camión como de la carga. Es imperativo que el centro de gravedad combinado (punto E) permanezca dentro del área triangular formada por los puntos A, B y C para que se mantenga la estabilidad. La estabilidad depende de la proximidad del punto E a los bordes de este triángulo. Si por alguna razón el punto E excede los límites del triángulo, el camión corre el riesgo de volcarse (Taylor Machine Works, 2024).

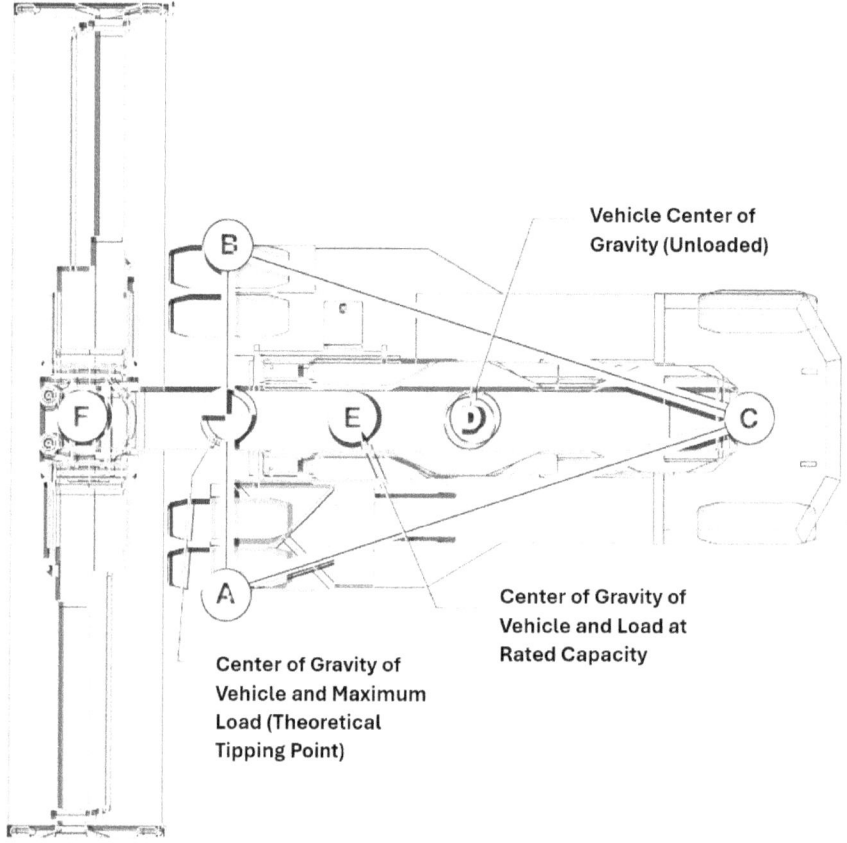

Figura 88: Estabilidad hacia adelante.

Cuando el vehículo está cargado, el centro de gravedad combinado se desplaza hacia la línea A-B. Teóricamente, si una carga se posiciona de manera que pudiera causar un vuelco hacia adelante, el centro de gravedad se alinearía en o más allá de la línea A-B. Por lo tanto, en la aplicación práctica, es esencial asegurar que el centro de gravedad combinado nunca alcance la línea A-B. Las cargas nominales están diseñadas para mantener el centro de gravedad combinado bien dentro del triángulo de estabilidad. Simplemente aumentar el contrapeso no aborda las preocupaciones de estabilidad hacia adelante, ya que desplazaría el centro de gravedad del camión hacia el punto C, resultando en una disminución de la estabilidad lateral. La proximidad del punto

E a la línea que conecta los puntos A y B impacta directamente en la estabilidad hacia adelante. Si el centro de gravedad combinado cruza la línea AB por cualquier razón, el camión corre el riesgo de volcarse hacia adelante (Taylor Machine Works, 2024).

Estas circunstancias pueden surgir cuando:

- La carga supera la capacidad nominal designada para la posición actual del brazo.
- El brazo se baja o extiende mientras la carga permanece elevada.
- Se detiene el camión mientras la carga está elevada.
- Se acelera el camión hacia atrás demasiado rápido con la carga elevada. Es crucial ejercer extrema precaución durante el viaje o al apilar y desapilar cargas. Las detenciones abruptas, inclinaciones hacia adelante o cualquier acción que lleve a que la carga se desplace hacia adelante provocarán que el punto E avance hacia la línea AB, disminuyendo así la estabilidad hacia adelante.

Estabilidad Lateral: La distancia entre el punto E y las líneas que conectan los puntos A y C, así como los puntos B y C, influye en la estabilidad lateral. Si el punto E se acerca o sobrepasa cualquiera de estas líneas, el camión puede volcarse de lado. Este escenario podría ocurrir cuando las cargas se manejan fuera del centro, el apilamiento se realiza de lado en una inclinación, o se ejecutan giros bruscos con el accesorio elevado, con o sin carga. Por lo tanto, se justifica una extrema precaución durante el viaje, el apilamiento o las operaciones de desapilamiento, ya que cualquier movimiento lateral o inclinación debido a un accesorio elevado y carga causará que el punto E se acerque a las líneas AC o BC, comprometiendo así la estabilidad lateral.

Los operadores de apiladores de alcance deben comprender que la capacidad de carga nominal de la máquina depende tanto del ángulo de inclinación del brazo como de hasta qué punto se extiende el brazo.

La capacidad de carga nominal de un apilador de alcance, que denota el peso máximo que puede levantar y manejar de forma segura, no es fija sino que depende de varios factores. Dos factores críticos que influyen en esta capacidad son el ángulo de inclinación del brazo y la extensión del brazo. Cuando el brazo se inclina o extiende, afecta la estabilidad y la capacidad de carga del apilador de alcance. Por lo tanto, los operadores deben considerar estas variables al determinar si una carga cae dentro de los parámetros operativos seguros de la máquina. No tener en cuenta el ángulo de inclinación y la extensión del brazo podría llevar a sobrecargar el apilador de alcance, lo que representa riesgos de seguridad tanto para el personal como para el equipo. Por lo tanto, comprender el impacto de estos factores es crucial para garantizar una operación segura y eficiente del apilador de alcance.

La Figura 89 muestra una tabla de carga de muestra para un apilador de alcance. La tabla muestra que a medida que el brazo se extiende, la carga máxima disminuye, con la máquina operando con una longitud de brazo de 6400mm, se pueden colocar un máximo de 15 toneladas con una altura máxima de 3 contenedores. A 1965 mm, se pueden colocar cuatro contenedores con un peso máximo de 45 toneladas, con un quinto de un peso máximo de 40 toneladas.

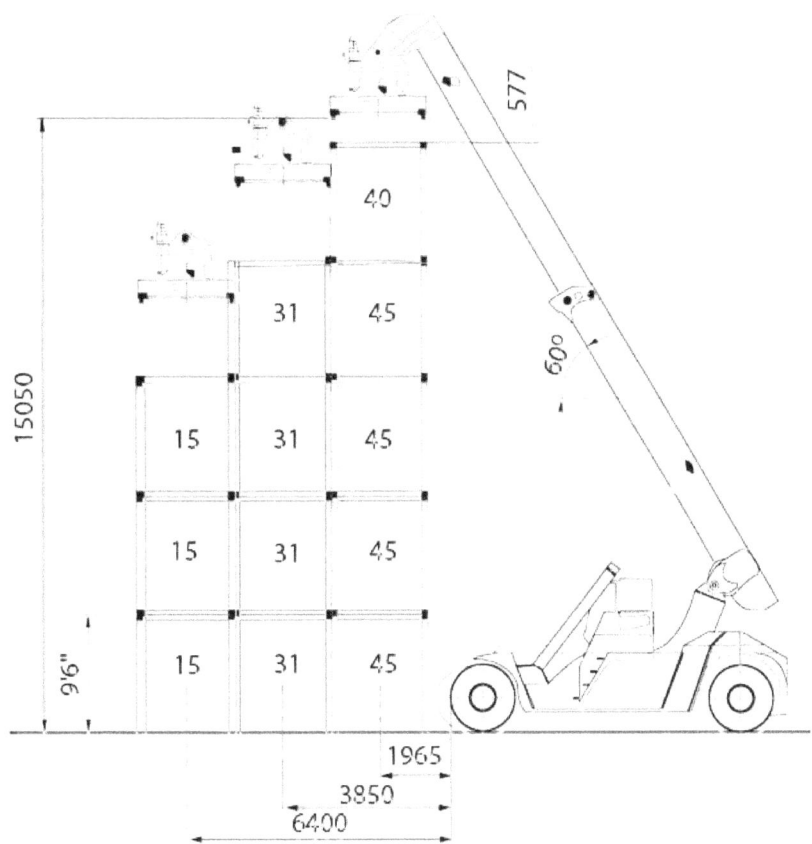

Figura 89: Tabla de carga de muestra para apilador de alcance.

También se debe consultar la placa de carga del apilador de alcance para asegurar que los contenedores que se van a levantar estén dentro de la capacidad de la máquina.

Figura 90: Placa de carga de muestra para apilador de alcance.

Planificación para Operaciones con Apiladores de Alcance Operar un apilador de alcance involucra varios pasos para asegurar la seguridad, eficiencia y adherencia a los procedimientos del lugar de trabajo. Aquí hay una explicación detallada de cada paso:

1. Identificar Requisitos de la Tarea: Comience revisando órdenes de trabajo o instrucciones para entender las tareas específicas asignadas. Confirme los requisitos de la tarea con el personal relevante para asegurar claridad y alineación. Realice una inspección del sitio para evaluar el área de trabajo e identificar cualquier peligro o desafío potencial.

2. Evaluar la Superficie del Área de Trabajo: Evalúe la calidad de la superficie del suelo en el área de trabajo para determinar su idoneidad para operar el apilador de alcance. Verifique si hay terrenos irregulares, puntos blandos u obstáculos que podrían impedir la operación segura. Adhiera a los procedimientos del

lugar de trabajo para evaluar las condiciones del suelo y tome precauciones adecuadas si la superficie es inadecuada.

3. Establecer MRC y WLL: Consulte las especificaciones del fabricante del apilador de alcance para establecer la Capacidad Máxima Nominal (MRC) y el Límite de Carga de Trabajo (WLL) para el/los contenedor/es y requisitos específicos de trabajo/tarea. Asegúrese de cumplir con los procedimientos del lugar de trabajo y las regulaciones de seguridad al determinar las capacidades de elevación.

4. Evaluar Caminos Operativos: Evalúe el área de trabajo para determinar caminos adecuados para operar el apilador de alcance y mover y colocar contenedores. Considere factores como restricciones de espacio, obstáculos aéreos y la ubicación de otros equipos o personal. Identifique rutas seguras y procedimientos operativos de acuerdo con las directrices del lugar de trabajo. La Figura 91 muestra un entorno operativo típico.

5. Identificar Peligros y Riesgos: Realice un proceso de identificación de peligros exhaustivo para identificar riesgos potenciales asociados con la operación del apilador de alcance. Implemente medidas adecuadas de eliminación o control de riesgos para mitigar peligros y asegurar un ambiente de trabajo seguro. Comunique los peligros identificados y las medidas de control al personal relevante.

6. Confirmar el Plan de Gestión de Tráfico: Asegúrese de que la implementación del plan de gestión de tráfico esté confirmada y entendida. Coordine con los supervisores del sitio o el personal de control de tráfico para verificar que el flujo de tráfico dentro del área de trabajo se gestione de manera efectiva para prevenir accidentes o conflictos con otros vehículos o peatones.

7. Establecer Procedimientos de Comunicación: Identifique y establezca procedimientos de comunicación apropiados con el personal asociado, como observadores o equipo en tierra. Pruebe dispositivos de comunicación o señales para asegurar una comunicación clara y efectiva durante las operaciones del apilador de alcance. Siga los procedimientos del lugar de trabajo para los protocolos de comunicación para mantener la seguridad y coordinación.

8. Confirmar Requisitos de la Tarea: Revise todas las tareas para confirmar que los requisitos para el área de trabajo relevante se hayan abordado de acuerdo con los procedimientos del lugar de trabajo. Asegúrese de que todas las precauciones necesarias, revisiones de equipos y medidas de seguridad estén en lugar antes de proceder con las operaciones del apilador de alcance.

Figura 91: Entorno operativo típico de un apilador de alcance. Trondheim Havn de Trondheim, Noruega, CC BY-SA 2.0, a través de Wikimedia Commons.

Operar un apilador de alcance involucra varios riesgos que pueden representar amenazas para el personal, el equipo y el entorno de trabajo. Las estrategias de mitigación son esenciales para minimizar estos peligros y asegurar una operación segura. Aquí hay una visión general de los peligros comunes asociados con la operación de apiladores de alcance y las estrategias de mitigación correspondientes:

1. Riesgo de Vuelco: Los apiladores de alcance pueden volcarse si no se operan correctamente, especialmente al manejar cargas pesadas o operar en terrenos irregulares.

    ◦ Estrategia de Mitigación:

        • Asegurarse de que los operadores estén adecuadamente capacitados y certificados en la operación de apiladores de alcance.

        • Cumplir con los límites de capacidad de carga especificados por el fabricante.

        • Realizar chequeos preoperacionales para asegurar que el apilador de alcance esté en buenas condiciones.

        • Evitar operar en pendientes más allá de los límites recomendados por el fabricante.

        • Utilizar estabilizadores si están disponibles y son apropiados para la tarea.

2. Peligros de Colisión: Los apiladores de alcance operan en proximidad cercana a otros equipos, estructuras y personal, aumentando el riesgo de colisiones.

    ◦ Estrategia de Mitigación:

- Implementar planes estrictos de gestión de tráfico para separar el tráfico peatonal y vehicular.
- Usar observadores o guías en tierra para asistir con las maniobras en áreas congestionadas.
- Instalar dispositivos de advertencia como bocinas, luces y alarmas de retroceso para alertar al personal cercano.
- Mantener líneas de visión claras manteniendo ventanas y espejos limpios y sin obstrucciones.

3. Peligros Aéreos: Los apiladores de alcance a menudo operan en áreas con obstáculos aéreos, como líneas eléctricas, estructuras y grúas aéreas.

   ○ Estrategia de Mitigación:
     - Identificar peligros aéreos y marcar zonas restringidas para prevenir el contacto del apilador de alcance.
     - Capacitar a los operadores para que estén atentos a los obstáculos aéreos y mantengan una distancia segura.
     - Usar indicadores de altura y sensores de proximidad para advertir a los operadores de obstrucciones aéreas.
     - Implementar rutas y procedimientos designados para navegar bajo peligros aéreos.

4. Objetos que Caen: Las cargas levantadas por los apiladores de alcance pueden desplazarse o caer, representando un riesgo para el personal y el equipo cercanos.

   ○ Estrategia de Mitigación:

- Asegurar las cargas correctamente usando accesorios de levantamiento apropiados y métodos de aseguramiento.

- Usar respaldos de carga y dispositivos de bloqueo de accesorios para prevenir el desplazamiento de la carga.

- Establecer zonas de exclusión alrededor del apilador de alcance durante las operaciones de levantamiento.

- Realizar inspecciones previas al levantamiento para asegurar que las cargas estén estables y correctamente posicionadas.

5. Peligros de Aplastamiento: Los apiladores de alcance tienen partes móviles y sistemas hidráulicos que pueden aplastar o atrapar a operadores y transeúntes.

   ○ Estrategia de Mitigación:

   - Implementar procedimientos de bloqueo/etiquetado al realizar tareas de mantenimiento o reparación.

   - Proporcionar protecciones adecuadas en partes móviles y puntos de pellizco.

   - Capacitar a los operadores en procedimientos seguros de entrada y salida de la cabina del apilador de alcance.

   - Realizar inspecciones regulares de mangueras y componentes hidráulicos en busca de señales de desgaste o daño.

6. Peligros Ambientales: Condiciones climáticas adversas como lluvia, nieve o vientos fuertes pueden afectar la operación del apilador de alcance.

◦ Estrategia de Mitigación:

- Monitorear pronósticos del tiempo y suspender operaciones durante condiciones climáticas severas.

- Asegurar que los operadores estén capacitados para ajustar técnicas de conducción y operación en condiciones climáticas adversas.

- Mantener canales de comunicación claros para transmitir actualizaciones relacionadas con el clima e instrucciones de seguridad.

Identificando estos peligros e implementando estrategias de mitigación apropiadas, las organizaciones pueden promover un ambiente de trabajo seguro para las operaciones con apiladores de alcance, minimizando el riesgo de accidentes y lesiones. La capacitación regular, la comunicación efectiva y la adhesión diligente a los protocolos de seguridad son esenciales para mitigar los peligros y prevenir incidentes.

La confirmación de la implementación del plan de gestión de tráfico implica varios pasos para asegurar que el flujo de tráfico dentro del área de trabajo esté efectivamente gestionado para prevenir accidentes o conflictos con otros vehículos o peatones. Aquí te explicamos cómo hacerlo:

1. Revisar el Plan de Gestión de Tráfico: Comience revisando el plan de gestión de tráfico para entender sus requisitos, procedimientos y rutas de tráfico designadas dentro del área de trabajo. Asegúrese de estar familiarizado con cualquier zona designada, señalización o barreras destinadas a controlar el flujo de tráfico.

2. Coordinar con Supervisores del Sitio o Personal de Control de Tráfico: Póngase en contacto con supervisores del sitio o personal de control de tráfico designado responsable de super-

visar la gestión de tráfico dentro del área de trabajo. Discuta los detalles del plan de gestión de tráfico y busque aclaración sobre cualquier instrucción o requisito específico.

3. Verificar la Implementación: Realice una inspección visual del área de trabajo para verificar que el plan de gestión de tráfico se haya implementado según lo descrito. Busque señales, barreras, carriles de tráfico designados, pasarelas peatonales y cualquier otra medida destinada a regular el flujo de tráfico.

4. Comunicarse con el Personal de Control de Tráfico: Participe en la comunicación con el personal de control de tráfico para confirmar que están monitoreando activamente el flujo de tráfico y haciendo cumplir las rutas y regulaciones de tráfico designadas. Clarifique cualquier pregunta o inquietud respecto a los procedimientos de gestión de tráfico.

5. Abordar Cualquier Problema: Si se identifican discrepancias o problemas durante la inspección, abórdelos de inmediato con los supervisores del sitio o el personal de control de tráfico. Esto puede involucrar ajustar la señalización, reposicionar barreras o proporcionar orientación adicional para asegurar una gestión de tráfico efectiva.

6. Asegurar la Comprensión: Confirme que todo el personal que opera dentro del área de trabajo, incluidos los operadores de apiladores de alcance, estén familiarizados con el plan de gestión de tráfico y entiendan sus roles y responsabilidades en el cumplimiento del mismo. Proporcione cualquier capacitación o guía necesaria para asegurar el cumplimiento de las regulaciones de tráfico y los procedimientos de seguridad.

7. Monitorear el Flujo de Tráfico: Monitoree continuamente el

flujo de tráfico dentro del área de trabajo para asegurar que el plan de gestión de tráfico esté previniendo efectivamente accidentes o conflictos. Aborde de manera inmediata cualquier problema o desafío emergente y haga ajustes al plan según sea necesario para mantener la seguridad.

Siguiendo estos pasos, puede asegurar que el plan de gestión de tráfico esté exitosamente implementado y comprendido, contribuyendo a un ambiente de trabajo seguro para todo el personal dentro del área de trabajo. La coordinación efectiva, la comunicación y el monitoreo proactivo son clave para prevenir accidentes y promover la seguridad del tráfico.

Preparación para Operaciones con Apiladores de Alcance Prepararse para operar un apilador de alcance involucra varios pasos cruciales para asegurar la seguridad, el cumplimiento y la eficiencia. Esto incluye:

1. Establecer Consulta con el Personal del Lugar de Trabajo:

    ◦ La consulta con el personal del lugar de trabajo es vital para asegurar claridad y consistencia en el plan de trabajo, alineándolo con los requisitos del sitio. Esto implica una comunicación abierta con supervisores, colegas y otro personal relevante para discutir el plan de trabajo y abordar cualquier pregunta o inquietud.

2. Verificar la Implementación de Medidas de Control de Riesgos:

    ◦ Las medidas de control de riesgos para los peligros identificados deben ser verificadas para su implementación para cumplir con las responsabilidades legislativas y adherirse a los procedimientos de trabajo seguros. Esto incluye verificar que los protocolos de seguridad y precauciones estén en lugar para mitigar riesgos potenciales asociados con la operación del apilador de alcance.

3. Acceder al Apilador de Alcance de Manera Segura:

- Acceder al apilador de alcance de manera segura es esencial para prevenir accidentes o lesiones. Los operadores deben seguir las especificaciones del fabricante y los procedimientos de trabajo seguro al acercarse y entrar a la cabina del apilador de alcance. Esto incluye usar puntos de acceso designados y asegurar un apoyo adecuado para evitar resbalones o caídas.

4. Realizar Verificaciones Previas al Inicio:

- Las verificaciones previas al inicio son necesarias para evaluar la condición del apilador de alcance e identificar cualquier daño o defecto que pueda afectar su operación. Los operadores deben realizar inspecciones exhaustivas de componentes clave, como neumáticos, frenos, hidráulica y sistemas de seguridad, y reportar cualquier problema de acuerdo con los requisitos del fabricante y los procedimientos de trabajo seguro.

5. Verificar Ruidos/Operación Anormales:

- Después de arrancar el apilador de alcance, los operadores deben verificar cualquier ruido u operación anormal que pueda indicar problemas mecánicos o malfuncionamientos. Esto incluye escuchar sonidos inusuales y observar el rendimiento de la máquina para asegurar un funcionamiento suave y adecuado de acuerdo con los requisitos del fabricante y los procedimientos de trabajo seguro.

6. Realizar Verificaciones Operativas:

- Las verificaciones operativas son esenciales para confirmar que el apilador de alcance está completamente operativo y listo para su uso. Los operadores deben realizar pruebas funcionales de controles, mecanismos de elevación, dirección y otros sistemas críticos para identificar cualquier daño o defecto. Cualquier problema debe ser reportado y abordado de inmediato siguiendo las especificaciones del fabricante y los procedimientos de trabajo seguro.

7. Determinar Requisitos de Estabilidad:

   ◦ Evaluar los requisitos de estabilidad del apilador de alcance para la tarea es crucial para prevenir vuelcos o inestabilidad durante las operaciones. Los operadores deben referirse a las especificaciones relevantes del fabricante y los procedimientos de trabajo seguro para determinar la configuración y parámetros operativos apropiados para la tarea en cuestión.

8. Verificar el Libro de Registro del Apilador de Alcance:

   ◦ Verificar el libro de registro del apilador de alcance asegura que la máquina esté en conformidad, debidamente mantenida y apta para su uso. Los operadores deben verificar que el libro de registro esté actualizado, completado con precisión y firmado para cualquier rectificación requerida de acuerdo con los requisitos del fabricante y los procedimientos de trabajo seguro.

9. Evaluar Condiciones del Clima y del Entorno de Trabajo:

   ◦ Evaluar las condiciones del clima y del entorno de trabajo ayuda a los operadores a anticipar cualquier impacto potencial en las operaciones del apilador de alcance. Esto implica evaluar factores como el viento, la lluvia, la temperatura y la visibilidad para determinar si son necesarios ajustes o precauciones para mantener la seguridad y eficiencia.

10. Conducir al Área de Trabajo y Prepararse para Operaciones con Contenedores:

    - Una vez completadas todas las verificaciones y evaluaciones, el apilador de alcance puede ser conducido al área de trabajo y preparado para operaciones con contenedores. Los operadores deben seguir los procedimientos de trabajo seguro relevantes, incluyendo observar las reglas de tráfico, asegurar cargas y posicionar el apilador de alcance de manera apropiada para la tarea.

Antes de operar la máquina, es imperativo realizar una verificación diaria del área de trabajo para asegurar la seguridad y eficiencia. Esto implica verificar varios aspectos clave para mitigar riesgos y peligros potenciales.

Figura 92: Entorno de trabajo del apilador de alcance, carga en ferrocarril. Gary Houston, CC0, a través de Wikimedia Commons.

En primer lugar, la seguridad de los peatones debe ser priorizada restringiendo el acceso a las áreas de operación del apilador de alcance. Los caminos para peatones deben estar claramente marcados y protegidos para prevenir la entrada no autorizada en zonas peligrosas. Además, las vías de tránsito del apilador de alcance deben estar inequívocamente delimitadas para mantener vías claras para el movimiento de la máquina.

Además, las barreras para peatones deben estar firmemente establecidas para salvaguardar aún más a las personas de peligros potenciales. Es esencial que los peatones en las proximidades usen chalecos y cascos de alta visibilidad para mejorar la visibilidad y promover la conciencia sobre la seguridad.

Para el personal transitorio, como los conductores de camiones, se deben proporcionar reglas escritas que describan los protocolos para desmontar los camiones y permanecer alejados de las operaciones del apilador de alcance. Se debe facilitar un acceso seguro a los baños y áreas de descanso para asegurar el bienestar de todo el personal.

Se deben implementar medidas de control en las intersecciones de peatones y máquinas para minimizar el riesgo de accidentes o colisiones. Espejos de pasillo deben ser instalados en intersecciones ciegas y mantenerse limpios para una visibilidad mejorada.

Figura 93: Entorno de trabajo del apilador de alcance, cargando en semirremolque para transporte por carretera. Joost J. Bakker de IJmuiden, CC BY 2.0, a través de Wikimedia Commons.

Además, todas las personas en el área de trabajo deben estar bien informadas sobre los peligros en el lugar de trabajo y adherirse a las normas de trabajo establecidas. Una iluminación adecuada es esencial para la visibilidad y debe estar presente en todo el área de trabajo.

Se deben establecer límites de velocidad seguros, publicarlos claramente y hacer cumplir estrictamente para prevenir accidentes y mantener un entorno operativo seguro. Además, los sistemas de comunicación entre operadores de apiladores de alcance y peatones deben estar operativos para facilitar una comunicación y coordinación efectivas.

Finalmente, las superficies operativas deben ser inspeccionadas para asegurarse de que estén libres de baches y escombros, minimizando el riesgo de accidentes o daños a la máquina. Al revisar meticulosamente estos aspectos del área de trabajo diariamente, los operadores pueden ayudar a asegurar un ambiente de trabajo seguro y productivo para todo el personal involucrado.

Acceder al apilador de alcance de manera segura es un paso crítico para prevenir accidentes o lesiones. Los operadores deben acercarse y entrar a la cabina del apilador de alcance de acuerdo con las especificaciones del fabricante y los procedimientos de trabajo seguro para minimizar los riesgos.

Para acceder al apilador de alcance de manera segura, los operadores deben adherirse a las siguientes pautas:

1. Seguir las Especificaciones del Fabricante: Los operadores deben familiarizarse con los procedimientos específicos de acceso delineados por el fabricante del apilador de alcance. Esto incluye comprender los puntos de acceso designados y los métodos de entrada recomendados.

2. Utilizar los Puntos de Acceso Designados: Los operadores deben usar los puntos de acceso designados proporcionados por el fabricante para entrar a la cabina del apilador de alcance. Estos puntos de acceso están diseñados para asegurar una entrada y salida seguras y pueden incluir escalones, pasamanos o apoyos para los pies.

3. Asegurar un Apoyo Adecuado: Antes de subir a la cabina, los operadores deben asegurarse de tener un apoyo adecuado para prevenir resbalones o caídas. Esto puede implicar verificar la estabilidad de la superficie del suelo y tener cuidado al subir al

apilador de alcance.

4. Mantener Tres Puntos de Contacto: Los operadores deben mantener tres puntos de contacto (por ejemplo, dos manos y un pie, o dos pies y una mano) al subir o bajar de la cabina del apilador de alcance. Esto ayuda a asegurar estabilidad y reduce el riesgo de caídas.

5. Usar Agarraderas y Barandillas: Las agarraderas y barandillas provistas en el apilador de alcance deben ser utilizadas para apoyar una entrada y salida seguras. Los operadores deben agarrar estas agarraderas firmemente para mantener el equilibrio y la estabilidad.

Montar o desmontar incorrectamente el apilador de alcance supone un riesgo de resbalones, caídas y lesiones graves. Para prevenir accidentes, los operadores deben adherirse a todas las instrucciones de acceso del fabricante. Esto incluye enfrentar la escalera al subir o bajar del apilador de alcance, mantener contacto de tres puntos con el apilador de alcance en todo momento, utilizar pasamanos y otros puntos de agarre, y abstenerse de escalar en áreas del apilador de alcance no destinadas para el tránsito del operador.

Figura 94: Utilizar pasamanos, mantener 3 puntos de contacto y utilizar EPP. Gazouya-japan, CC BY-SA 4.0, a través de Wikimedia Commons.

Otra práctica insegura es el fallo en mantener el apilador de alcance limpio, libre de aceite, grasa y combustible, lo que también supone un riesgo de resbalones, caídas y lesiones graves. Para mitigar este riesgo, los operadores deben seguir todas las instrucciones de mantenimiento del fabricante. Esto implica mantener el apilador de alcance limpio, usar calzado antideslizante antes de realizar el mantenimiento, usar accesorios de limpieza apropiados, inspeccionar y reemplazar regularmente el mástic antideslizante y asegurar que las etiquetas de seguridad estén en su lugar.

Operar el apilador de alcance mientras el personal está en cualquier parte de la máquina también es peligroso, ya que podría resultar en que el personal caiga y sufra lesiones graves. Para prevenir accidentes, los operadores deben verificar que nadie esté en el apilador de alcance antes de entrar en la cabina del operador y deben estar atentos al personal que entra en el área de trabajo, deteniéndose inmediatamente si se acercan o suben al apilador de alcance.

Abastecer de combustible al apilador de alcance de manera inapropiada supone el riesgo de una explosión, causando lesiones corporales graves o muerte. Los operadores nunca deben llenar el tanque de combustible mientras el motor está en funcionamiento o cerca de una llama abierta, evitar llenar demasiado el tanque o derramar combustible, conectar a tierra el embudo o la boquilla de combustible contra el cuello de llenado para prevenir chispas y asegurarse de que la tapa del tanque de combustible esté reemplazada.

No verificar adecuadamente las fugas de líquido hidráulico o de combustible diésel supone riesgos de lesiones graves, incluyendo penetración en la piel o lesiones oculares. Los operadores deben usar guantes pesados y gafas de seguridad al verificar fugas o mangueras dañadas, usar un pedazo de cartón o madera para detectar fugas y reemplazar inmediatamente cualquier manguera hidráulica desgastada o dañada.

La verificación inadecuada del sistema de enfriamiento del motor supone el riesgo de quemaduras graves o ceguera debido al refrigerante del motor que salpica. Para evitar tales peligros, los operadores deben usar guantes pesados y gafas de seguridad al inspeccionar el refrigerante del motor y permitir que el motor se enfríe antes de quitar la tapa del radiador.

Verificar incorrectamente los niveles de líquido de la batería o arrancar motores con cables de puente supone riesgos de quemaduras o lesiones en los ojos o la piel y explosiones de baterías. Los operadores deben usar guantes de goma y gafas o un protector facial al manipular baterías, evitar exponer las baterías a arcos, chispas, llamas o tabaco encendido y siempre seguir las instrucciones del fabricante para arrancar motores con cables de puente.

Inflar un neumático de múltiples piezas y un ensamble de llanta sin las herramientas y la capacitación adecuadas podría resultar en la separación explosiva del neumático y la llanta, causando lesiones graves o muerte. Para prevenir accidentes, los operadores deben evitar estar en la trayectoria de proyección mientras inflan un ensamble de neumático y llanta de múltiples piezas, usar herramientas y equipos apropiados y permitir que solo especialistas en neumáticos capacitados brinden servicio a los neumáticos.

Ingresar al área alrededor de los neumáticos de dirección supone el riesgo de que el neumático gire o rote, causando la muerte o lesiones graves. Los operadores siempre deben apagar el encendido, quitar la llave y etiquetar los controles antes de ingresar a esta área y no permitir que el personal ingrese al área alrededor de los neumáticos de dirección mientras el motor está en funcionamiento.

Trabajar en un área que no esté adecuadamente ventilada para los humos tóxicos de escape podría resultar en la muerte o lesiones graves debido a la exposición a humos tóxicos de escape. Los operadores deben asegurar una ventilación adecuada, incluir pruebas de nivel de monóxido de carbono en los procedimientos de mantenimiento regular y usar dispositivos de detección de monóxido de carbono como medida complementaria.

Realizar verificaciones previas al inicio es un paso esencial para asegurar que el apilador de alcance esté en condiciones óptimas para una operación segura. Estas verificaciones se realizan para evaluar la condición general del apilador de alcance e identificar cualquier problema o defecto potencial que pueda comprometer su rendimiento.

Se requiere que los operadores realicen inspecciones exhaustivas de componentes clave, incluyendo, pero no limitándose a, neumáticos, frenos, sistemas hidráulicos y sistemas de seguridad. Esto implica examinar visualmente cada componente para detectar signos de desgaste, daño o mal funcionamiento. Por ejemplo, los operadores deben verificar la condición de los neumáticos, asegurándose de que estén debidamente inflados y libres de cortes o pinchazos. También necesitan inspeccionar el sistema de frenos para asegurarse de que funcione correctamente y sea capaz de detener el apilador de alcance de manera segura.

Los sistemas hidráulicos juegan un papel crucial en la operación del apilador de alcance, por lo que los operadores deben inspeccionar las mangueras hidráulicas, los accesorios y los cilindros en busca de fugas, daños o signos de desgaste. Además, necesitan probar la funcionalidad de los sistemas de seguridad, como luces, alarmas y mecanismos de parada de emergencia, para asegurarse de que estén operativos y sean efectivos en caso de emergencia.

Cualquier problema o defecto identificado durante las verificaciones previas al inicio debe ser informado de inmediato de acuerdo con los requisitos del fabricante y los procedimientos de trabajo seguro. Esto puede implicar documentar los hallazgos en una lista de verificación previa al inicio o en un registro de mantenimiento y notificar al personal apropiado para una evaluación y resolución adicionales.

Al realizar verificaciones previas al inicio exhaustivas, los operadores pueden mitigar el riesgo de fallas o mal funcionamiento del equipo durante la operación, promoviendo la seguridad y previniendo posibles accidentes o lesiones en el lugar de trabajo.

Realice una inspección diaria antes de poner en servicio el apilador de alcance, asegurando una seguridad y funcionalidad óptimas (Taylor Machine Works, 2024):

- Asegúrese de que el freno de estacionamiento esté activado y las ruedas estén calzadas si está en una inclinación.
- Verifique que el accesorio esté completamente bajado.
- Compruebe que toda la literatura operativa y de seguridad se encuentre en el Paquete de Información del Vehículo (VIP)

detrás del asiento.

- Asegúrese de que la cabina esté libre de desorden.

- Verifique que todos los espejos estén en su lugar, limpios y correctamente ajustados.

- Chequee que todas las superficies de vidrio estén limpias y sin roturas.

- Inspeccione los escalones, pasillos y agarraderas para asegurarse de que estén libres de aceite, grasa, líquido hidráulico, hielo, nieve, escombros, etc.

- Confirme que las almohadillas antideslizantes estén en su lugar y libres de cualquier daño.

- Inspeccione los neumáticos para detectar daños y asegúrese de que estén correctamente inflados.

- Chequee los cilindros en busca de fugas o daños.

- Pruebe la funcionalidad de elevación, extensión del brazo, expansión, dirección, amortiguación, desplazamiento lateral, twistlocks, inclinación de pila (si está equipado) y elevación de cabina (si está equipado).

- Asegúrese de que los conectores eléctricos, cables, cables y cajas de conexión no estén sueltos o dañados.

- Chequee las mangueras hidráulicas y conectores en busca de fugas o daños.

- Inspeccione el brazo, accesorio y marco en busca de grietas, soldaduras rotas, pernos sueltos, abolladuras y otros daños.

- Verifique los enlaces de los accesorios, twistlocks, bloques guía, émbolos, interruptores, almohadillas de expansión, etc.

- Asegúrese de que el seguro del capó del compartimento del motor esté en su lugar y funcione, y que el compartimento esté limpio con mangueras, abrazaderas y correas en su lugar y sin daños.

- Confirme que los extintores de incendios estén completamente cargados y funcionales.

- Inspeccione la estructura de la cabina del operador, los soportes y la estructura de la máquina en busca de roturas, grietas o soldaduras rotas.

- Chequee las puertas y cierres para verificar su buen estado y funcionalidad.

- Asegúrese de que el motor funcione sin ruidos inusuales y que todos los indicadores y medidores funcionen.

- Verifique que la presión del aire esté al nivel adecuado.

- Chequee los niveles de líquidos según el Manual de Mantenimiento del apilador de alcance, incluyendo combustible, aceite del motor, aceite de transmisión, líquido hidráulico, nivel de refrigerante, electrolito de batería y asegúrese de que los terminales de la batería estén libres de corrosión.

- Inspeccione los filtros, incluyendo el limpiador de aire y los filtros de líquido hidráulico.

- Pruebe todas las funciones del apilador de alcance para verificar su correcta operación, incluyendo expansión del accesorio, inclinación de pila (si está equipado), rotación del accesorio, desplazamiento lateral, elevación del brazo, extensión del brazo y twistlocks.

- Asegúrese de que todos los frenos (de servicio, de aproximación y mecánicos) funcionen, junto con la dirección, bocina controlada por el operador, alarmas, balizas y luces intermitentes.

- Verifique la funcionalidad del sistema de cámaras y el cinturón de seguridad.

- Confirme que todas las verificaciones diarias descritas en la Guía del Operador se hayan completado.

- Asegúrese de que las ruedas no estén calzadas y revise el Sistema de Posicionamiento de Cabina.

Antes de comenzar la operación de la máquina, realice una inspección diaria del área de trabajo asegurando que las siguientes medidas estén en su lugar y se mantengan:

- Está prohibido el acceso de peatones a las zonas de operación del apilador de alcance.

- Los caminos para peatones están visiblemente delimitados y protegidos.

- Las vías de tránsito del apilador de alcance están claramente designadas.

- Se instalan barreras para peatones según sea necesario.

- Los peatones están equipados con chalecos y cascos de alta visibilidad.

- Se han proporcionado regulaciones escritas al personal transitorio (por ejemplo, conductores de camiones) detallando los procedimientos para desmontar los camiones y mantenerse alejados de las operaciones del apilador de alcance.

- Hay acceso seguro a los baños y áreas de descanso.

- Se implementan medidas de control en las intersecciones de peatones/máquinas.

- Se instalan y mantienen limpios los espejos de pasillo en intersecciones ciegas.

- Todos los individuos están informados sobre los peligros en el lugar de trabajo.

- Se instala iluminación adecuada en todo el área de trabajo.

- Se establecen y aplican consistentemente las reglas de trabajo.

- Los sistemas de comunicación entre operadores de apiladores de alcance y peatones son funcionales.

- Las superficies operativas están libres de baches y escombros.

- Se establecen límites de velocidad seguros, se publican visiblemente y se cumplen estrictamente.

Poner en marcha un apilador de alcance implica varios pasos para asegurar una operación segura. Aquí hay un esquema general del proceso:

1. Verificaciones Previas al Inicio:

    ◦ Antes de arrancar el apilador de alcance, realice las verificaciones previas al inicio como se describe en el manual del operador o las directrices del fabricante. Esto incluye inspeccionar componentes clave como neumáticos, frenos, sistemas hidráulicos y sistemas de seguridad en busca de cualquier daño o defecto.

2. Asegurar un Entorno Seguro:

- Asegúrese de que el área alrededor del apilador de alcance esté libre de obstáculos, peatones y otros vehículos para prevenir accidentes durante el arranque.

3. Entrada a la Cabina:

- Acérquese a la cabina del apilador de alcance desde el punto de entrada designado, asegurando un apoyo adecuado para prevenir resbalones o caídas.
- Abra la puerta de la cabina y entre al asiento del operador.

4. Preparaciones en la Cabina:

- Una vez dentro de la cabina, ajuste el asiento, el volante y los espejos para asegurar una visibilidad y comodidad óptimas durante la operación.
- Abroche su cinturón de seguridad de manera segura para cumplir con las regulaciones de seguridad.

5. Encendido:

- Inserte la llave en el interruptor de encendido y gírela en el sentido de las agujas del reloj para arrancar el motor. Algunos apiladores de alcance pueden tener sistemas de encendido electrónico, así que siga el procedimiento de inicio específico proporcionado por el fabricante.

6. Arranque del Motor:

- Después de girar la llave, espere a que el motor arranque. Monitoree los indicadores y medidores del tablero para asegurarse de que todos los sistemas funcionen correctamente.

OPERACIÓN DE EQUIPOS DE MANEJO DE MATERIALES 375

- Escuche cualquier ruido o vibración inusual que pueda indicar problemas potenciales con el motor u otros componentes.

7. Calentamiento:

- Permita que el motor funcione al ralentí durante unos minutos para calentarse, especialmente en temperaturas más frías. Esto ayuda a asegurar una lubricación y circulación de fluidos adecuadas en todo el motor y el sistema hidráulico.

8. Verificaciones Funcionales:

- Mientras el motor está al ralentí, realice verificaciones funcionales de sistemas críticos como la dirección, los frenos, los mecanismos de elevación y las luces para asegurarse de que estén operando correctamente.

- Pruebe la bocina, las luces delanteras, las señales de giro y otras características de seguridad para verificar su funcionalidad.

9. Monitoreo de Sistemas:

- Monitoree continuamente los indicadores y medidores del tablero durante el arranque y el calentamiento para asegurarse de que todos los sistemas operen dentro de los parámetros normales.

- Esté atento a cualquier luz de advertencia o lecturas anormales que puedan indicar problemas que requieren una inspección o mantenimiento adicional.

10. Listo para la Operación:

- Una vez que el apilador de alcance ha sido arrancado, calentado y todos los sistemas han sido verificados, está listo para la operación. Siga los procedimientos de operación segura y adhiera a todas las directrices y regulaciones de seguridad relevantes mientras usa el apilador de alcance.

Un apilador de alcance típicamente cuenta con varios controles diseñados para operar sus diferentes funciones de manera eficiente. Aquí hay un resumen de los controles comunes encontrados en un apilador de alcance:

1. Volante: Permite al operador dirigir el apilador de alcance. Girar el volante hacia la izquierda o derecha controla la dirección del movimiento.

2. Pedal del Acelerador: Controla la velocidad del apilador de alcance. Presionar el pedal del acelerador aumenta la velocidad, mientras que soltarlo reduce la velocidad o detiene el vehículo.

3. Pedal del Freno: Se utiliza para aplicar los frenos y reducir la velocidad o detener el apilador de alcance. Algunos apiladores de alcance pueden tener pedales separados para los frenos de servicio y los frenos de estacionamiento.

4. Palanca de Cambios: Selecciona la marcha adecuada para el movimiento hacia adelante o hacia atrás. Los apiladores de alcance típicamente tienen múltiples marchas para acomodar diferentes condiciones de conducción y cargas.

5. Controles Hidráulicos: Operan el sistema hidráulico responsable de levantar y bajar contenedores. Estos controles incluyen palancas o botones para extender, retraer, inclinar y rotar el mecanismo de elevación.

6. Controles de Elevación/Bajada: Controlan el movimiento vertical del mecanismo de elevación. Los operadores pueden subir

o bajar contenedores usando estos controles.

7. Controles de Alcance: Ajustan el alcance o la extensión del mecanismo de elevación. Los operadores pueden extender o retraer los brazos de elevación para acomodar contenedores de varios tamaños.

8. Controles de Twistlock: Enganchan o desenganchan los twistlocks, que aseguran los contenedores al mecanismo de elevación. Este control asegura que los contenedores estén bloqueados de forma segura en su lugar durante el transporte.

9. Controles Auxiliares: Operan características o accesorios adicionales, como esparcidores, desplazadores laterales o ajustes de inclinación de pila, dependiendo de la configuración del apilador de alcance.

10. Bocina: Activa la bocina para alertar al personal cercano o a los vehículos de la presencia del apilador de alcance.

11. Luces y Limpiaparabrisas: Controlan los faros, las señales de giro y los limpiaparabrisas para asegurar la visibilidad en diferentes condiciones de iluminación y clima.

12. Panel de Visualización: Proporciona información esencial como el estado del motor, nivel de combustible, presión hidráulica y alertas de diagnóstico. Los operadores pueden monitorear el rendimiento del apilador de alcance y abordar cualquier problema de manera oportuna.

Estos controles pueden variar dependiendo del modelo específico y el fabricante del apilador de alcance. Es crucial que los operadores se familiaricen con la disposición y operación de los controles antes de operar el apilador de alcance para asegurar un manejo seguro y eficiente de los contenedores.

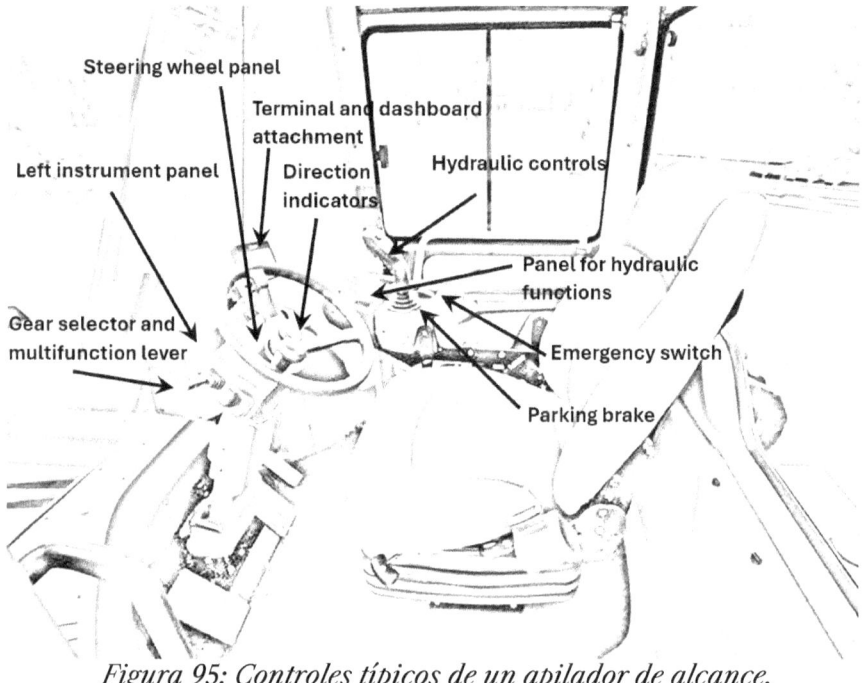

Figura 95: Controles típicos de un apilador de alcance.

Realizar verificaciones operativas es un paso crucial para asegurar que el apilador de alcance esté en condiciones óptimas y seguro para su uso. Estas verificaciones involucran probar varios aspectos operativos como controles, mecanismos de elevación, dirección y otros sistemas críticos. Al realizar estas pruebas, los operadores pueden identificar cualquier daño o defecto potencial que pueda comprometer la funcionalidad de la máquina o plantear riesgos de seguridad. Cualquier problema detectado durante las verificaciones operativas debe ser informado de inmediato y abordado siguiendo las pautas proporcionadas por el fabricante y los procedimientos de trabajo seguro. Esto asegura que el apilador de alcance esté completamente operativo y listo para un uso seguro en el lugar de trabajo.

Operar un Apilador de Alcance Operar un apilador de alcance implica una serie de pasos para asegurar la manipulación segura y eficiente de contenedores. Esto incluye:

1. Determinar Levantamientos de Contenedores: Los levantamientos de contenedores se determinan dentro de la Capacidad Máxima Nominal (MRC) del apilador de alcance, asegurando que el peso del contenedor no exceda la capacidad de elevación de la máquina. Esto se hace de acuerdo con los procedimientos de trabajo seguro para prevenir la sobrecarga y mantener la seguridad operativa.

2. Posicionar el Esparcidor de Contenedores: El esparcidor de contenedores se posiciona de manera segura sobre el contenedor, siguiendo las indicaciones del personal asociado si es aplicable. El esparcidor se alinea correctamente para asegurar un agarre seguro en el contenedor, minimizando el riesgo de accidentes durante la elevación. Este paso es crucial para la manipulación segura y efectiva de contenedores.

3. Enganchar el Esparcidor al Contenedor: El esparcidor de contenedores se engancha de manera segura al contenedor, asegurando que esté correctamente bloqueado en su lugar antes de levantarlo. Además, el apilador de alcance se estabiliza de manera adecuada para mantener el equilibrio y prevenir cualquier inclinación o inestabilidad durante el proceso de elevación. Este paso es esencial para la elevación y el transporte seguros de contenedores.

4. Realizar una Prueba de Elevación: Antes de proceder con operaciones de elevación a gran escala, se realiza una prueba de elevación de acuerdo con los procedimientos de trabajo seguro. Esto implica elevar ligeramente el contenedor para asegurarse de que el esparcidor esté firmemente sujeto y que el apilador

de alcance pueda manejar el peso sin problemas. Cualquier anomalía o preocupación se aborda antes de proceder más allá.

5. Movilizar de Forma Segura los Contenedores: Los contenedores se movilizan de forma segura utilizando las mejores prácticas móviles y los movimientos relevantes del apilador de alcance. Esto incluye maniobrar cuidadosamente el apilador de alcance para transportar el contenedor a su destino, siguiendo rutas predefinidas y evitando obstáculos o peligros en el área de trabajo. Los procedimientos de trabajo seguro se siguen estrictamente durante este proceso para minimizar los riesgos y asegurar la seguridad operativa.

6. Monitorear el Movimiento del Contenedor y del Apilador de Alcance: Durante las operaciones de elevación y transporte, es esencial el monitoreo constante del movimiento del contenedor y del apilador de alcance. Los operadores observan de cerca la posición y estabilidad del contenedor, así como el rendimiento del apilador de alcance, para detectar cualquier problema o desviación de la operación planificada. Este enfoque proactivo ayuda a prevenir accidentes y asegura una operación sin contratiempos.

7. Interpretar Señales de Comunicación: Todas las señales de comunicación requeridas se interpretan, utilizan y siguen correctamente mientras se opera el apilador de alcance. La comunicación efectiva entre operadores y personal asociado ayuda a coordinar los movimientos y asegurar la seguridad durante las operaciones de manejo de contenedores.

8. Bajar y Aterrizar el Contenedor de Forma Segura: Una vez que el contenedor llega a su destino, se baja y aterriza de manera segura de acuerdo con los procedimientos de trabajo seguro.

Esto implica bajar cuidadosamente el contenedor al suelo o sobre una superficie designada, asegurando un descenso suave y controlado para prevenir daños o accidentes.

9. Desconectar el Esparcidor y Prepararse para la Siguiente Tarea: Finalmente, el esparcidor de contenedores se desconecta del contenedor y se posiciona de forma segura y eficiente para la siguiente tarea. Esto puede implicar retraer los brazos del esparcidor y preparar el apilador de alcance para más operaciones, siguiendo los procedimientos de trabajo seguro para mantener un ambiente de trabajo seguro.

Operar un apilador de alcance implica evitar varias acciones peligrosas para prevenir accidentes o lesiones. Así es como se pueden evitar estos riesgos:

1. Frenar o Acelerar Demasiado Fuerte: Aplique los frenos suave y uniformemente, y acelere de manera similar para prevenir que la máquina se vuelque debido a cambios abruptos en el momento. Frenar o acelerar rápidamente puede alterar el equilibrio de la máquina y la carga, llevando a inestabilidad.

2. Girar Demasiado Bruscamente: Realice giros suave y uniformemente, girando el volante lentamente para evitar volcar la máquina. Los giros bruscos pueden causar inestabilidad, especialmente cuando la carga está asegurada, lo que podría llevar a un vuelco.

3. Elevar la Carga con Viento Excesivo: Evite elevar la carga a grandes alturas cuando la velocidad del viento sea excesiva (velocidades del viento de 30 mph o más). La carga puede actuar como una vela en vientos fuertes, ejerciendo una fuerza excesiva y potencialmente causando que la máquina se vuelque.

4. Operar en Superficies Irregulares: No opere la máquina en superficies irregulares o en condiciones inestables del patio donde se pueda perder el control. Reporte baches u obstáculos a los supervisores, y evite pasar sobre tablas, rocas o basura en el patio para prevenir sacudidas o vuelcos de la máquina.

5. Extender o Bajar el Brazo Incorrectamente: Baje la carga verticalmente retrayendo el brazo a medida que se baja. Observe la carga que se levanta y adhiera a los valores de la placa de calificación para prevenir accidentes de vuelco causados por un manejo inadecuado del brazo.

6. Viajar con la Carga Elevada Demasiado: Baje la carga inmediatamente después de pasar una pila y viaje con la carga en la posición más baja posible que permita una buena visibilidad. Nunca viaje con la carga más alta que la línea de visión del operador para prevenir accidentes de vuelco.

7. No Usar el Cinturón de Seguridad: Siempre viaje con el cinturón de seguridad correctamente abrochado para prevenir muerte o lesiones graves en caso de vuelco o colisión con un objeto fijo. Además, no permita pasajeros en la máquina por razones de seguridad.

8. Saltar de la Máquina en Movimiento: Permanezca sentado en la estación del operador con el cinturón de seguridad bien abrochado siempre que la máquina esté en movimiento. En caso de vuelco, no salte de la máquina; en cambio, apoye firmemente los pies, agarre el volante con fuerza e incline hacia el lado opuesto de la caída para minimizar el riesgo de lesiones.

9. Manejar Incorrectamente una Carga Descentrada: Siempre levante la carga adecuadamente de acuerdo con los procedimien-

tos establecidos y use el desplazamiento lateral del accesorio para equilibrar la carga antes de viajar. Nunca intente levantar una carga desequilibrada sin extrema precaución para evitar accidentes que resulten en lesiones graves o muerte.

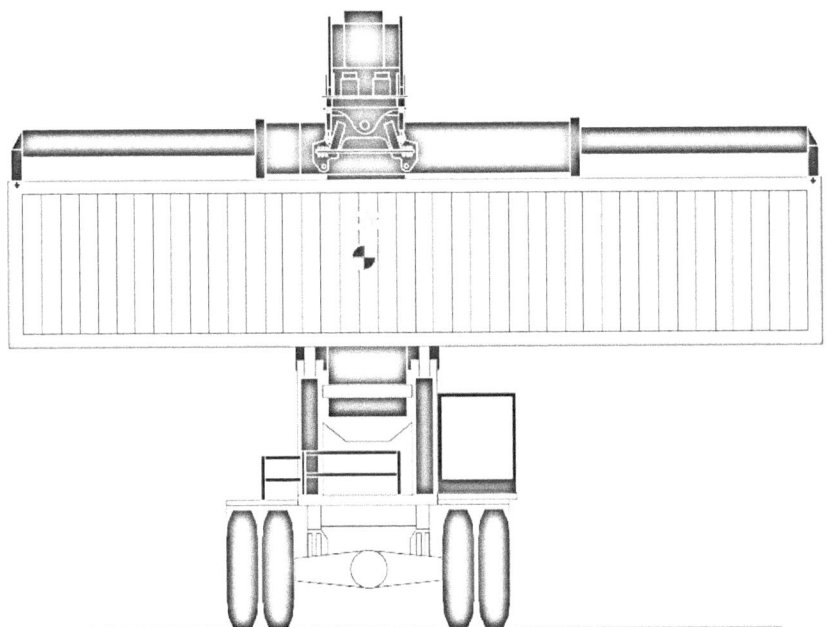

Figura 96: Manejo correcto de una carga descentrada.

Operar o estacionar el apilador de alcance en un área con pendientes excesivamente pronunciadas o con fuerza insuficiente para soportar el peso de la máquina plantea riesgos significativos. Se puede perder el control de la máquina, lo que podría llevar a desplazamientos y vuelcos de la máquina y su carga. Para evitar este peligro, los operadores deben abstenerse de operar en pendientes pronunciadas que no estén designadas para la operación del apilador de alcance. Al navegar por pendientes, los camiones cargados deben ascender con la carga hacia arriba, mientras que los camiones descargados deben descender con el medio de enganche de la carga hacia abajo. Además, la carga y el medio de enganche de la carga deben inclinarse hacia atrás si es aplicable y elevarse solo lo necesario para despejar la superficie de la carretera. Si la carga obstruye la visibilidad hacia adelante en rampas, un guía en tierra debe asistir al operador y se debe tocar la bocina mientras se viaja lentamente. Es esencial asegurarse de que las vías de tránsito estén siempre claramente marcadas y se evite la mezcla de peatones y camiones industriales.

Viajar con el apilador de alcance cuando la cabina elevadora no está completamente bajada plantea serios riesgos, incluida la posibilidad de golpear a peatones y causar lesiones graves o la muerte. Para evitar este peligro, los operadores deben bajar completamente la cabina después de verificar debajo de ella y en el área de la escalera. El brazo debe posicionarse correctamente antes de viajar, y el operador debe abstenerse de viajar hasta que tenga una vista clara del camino por delante.

Viajar con el apilador de alcance cuando la cabina posicionada manualmente no está segura en la posición trasera puede hacer que la cabina se mueva inesperadamente, lo que podría causar lesiones al personal o daños a la propiedad. Para mitigar este riesgo, los operadores siempre deben asegurarse de que la cabina esté bloqueada de manera segura en la posición trasera antes de operar el apilador de alcance.

Levantar una carga que excede la capacidad nominal del apilador de alcance plantea riesgos graves, incluido el potencial de muerte, lesiones graves o daños al equipo circundante o estructuras. Para prevenir accidentes, los operadores deben conocer la capacidad nominal del apilador de alcance indicada en la placa de calificación detallada. También deben verificar el peso del remolque o contenedor que se está levantando. Si la carga parece más pesada de lo indicado en la carta de porte o si levantar la carga presenta dificultades, los operadores deben abstenerse de continuar con el levantamiento y buscar orientación de su supervisor.

Elevar la carga directamente sobre la cabina del apilador de alcance presenta peligros significativos, incluido el riesgo de que el contenedor se suelte y cause daño al operador. Para evitar este peligro, los operadores deben extender el brazo para mantener una distancia adecuada entre la carga y la cabina. Es crucial nunca posicionar la carga detrás del borde frontal de la cabina para prevenir accidentes y lesiones.

Un apilador de alcance típicamente usa un accesorio de esparcidor equipado con twistlocks para enganchar un contenedor para levantarlo. Los twistlocks son dispositivos mecánicos diseñados para asegurarse firmemente en los enganches de esquina del contenedor, que son puntos de sujeción estandarizados ubicados en cada esquina del contenedor.

Así es como funciona generalmente el proceso:

1. Acercamiento: El apilador de alcance se posiciona cerca del contenedor, alineando el accesorio del esparcidor con los enganches de esquina.

2. Acoplamiento: El accesorio del esparcidor, a menudo controlado hidráulica o mecánicamente por el operador, se mueve hacia abajo sobre el contenedor, alineando los twistlocks con los enganches de esquina.

3. Bloqueo: Una vez correctamente alineado, los twistlocks se acoplan con los enganches de esquina, asegurando el contenedor al accesorio del esparcidor. Este mecanismo de bloqueo asegura que el contenedor permanezca firmemente sujeto durante el levantamiento y transporte.

4. Elevación: Con el contenedor firmemente asegurado al accesorio del esparcidor, el apilador de alcance puede levantar el contenedor verticalmente, utilizando su mecanismo de elevación y sistema hidráulico.

5. Transporte: Una vez levantado, el apilador de alcance puede maniobrar y transportar el contenedor a su ubicación deseada dentro del terminal o patio, manteniendo un agarre seguro en el contenedor hasta que esté listo para ser apilado o descargado.

El uso de twistlocks proporciona un método confiable y estandarizado para asegurarse a los contenedores, asegurando una manipulación segura y eficiente por parte del operador del apilador de alcance.

Levantar un contenedor sin asegurar que los cuatro twistlocks estén completamente bloqueados plantea riesgos significativos. Existe la posibilidad de que el contenedor caiga del accesorio, lo que podría resultar en la muerte o lesiones graves al personal en tierra o causar daños físicos al contenedor, al apilador de alcance u otro equipo del patio. Para evitar este peligro, los operadores deben asegurarse de que la luz indicadora ámbar adecuada en el accesorio esté iluminada antes de bloquear los twistlocks. Si la luz verde se apaga mientras la carga está elevada, es esencial bajar el contenedor y corregir el problema antes de continuar con las operaciones. Se recomienda consultar la Guía del Operador para procedimientos adecuados y asegurar prácticas de manejo seguras.

Dejar el apilador de alcance con una carga suspendida plantea riesgos significativos, ya que el sistema de elevación podría bajar inesperadamente, lo que potencialmente podría causar que la carga interfiera con el tráfico del patio o golpee el equipo debajo, resultando en muerte, lesiones graves o daños físicos. Para evitar este peligro, los operadores nunca deben dejar la cabina mientras la carga está suspendida. Es crucial bajar y liberar la carga antes de salir de la cabina y estacionar el apilador de alcance en un área segura y nivelada, aplicando el freno de estacionamiento, neutralizando los controles, apagando la energía y retirando la llave. Si se estaciona en una pendiente, es necesario bloquear las ruedas para mayor seguridad.

Viajar incorrectamente en pendientes puede llevar a la pérdida de control sobre la máquina y la carga, planteando riesgos serios. Para mitigar este peligro, los operadores deben ascender o descender las pendientes lentamente, asegurándose de que los camiones cargados se conduzcan con la carga hacia arriba y los camiones descargados se operen con los medios de enganche de carga hacia abajo. Además, la carga y los medios de enganche de carga deben inclinarse hacia atrás si es aplicable y elevarse solo lo necesario para despejar la superficie del camino. Es esencial usar un guía en tierra si la carga bloquea la visibilidad hacia adelante en rampas, sonar la bocina y viajar despacio, asegurando que los carriles de tránsito estén claramente marcados para prevenir accidentes que involucren a peatones y apiladores de alcance.

Alejarse de la carga en un estante o pila sin la liberación completa de la carga puede resultar en muerte, lesiones corporales graves y daños a la propiedad. Para prevenir tales incidentes, los operadores deben asegurarse de que la carga esté correctamente colocada y completamente liberada de los dispositivos de sujeción antes de alejarse de la pila. Es crucial retroceder lentamente mientras se verifica visualmente si la carga está siendo arrastrada con la máquina debido a una liberación incompleta. También es esencial una inspección regular de los dispositivos de sujeción para una acción adecuada antes del servicio de cada día para asegurar operaciones seguras.

Arrancar el motor a pesar de una etiqueta de "No Operar" en los controles plantea riesgos significativos, potencialmente causando daño al personal de mantenimiento o haciendo que el apilador de alcance sea inseguro para operar. Los operadores nunca deben arrancar un apilador de alcance con dichas etiquetas en su lugar. En cambio, deben confirmar la finalización de todo el trabajo, asegurar la retirada del personal y que la persona responsable retire la etiqueta antes de proceder con las operaciones. Del mismo modo, operar el apilador de alcance mientras el personal está en cualquier parte de la máquina plantea riesgos serios de caídas, colisiones o lesiones por aplastamiento, lo que enfatiza la importancia de realizar chequeos de seguridad exhaustivos antes de la operación y mantener una vigilancia continua durante el trabajo.

Operar un apilador de alcance en áreas sin la debida altura libre puede llevar a la electrocución, daños al equipo o daños a la propiedad. Los operadores deben comprender los riesgos asociados con una altura libre inadecuada y tomar las precauciones necesarias, como asegurar suficiente espacio vertical, diseñar trayectorias ergonómicas de la máquina para evitar obstrucciones aéreas y usar guías de suelo calificados cerca de líneas eléctricas. En caso de contacto con líneas eléctricas, seguir los procedimientos de seguridad adecuados, como no bajar del vehículo y buscar asistencia de la compañía eléctrica, es crucial para prevenir accidentes y minimizar riesgos.

Viajar hacia adelante con una carga que bloquea la visibilidad puede resultar en accidentes que involucren a peatones, enfatizando la importancia de mantener una visibilidad clara mientras se opera el apilador de alcance. Los operadores deben conducir hacia adelante solo si pueden mantener una vista clara del camino y recurrir a la marcha atrás si la carga obstruye la visión hacia adelante. Adherirse a las posiciones de viaje definidas, usar indicadores para la posición adecuada de la carga y llevar las cargas a alturas apropiadas son medidas de seguridad esenciales para prevenir accidentes causados por visibilidad reducida.

Mover una máquina sin despejar todos los puntos ciegos puede llevar a accidentes que resulten en muerte o lesiones graves. Los operadores nunca deben mover la máquina sin verificar a fondo todos los posibles puntos ciegos para asegurarse de que nadie esté demasiado cerca de la máquina o la carga. Confiar únicamente en los espejos mientras se retrocede o se viaja en reversa también puede llevar a accidentes, enfatizando la necesidad de que los operadores miren en la dirección del viaje en lugar de depender únicamente de los espejos para orientación visual. Los espejos solo deben usarse como referencia de posibles peligros, con los operadores manteniendo una vista clara del camino en todo momento para prevenir accidentes y asegurar operaciones seguras.

Confiar únicamente en las cámaras mientras se retrocede o se viaja en reversa plantea riesgos significativos, potencialmente resultando en muerte o lesiones graves a personas cercanas. Para mitigar este peligro, los operadores deben abstenerse de viajar en reversa a menos que sea necesario para apilar y recuperar contenedores. Además, nunca deben depender únicamente de las cámaras para orientación visual durante las maniobras en reversa, ya que la imagen de la cámara puede distorsionarse por las condiciones climáticas y la iluminación. Siguiendo las regulaciones de OSHA, los operadores deben priorizar mirar en la dirección del viaje y usar las cámaras solo para proporcionar asesoramiento sobre posibles peligros que se acercan a la máquina desde la parte trasera a distancia. La dependencia excesiva de las cámaras para orientación visual puede exacerbar los puntos ciegos, haciéndolo imperativo para los operadores siempre mirar en la dirección del viaje y mantener una vista clara del camino por delante, tanto cuando están estacionarios como en movimiento.

No asegurar que el camino del balanceo trasero de la máquina esté despejado puede llevar a accidentes que causen muerte, lesiones graves o daños a la propiedad. Los operadores deben abstenerse de operar la máquina o mover la carga si otras personas están cerca de la máquina o la carga y entender el concepto de balanceo trasero de la máquina. Dado que los ejes de dirección en los apiladores de alcance están situados en la parte trasera, girar la máquina puede causar un balanceo significativo en la parte trasera, resultando en movimientos inesperados que pueden golpear involuntariamente a los transeúntes. Los operadores deben ser conscientes de que el balanceo trasero puede ser mayor de lo anticipado y negarse a operar la máquina si hay transeúntes presentes. Iniciar giros en el interior de los pasillos para asegurar espacio suficiente para el balanceo trasero, reducir la velocidad, sonar la bocina en esquinas ciegas y asegurar que el camino del balanceo trasero de la máquina esté despejado son medidas de seguridad esenciales para prevenir daños a la propiedad y asegurar la seguridad de las personas en las cercanías.

Conclusión de Operaciones con Apilador de Alcance

Finalizar la operación de un apilador de alcance involucra varios pasos críticos para asegurar la seguridad del personal y el equipo. Estos incluyen:

1. Asegurar el Brazo y el Esparcidor de Contenedores del Apilador de Alcance: Antes de levantar cualquier contenedor, es esencial asegurar que el brazo y el esparcidor de contenedores estén debidamente asegurados según las especificaciones del fabricante y los procedimientos de trabajo seguro. Esto implica inspeccionar los mecanismos de bloqueo y asegurarse de que estén enganchados de forma segura. El esparcidor de contenedores debe estar posicionado correctamente sobre el contenedor, y todos los dispositivos de bloqueo deben estar activados para prevenir la desenganche accidental durante las operaciones de elevación.

2. Aplicar los Bloqueos de Movimiento y Frenos Correspondientes: Los bloqueos de movimiento y los frenos juegan un papel crucial en la estabilización del apilador de alcance durante las operaciones. Antes de levantar o mover cualquier carga, los operadores deben aplicar los bloqueos de movimiento y frenos apropiados según lo requieran las especificaciones del fabricante y los procedimientos de trabajo seguro. Esto típicamente implica activar el freno de estacionamiento y cualquier bloqueo de movimiento adicional proporcionado por el fabricante para

prevenir el movimiento no intencionado de la máquina.

3. Elevar y Asegurar los Estabilizadores (si están Equipados): Si el apilador de alcance está equipado con estabilizadores, deben ser elevados y asegurados según las especificaciones del fabricante y los procedimientos de trabajo seguro. Los estabilizadores ayudan a distribuir el peso de la carga y proporcionan estabilidad adicional, especialmente al manejar contenedores pesados o operar en terrenos irregulares. Los operadores deben asegurarse de que los estabilizadores estén desplegados correctamente y bloqueados de forma segura antes de proceder con las operaciones de elevación.

4. Estacionar y Apagar el Apilador de Alcance: Después de completar las tareas de elevación o manejo, el apilador de alcance debe ser estacionado en un lugar seguro para evitar peligros y apagado siguiendo los procedimientos de trabajo seguro. Esto típicamente implica seleccionar una superficie nivelada lejos de áreas de tráfico o peatonales. El operador debe activar el freno de estacionamiento, neutralizar los controles y apagar el motor según las recomendaciones del fabricante. Además, cualquier accesorio o mecanismo de elevación debe ser devuelto a sus posiciones de almacenamiento para prevenir daños y asegurar la seguridad durante el almacenamiento.

5. Realizar Verificaciones Post-Operativas: Una vez que el apilador de alcance esté estacionado y apagado, los operadores deben realizar verificaciones post-operativas para evaluar la condición del equipo. Estas verificaciones deben realizarse de acuerdo con las especificaciones del fabricante, responsabilidades legislativas y procedimientos de trabajo seguro. Los operadores deben inspeccionar componentes clave como el motor, sistemas hidráulicos, frenos, luces y sistemas de seguridad para

identificar cualquier daño o defecto que haya ocurrido durante la operación. Cualquier problema debe ser informado y abordado de inmediato para asegurar que el apilador de alcance permanezca en condición segura de trabajo.

6. Asegurar el Apilador de Alcance Contra el Uso No Autorizado: Finalmente, es esencial asegurar el apilador de alcance para prevenir el acceso o uso no autorizados, según lo requerido por obligaciones legislativas, responsabilidades y procedimientos de trabajo seguro. Esto puede involucrar el bloqueo de la cabina, la extracción de la llave de encendido o la implementación de medidas de seguridad adicionales como inmovilizadores o controles de acceso. Al asegurar adecuadamente el apilador de alcance, los operadores pueden reducir el riesgo de accidentes y asegurar que solo el personal autorizado pueda operar el equipo.

Estacionar el apilador de alcance en un área insegura, como lugares no designados para el tránsito del apilador de alcance o en pendientes pronunciadas, plantea riesgos significativos. Las consecuencias potenciales incluyen colisiones con camiones o vagones de ferrocarril en movimiento, daños al pavimento debido a la rotura de neumáticos o el desplazamiento no intencionado cuesta abajo si falla el freno de estacionamiento. Tales incidentes podrían resultar en lesiones graves al personal en tierra o daños al apilador de alcance y al equipo circundante. Para mitigar estos peligros, es crucial estacionar siempre el apilador de alcance en un área nivelada y segura, lejos de las vías del tren y los carriles de camiones, asegurando que la superficie pueda soportar adecuadamente las cargas de los neumáticos. Además, al estacionar en una pendiente, es necesario colocar calzos de rueda de forma segura contra los neumáticos antes de dejar o dar servicio al apilador de alcance.

OPERACIÓN DE EQUIPOS DE MANEJO DE MATERIALES 393

Figura 97: Apilador de alcance estacionado en área designada. Alfvan-Beem, CC0, a través de Wikimedia Commons.

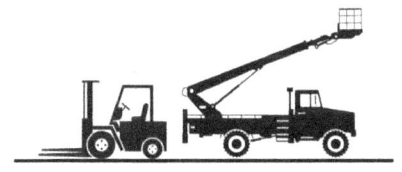

7
Camión Remolque con Cargador Lateral

Un camión remolque con cargador lateral, también conocido como remolque de carga lateral o remolque con cargador lateral, es un tipo especializado de remolque utilizado para transportar contenedores de envío. A diferencia de los remolques tradicionales que requieren grúas o montacargas para la carga y descarga de contenedores, los remolques con cargador lateral tienen mecanismos hidráulicos de elevación incorporados que les permiten levantar contenedores desde el lado del remolque hasta el suelo u otras superficies, como la cama de un camión o un muelle de carga.

Así es como funciona típicamente un camión remolque con cargador lateral:

1. Aproximación y Posicionamiento: El remolque con cargador lateral se maniobra para posicionarse al lado del contenedor que necesita ser cargado o descargado. El operador asegura que el remolque esté estacionado en un terreno estable y correctamente alineado con el contenedor.

2. Acoplamiento: El operador activa el mecanismo hidráulico de elevación del cargador lateral. Este mecanismo típicamente consiste en uno o más conjuntos de brazos hidráulicos equipados con almohadillas o cunas de elevación que se acoplan a las esquinas inferiores del contenedor.

3. Elevación: El sistema hidráulico levanta el contenedor del suelo, dejándolo libre de la estructura del remolque. El proceso de elevación es controlado por el operador para asegurar un movimiento suave y estable.

4. Transporte: Una vez que el contenedor está elevado, el remolque con cargador lateral puede transportarlo a su destino. El remolque puede ser conducido a un área de almacenamiento, un muelle de carga, o directamente a otro camión para su transporte posterior.

5. Descenso: Al llegar al lugar deseado, el operador baja cuidadosamente el contenedor usando los controles hidráulicos. El contenedor se baja al suelo o a la superficie receptora con precisión para asegurar una colocación segura.

6. Liberación y Desacoplamiento: Después de que el contenedor está colocado de forma segura, los brazos hidráulicos se desacoplan del contenedor y el mecanismo de elevación se retrae a su posición guardada.

7. Retracción y Almacenamiento: El remolque con cargador lateral está entonces listo para ser retraído del contenedor, y los brazos hidráulicos se guardan. El remolque puede prepararse para otra operación de carga o ser conducido vacío.

Los camiones remolques con cargador lateral ofrecen varias ventajas, incluyendo mayor eficiencia, reducción de la dependencia de equipos de elevación externos y mejora en la seguridad durante las operaciones de carga y descarga. Son comúnmente utilizados en patios de envío, centros de distribución y otras instalaciones logísticas para manejar contenedores de envío estándar ISO.

Figura 98: Camión remolque con cargador lateral acoplado a un semirremolque con contenedor cargado. Bahnfrend, CC BY-SA 4.0, a través de Wikimedia Commons.

Estos remolques están equipados con módulos de elevación o grúas que están integrados en el chasis del remolque. Alternativamente, estos componentes de elevación pueden montarse en un subchasis que típicamente se acopla a un camión.

Construidos con acero de alta tensión, los módulos de elevación están diseñados para ofrecer robustas capacidades de resistencia. Cuentan con brazos y patas estabilizadoras de amplio alcance controlados por una unidad hidráulica, la cual puede ser alimentada ya sea por el sistema de toma de fuerza (PTO) del tractor o por una Unidad de Potencia Auxiliar (APU).

Figura 99: Remolque con cargador lateral descargado. 111 Emergency de Nueva Zelanda, CC BY 2.0, a través de Wikimedia Commons.

Los módulos de elevación son capaces de deslizarse suavemente hacia adentro o hacia afuera para acomodar contenedores de varias longitudes, incluyendo posiciones de 20 pies, 40 pies o 45 pies.

Un elevador lateral de contenedores convencional, como se muestra en la Figura 100, típicamente presenta un modelo en línea equipado con patas estabilizadoras y brazos de elevación. Alternativamente, algunos modelos vienen con un cargador lateral doble junto con patas tipo daga o estabilizadores sobre la pierna.

Los elevadores laterales de contenedores también pueden clasificarse según el diseño del chasis, incluyendo (Anster, 2024):

- Chasis de Rejilla: Este diseño original es distintivo y muy favorecido. Cuenta con un bajo peso tara al mismo tiempo que proporciona una excelente resistencia, lo que lo convierte en una opción estándar preferida.

- Chasis de Viga I: Introducido como un punto de referencia alternativo para el chasis, este diseño ofrece a los clientes otra opción a considerar basada en sus requisitos específicos y comparaciones con otros diseños.

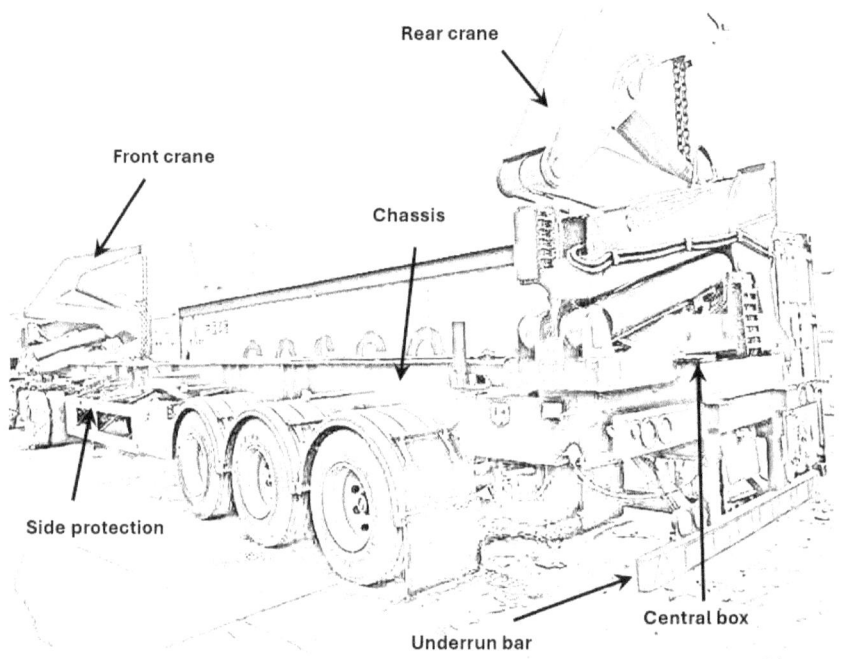

Figura 100: Componentes de un cargador lateral convencional.

Un cargador lateral incorpora varias características clave (Anster, 2024):
- Grúas de Elevación: también conocidas como módulos de elevación con grúa (ver Figura 101), son grúas accionadas hidráulicamente responsables de levantar la carga o contenedores desde diversas superficies, incluyendo el suelo, otros vehículos, muelles de carga, vagones de ferrocarril o directamente desde la parte superior de otro contenedor. Esta capacidad de elevación se extiende hacia y desde el chasis, y las grúas suelen

estar posicionadas en la parte superior del Chasis del Elevador Lateral. Están equipadas con motores hidráulicos o cilindros para facilitar el movimiento a lo largo del chasis, acomodando contenedores de diferentes longitudes durante las operaciones de carga y descarga.

- Unidad de Potencia de Conducción: típicamente, estas grúas son accionadas por un motor diésel o de gasolina montado en el remolque. Alternativamente, pueden ser accionadas por una Toma de Fuerza (PTO) del tractor o camión.

- Patas Estabilizadoras: patas hidráulicas utilizadas para soportar contenedores de carga completamente cargados durante las operaciones de elevación, asegurando la estabilidad del vehículo y previniendo la inclinación. Estas patas son ajustables para acomodar operaciones en terrenos irregulares, proporcionando márgenes de seguridad mejorados y límites de carga al apilar contenedores. Se pueden extender e inclinar para mejorar las capacidades en espacios confinados como las cubiertas de los remolques.

- Cadenas: cadenas adjuntas desde la parte superior de las grúas a los accesorios de esquina en la base del contenedor durante las operaciones de elevación. Dispositivos de conexión especiales permiten el bloqueo de dos contenedores de 20 pies juntos, permitiendo al cargador lateral transportarlos como un solo contenedor de 40 pies.

- La Cabina/Tractor: se utiliza para remolcar el remolque y, en algunos casos, proporcionar energía a través de la PTO. Además, suministra aire comprimido para los frenos de rueda del cargador lateral. El cargador lateral típicamente depende de la conexión al tractor para la operación, ya que el tractor proporciona aire comprimido esencial para los frenos del remolque y estabilidad extra durante las operaciones de elevación.

- Chasis: componente estructural crucial que maneja el peso de la carga/contenedores cargados y soporta las grúas.

- Control Remoto: un dispositivo operado con botones y joysticks, conectado a través de un cable eléctrico de múltiples pares o señal de radio. Esto permite al conductor-operador moverse alrededor del contenedor y ver la unidad desde varios ángulos durante las operaciones de elevación.

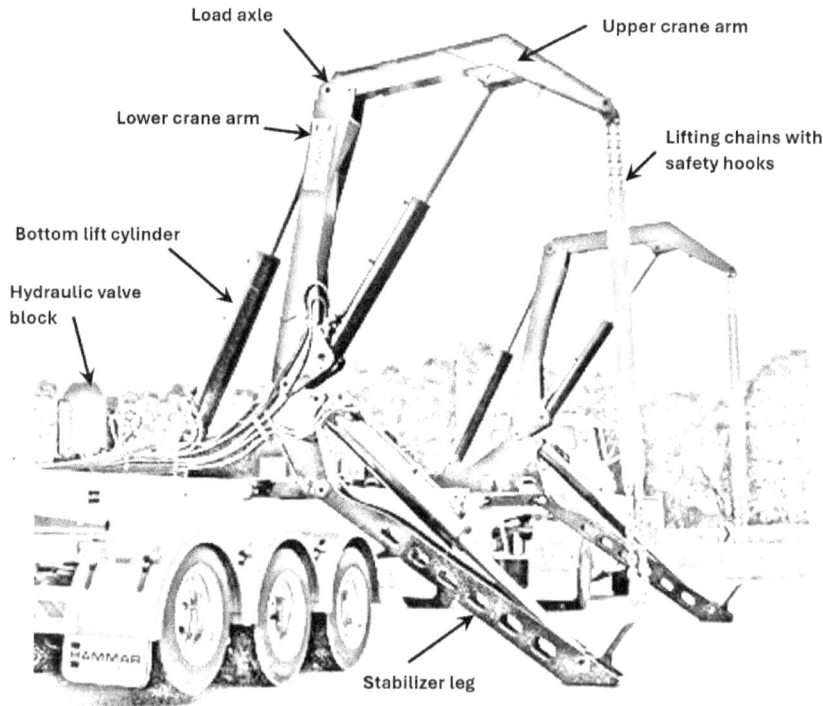

Figura 101: Módulo de Elevación con Grúa.

El módulo de elevación con grúa consta de dos componentes principales: el conjunto de la pata estabilizadora y el conjunto del brazo de la grúa. La potencia hidráulica proporcionada por el conjunto del paquete de potencia permite que el módulo se mueva longitudinalmente a lo largo del chasis. Puede bloquearse de forma segura en posiciones fijas a lo largo del chasis para acomodar diferentes tamaños de contenedores. Tanto los módulos como los brazos de elevación están construidos con acero de alta tensión, compuestos por secciones de caja soldadas continuamente. Los pasadores ubicados dentro de los rodamientos lubricados facilitan el movimiento de todas las partes del módulo y pueden ser reemplazados según sea necesario.

Los brazos de la grúa están equipados con controles de válvulas manuales operados por piloto y de centro cerrado. Estos controles están preestablecidos por el fabricante para manejar cargas de choque y prevenir la superación de la carga útil segura. Las válvulas de centro cerrado tienen varias funciones: a. Prevenir el movimiento de los brazos de la grúa a menos que haya una señal de presión del válvula hidráulica principal. b. Mantener un movimiento y control de carga consistentes durante el descenso, independientemente de la presión del cilindro. c. Mantener la carga en posición de forma segura en caso de pérdida de presión en el sistema hidráulico o fallo de la manguera hidráulica.

El conjunto de la pata estabilizadora es esencial para proporcionar la estabilidad necesaria para levantar cargas con los brazos de la grúa. Una vez desplegadas, estas patas estabilizadoras no solo soportan la carga durante las operaciones de elevación, sino que también previenen la inclinación o torsión del chasis del remolque. Dependiendo del espacio operativo disponible y las condiciones de la superficie, las patas estabilizadoras pueden desplegarse a varias distancias del chasis. Cuanto más se desplieguen del chasis, mayor será la capacidad de elevación. Cada conjunto de pata estabilizadora puede operarse individualmente o simultáneamente, con controles de joystick separados para cada módulo.

Figura 102: Conjunto de pata estabilizadora extendida colocando la carga. Daniel Linsbauer, CC BY-SA 3.0, a través de Wikimedia Commons.

Al utilizar diferentes combinaciones de extensiones de patas y ángulos de inclinación, el operador tiene múltiples opciones para posicionar los pies estabilizadores. Estos pies pueden colocarse en el suelo al máximo alcance para maximizar la capacidad de elevación, o al mínimo alcance para una capacidad de elevación mínima. También pueden posicionarse debajo de la cubierta de un vehículo compañero o en la cubierta de un vehículo compañero o vagón de ferrocarril.

Para garantizar la seguridad, se instala un sistema de bloqueo de patas estabilizadoras para prevenir la elevación de cargas sin desplegar las patas. Cuando se activa el sistema de manejo de carga, suena una advertencia audible y una luz de advertencia en el módulo de elevación de la grúa se ilumina hasta que ambas patas estabilizadoras estén desplegadas. Además, cada alojamiento de pata estabilizadora está equipado con un interruptor de émbolo que se activa cuando hay presión descendente positiva en el pie, deshabilitando automáticamente ciertas funciones de elevación de la grúa hasta que el pie esté correctamente engranado.

Los interruptores de proximidad montados en los alojamientos de las patas estabilizadoras activan luces de advertencia tanto en el control remoto como en el panel de control principal si la pata se inclina más allá del punto óptimo de estabilidad. Esto alerta al operador sobre la reducción de la estabilidad, indicando que no se debe proceder con la elevación. Si un pie estabilizador pierde contacto con el suelo durante las operaciones de elevación, se activan advertencias audibles y visuales, y se deshabilitan las funciones hidráulicas relevantes hasta que se resuelva el problema.

Una vez que las patas estabilizadoras están desplegadas adecuadamente, el conjunto del brazo de la grúa se emplea para levantar y manipular la carga. Cada brazo dentro del conjunto puede ser controlado independientemente o colectivamente, con joysticks individuales en el controlador dedicados a controlar cada brazo.

Cada conjunto de brazos de la grúa está equipado con un sistema de cadena de elevación, compuesto por dos tramos de cadena con eslabones de 16 mm de diámetro. Cada tramo de cadena está equipado con un acortador de cadena y un gancho de elevación de contenedor. Estos tramos de cadena se conectan al grillete mediante pasadores, con el grillete unido a un pasador de pivote ubicado en el brazo superior del conjunto del brazo de la grúa. Los ganchos de elevación de contenedores están diseñados para operación tanto derecha como izquierda, determinada por la colocación del pasador de rodillo en el gancho de elevación. Este pasador de rodillo evita el desprendimiento accidental del gancho de elevación del bloque de elevación de esquina del contenedor. Cuando se colocan en el extremo del contenedor, los ganchos de elevación deben fijarse a los bloques de elevación de esquina inferiores izquierdo y derecho con el pasador de rodillo hacia afuera. La colocación incorrecta de los ganchos de elevación puede provocar que el contenedor se suelte durante las operaciones de elevación. Además, los acortadores de cadena se instalan para permitir el ajuste de la longitud de los tramos de cadena al levantar y apilar contenedores unos sobre otros.

El sistema neumático es responsable de suministrar aire presurizado para operar tanto el sistema de frenos del remolque como el control del acelerador del motor. Asegura que los frenos del remolque permanezcan activados mientras el MHE-CSL está en operación. Además, se instala una válvula de protección de retención para proteger el sistema de frenos del remolque y aislar el sistema neumático auxiliar si la presión de aire del remolque cae por debajo de un nivel predeterminado.

Montado debajo del chasis, el sistema neumático del remolque consta de tres depósitos de almacenamiento que son reabastecidos por el compresor de aire en el tractor principal. El control de velocidad del motor, integrado en el paquete de potencia, se activa y regula mediante un cilindro de aire accionado por solenoide. En su estado predeterminado sin presión de aire aplicada, el motor opera a una velocidad de ralentí. Sin embargo, cuando se activa cualquiera de las funciones hidráulicas del sistema de carga, el cilindro de aire eleva la velocidad del motor en consecuencia.

Un solenoide de control de arranque/parada del motor neumático, vinculado al interruptor de llave y al botón de parada de emergencia, suministra la presión del aire del sistema para activar el cilindro de control de velocidad del motor. Este cilindro necesita presión de aire para que el motor funcione y está cargado por resorte en la posición de parada. Desactivar el interruptor de llave o presionar el botón de parada de emergencia libera el aire del cilindro de control de velocidad, lo que hace que el acelerador se mueva a una posición donde se corta el combustible, deteniendo efectivamente el motor.

El sistema hidráulico funciona suministrando aceite hidráulico presurizado para operar los cilindros hidráulicos instalados en los módulos de elevación con grúa. Este sistema consta de varios componentes clave:

- Depósito de Aceite Hidráulico: Adjunto al subchasis del paquete de potencia, el depósito incluye características como un filtro de aceite de retorno, ensamblaje de respiradero y grifos para el aislamiento del depósito del sistema hidráulico.

- Bomba Hidráulica: La presión hidráulica es generada por una bomba hidráulica de engranajes en tándem directamente vinculada al motor.

- Válvula de Descarga: Un conjunto de válvula de descarga de alta velocidad y sensibilidad a la carga está integrado en el sistema.

- Filtración: Se instalan filtros de aceite de alta presión en línea y de retorno para mantener la limpieza del aceite hidráulico.

- Válvulas de Control Proporcional: Cada módulo de elevación con grúa está equipado con una válvula de control proporcional Danfoss, que responde a señales eléctricas de los módulos de control.

- Cilindros de Traslación: Dos cilindros hidráulicos conectan los módulos de elevación con grúa al chasis del remolque, permitiendo el movimiento longitudinal a lo largo del chasis para acomodar diferentes tamaños de contenedores.

- Cilindros de Pata Estabilizadora: Cada módulo de elevación cuenta con dos cilindros hidráulicos para operar las patas estabilizadoras, proporcionando acciones de inclinación y extensión/retracción. Válvulas de doble cheque aseguran la seguridad del sistema de carga en caso de fallo de la manguera.

- Cilindros de Elevación: Dos cilindros hidráulicos en cada módulo de elevación con grúa operan los brazos de la grúa. Válvulas de centro cerrado, preajustadas en fábrica, previenen la superación de la carga útil segura y amortiguan las cargas de choque.

- Válvulas de Centro Cerrado: Estas válvulas operadas por piloto previenen el movimiento del brazo sin una señal de presión, mantienen el control de la carga durante el descenso y aseguran la posición del cilindro en caso de pérdida de presión del sistema hidráulico o fallo de la manguera.

- Válvula de Descarga Operada por Solenoide: Activada por los controladores de joystick y los botones de parada de emergencia, esta válvula controla la presión de sensación de carga al descargarla al depósito cuando está desenergizada.

- Manómetro: La presión del sistema se monitorea a través de un manómetro ubicado en la cara trasera del módulo de elevación con grúa trasero.

Planificación para Operaciones con Cargador Lateral

Para operar un cargador lateral de contenedores de manera eficiente y segura, se debe seguir lo siguiente:
1. Identificar Requisitos de la Tarea:

  ◦ Revisar órdenes de trabajo o documentos equivalentes para identificar los requisitos de la tarea.

OPERACIÓN DE EQUIPOS DE MANEJO DE MATERIALES 407

- Confirmar el plan de elevación con el personal asociado, asegurando claridad y entendimiento de las responsabilidades.

- Realizar una inspección del sitio para evaluar el área de trabajo e identificar cualquier peligro u obstáculo potencial.

2. Confirmar la Adecuación del Área de Trabajo:

- Verificar la calidad de la superficie operativa en el área de trabajo para asegurar que es adecuada para la operación de la grúa de carga del vehículo.

- Realizar controles de adecuación del terreno de acuerdo con los procedimientos del lugar de trabajo para prevenir accidentes o daños al equipo.

3. Establecer la Capacidad de Carga y Límites:

- Determinar la Capacidad Nominal (RC) de la grúa de carga del vehículo y el Límite de Carga de Trabajo (WLL) del equipo de elevación basado en los requisitos del fabricante.

- Igualar la/s carga/s y los requisitos de la tarea con la RC y WLL establecidas para asegurar operaciones de elevación seguras.

4. Evaluar los Caminos Operativos:

- Evaluar y determinar caminos apropiados para operar la grúa de carga del vehículo y mover y colocar cargas dentro del área de trabajo.

- Considerar factores como el espacio libre, obstáculos y condiciones del terreno al determinar los caminos operativos.

5. Identificar y Controlar Peligros:

    ◦ Realizar la identificación de peligros relevante para identificar riesgos potenciales asociados con la operación de elevación.

    ◦ Aplicar medidas apropiadas de eliminación o control de riesgos para mitigar los peligros identificados.

    ◦ Informar al personal relevante sobre los peligros potenciales y medidas de control para asegurar un ambiente de trabajo seguro.

6. Confirmar el Plan de Gestión del Tráfico:

    ◦ Verificar la implementación del plan de gestión del tráfico para el área de trabajo para asegurar la seguridad del personal y el equipo.

    ◦ Seguir los procedimientos establecidos para la gestión del tráfico para prevenir accidentes y mantener operaciones fluidas.

7. Establecer Procedimientos de Comunicación:

    ◦ Identificar procedimientos y protocolos de comunicación apropiados para coordinar las operaciones de elevación con el personal asociado.

    ◦ Probar los sistemas de comunicación para asegurar una comunicación clara y efectiva durante las tareas de elevación.

8. Confirmar los Requisitos de la Tarea:

    ◦ Revisar dos veces todos los requisitos de la tarea para asegurar que se alinean con las necesidades del área de trabajo relevante y cumplen con los procedimientos del lugar de trabajo.

- Verificar que todas las preparaciones necesarias se hayan realizado antes de proceder con las operaciones de elevación.

9. Obtener Información del Equipo:

- Recopilar la información requerida para asegurar el cumplimiento con los requisitos del fabricante para la inspección, uso, mantenimiento y almacenamiento del equipo y los accesorios de elevación.

- Interpretar y aplicar las directrices del fabricante para asegurar la operación segura y efectiva del equipo.

Operar un cargador lateral de contenedores implica varios peligros de los que los operadores deben estar conscientes para asegurar la seguridad. Estos peligros pueden categorizarse en diferentes tipos:

Peligros Mecánicos:

- Puntos de Prensado: Los operadores enfrentan el riesgo de quedar atrapados en puntos de prensado entre las partes móviles del conjunto del brazo de la grúa o durante el despliegue y retracción de las patas estabilizadoras.

- Enredos: Existe un potencial de enredo en las cadenas de elevación, cables u otros componentes móviles, así como en el conjunto de la pata estabilizadora durante su despliegue o retracción.

- Peligros de Aplastamiento: Los operadores pueden encontrar peligros de aplastamiento entre contenedores y el conjunto del brazo de la grúa o durante el despliegue o retracción de las patas estabilizadoras.

- Peligros Hidráulicos: Los riesgos incluyen fugas de fluido hidráulico que conducen a resbalones o caídas, y fallas en el sistema hidráulico que causan movimientos inesperados del brazo de la grúa o las patas estabilizadoras.

Peligros de Caídas:
- Caídas desde Alturas: Los operadores enfrentan el riesgo de caídas desde el conjunto del brazo de la grúa al operar en posiciones elevadas o desde el remolque o contenedor durante las operaciones de carga o descarga.
- Caídas en el Suelo: Los resbalones y caídas pueden ocurrir debido a superficies de suelo irregulares o resbaladizas, así como durante el despliegue o retracción de las patas estabilizadoras.

Peligros de Golpes:
- Golpeado por Partes Móviles: Existe el riesgo de ser golpeado por el conjunto del brazo de la grúa o las patas estabilizadoras durante la operación, así como por contenedores o carga siendo elevados o movidos.
- Golpeado por Objetos Caídos: Los objetos que caen del conjunto del brazo de la grúa o las patas estabilizadoras, así como contenedores o carga que se deslizan o caen durante la carga o descarga, plantean peligros.

Peligros Eléctricos:
- Choques Eléctricos: Los operadores pueden entrar en contacto con componentes eléctricos vivos o líneas eléctricas aéreas, y el mal funcionamiento de los controles eléctricos puede llevar a peligros eléctricos.

Peligros Ergonómicos:
- Lesiones por Esfuerzo Repetitivo: La tensión por la operación

repetida de controles y posturas incómodas durante el despliegue de las patas estabilizadoras o la operación del brazo de la grúa pueden llevar a lesiones ergonómicas.

Peligros Ambientales:
- Condiciones Climáticas: Superficies resbaladizas debido a la lluvia, nieve o hielo, así como la visibilidad reducida durante condiciones climáticas adversas, plantean riesgos.
- Ruido: La exposición a altos niveles de ruido generados por la operación del equipo puede resultar en daños potenciales a la audición.

Peligros de Tráfico:
- Colisiones: Las colisiones con otros vehículos, equipos o estructuras en el área de trabajo, así como con peatones o trabajadores a pie, son peligros potenciales.
- Visibilidad: La visibilidad limitada al operar el cargador lateral de contenedores y los puntos ciegos que pueden obstruir la vista de los peligros circundantes contribuyen a los peligros de tráfico.

Preparación para Operaciones con Cargador Lateral

Prepararse para operar un cargador lateral de contenedores requiere una cuidadosa consideración y adherencia a varios procedimientos para asegurar la seguridad y eficiencia. Aquí hay una explicación detallada de cómo llevar a cabo tareas específicas:

1. Consulta con el Personal del Lugar de Trabajo: Establecer y mantener la comunicación con el personal del lugar de trabajo para asegurar que todas las operaciones de grúa y elevación

se alineen con los requisitos del sitio delineados en el plan de elevación y los procedimientos del lugar de trabajo. Esta consulta asegura claridad y consistencia en las operaciones.

2. Verificación de Medidas de Control de Riesgos: Verificar que las medidas de control de riesgos para los peligros identificados se implementen de acuerdo con el plan de elevación y los procedimientos de trabajo seguros. Esto implica controles regulares para mitigar los riesgos potenciales asociados con las operaciones de grúa y elevación.

3. Acceso a los Controles de la Grúa: Acceder de manera segura a los controles de la grúa de carga del vehículo de acuerdo con los requisitos del fabricante y los procedimientos de trabajo seguros. Una formación adecuada y comprensión de los sistemas de control son esenciales para operar la grúa de manera segura.

4. Controles Previos al Inicio: Realizar controles previos al inicio en la grúa de carga del vehículo para asegurar su correcto funcionamiento. Reportar cualquier daño o defecto, y tomar la acción apropiada según los procedimientos de trabajo seguros y los requisitos del fabricante para abordar los problemas de manera oportuna.

5. Configuración de la Grúa: Configurar la grúa de carga del vehículo correctamente, incluyendo cualquier equipo de elevación, de acuerdo con el plan de elevación y los requisitos relevantes del fabricante. Esto incluye referirse a las tablas de carga y seguir los procedimientos de trabajo seguros para asegurar una configuración adecuada.

6. Configuración del Brazo/Pluma y Equipo de Elevación: Configurar el brazo/pluma y el equipo de elevación según sea nece-

sario, siguiendo los requisitos específicos del fabricante y los procedimientos de trabajo seguros. La configuración adecuada asegura que la grúa esté lista para operaciones de elevación seguras.

7. Estabilización de la Grúa: Asegurar que la grúa de carga del vehículo esté estabilizada apropiadamente de acuerdo con el plan de elevación, los requisitos relevantes del fabricante y los procedimientos de trabajo seguros. La estabilización adecuada es crucial para operaciones de elevación seguras y eficientes.

8. Controles Operativos: Realizar controles operativos para verificar el rendimiento de la grúa. Reportar cualquier daño o defecto, y tomar la acción apropiada de acuerdo con los requisitos del fabricante y los procedimientos de trabajo seguros para mantener la integridad operativa.

9. Inspección del Libro de Registro de la Grúa: Inspeccionar el libro de registro de la grúa de carga del vehículo para asegurar que sea correcto para el tipo de grúa, esté completado y firmado. Cualquier rectificación requerida debe ser firmada de acuerdo con los requisitos del fabricante y los procedimientos de trabajo seguros.

10. Evaluación del Clima y el Entorno de Trabajo: Evaluar las condiciones climáticas y del entorno de trabajo para determinar su impacto en las operaciones de la grúa de carga del vehículo. Cumplir con los requisitos del fabricante y los procedimientos de trabajo seguros para mitigar los riesgos asociados con condiciones adversas.

11. Identificación del Peso de la Carga: Determinar el peso de la carga identificando, calculando o estimando de manera precisa.

Esta información es crucial para operaciones de elevación seguras y manejo de carga.

12. Cálculo del WLL Derivado: Calcular el Límite de Carga de Trabajo (WLL) derivado del equipo de elevación resultante de las técnicas de eslingado seleccionadas. Esto asegura que las operaciones de elevación permanezcan dentro de los límites de carga seguros.

13. Identificación de Puntos de Elevación y Técnicas de Eslingado Adecuadas: Identificar puntos de elevación y técnicas de eslingado adecuados basados en las características de la carga y los requisitos operativos. La selección adecuada minimiza el riesgo de inestabilidad de la carga y asegura una elevación segura.

14. Preparación del Equipo y Accesorios de Elevación: Preparar el equipo y los accesorios de elevación para un uso seguro inspeccionando y asegurando que estén en buenas condiciones. Esto incluye verificar defectos y asegurar un aparejamiento y acoplamiento adecuados.

15. Confirmación del Destino de la Carga: Confirmar el destino de la carga por estabilidad, asegurando que pueda soportar la carga de manera segura. Preparar el destino para un acceso seguro y aterrizaje de la carga, cumpliendo con los requisitos del fabricante y los procedimientos de trabajo seguros.

Realizar inspecciones diarias del equipo es crucial para mejorar la seguridad y asegurar la funcionalidad adecuada. Durante la inspección, verifica lo siguiente (Hammar, 2017):

- Asegúrate de que el perno rey esté firmemente sujeto a la quinta rueda.
- Verifica que los ganchos para contenedores, cadenas y twist-

locks estén intactos y funcionen correctamente.

- Confirma que las palancas de operación en el bloque de válvulas de control de la grúa se muevan suavemente y retornen automáticamente a la posición neutral.

- Revisa si hay fugas en las mangueras, conexiones y componentes del sistema hidráulico.

- Monitorea el nivel de aceite hidráulico en el tanque.

- Examina los neumáticos en busca de signos de daño o desgaste anormal.

- Evalúa la funcionalidad del sistema de frenado.

- Verifica que todos los componentes de iluminación estén operativos.

- En temperaturas bajo cero, drena los tanques de aire a menos que estén equipados con válvulas de ventilación automáticas.

- Inspecciona el cargador lateral en busca de daños que puedan representar un riesgo de lesiones personales o daños materiales.

- Asegúrate de que la función de parada de emergencia esté funcionando correctamente.

Si se identifican deficiencias durante la inspección, deben abordarse antes de poner en operación el cargador lateral. Es importante tener en cuenta que esto es solo una verificación diaria de la función y seguridad. Para procedimientos de mantenimiento más detallados, consulta el manual de servicio separado. Además, para la lubricación y cuidado de ejes, suspensión y frenos, consulta los documentos de servicio acompañantes proporcionados por cada fabricante respectivo.

ACOPLAMIENTO: Antes de poner en servicio el cargador lateral, es recomendable realizar un ajuste de frenos entre el camión y el remolque. Esta práctica asegura un efecto de frenado consistente, prolongando así la vida útil del sistema de frenado. Antes de conectar el cargador lateral, asegúrate de que la parte superior de la quinta rueda esté bien lubricada. Retrocede el camión para confirmar el acoplamiento y posicionamiento adecuados del perno rey. Durante el transporte del cargador lateral, siempre conecta los acoplamientos de freno y los eléctricos estatutarios (iluminación) y contactos ABS. Inspecciona regularmente todos los componentes de iluminación, como indicadores y luces de freno, para asegurarte de que funcionen correctamente. Aborda cualquier mal funcionamiento de inmediato. Siempre verifica que las grúas estén completamente cerradas antes de transportar el cargador lateral y asegúrate de que las patas de estacionamiento estén completamente levantadas. Antes de conducir, suelta el freno de estacionamiento; la presión en los tanques de aire debe ser de aproximadamente 5 bar para que los frenos se desacoplen. La ubicación y apariencia de los acoplamientos pueden variar dependiendo del mercado.

DESCONEXIÓN/ESTACIONAMIENTO: Estaciona el vehículo en un lugar adecuado en terreno nivelado y activa el freno de estacionamiento. Desconecta todos los contactos, conexiones de aire e hidráulicas entre el cargador lateral y el camión. Baja gradualmente las patas de estacionamiento hasta que el cargador lateral casi se levante de la quinta rueda. Si el suelo es blando, utiliza almohadillas de soporte. Libera el bloqueo de la quinta rueda y conduce el camión cuidadosamente.

PATAS DE ESTACIONAMIENTO: Las patas de estacionamiento tienen un diseño telescópico y están equipadas con dos engranajes: un engranaje de trabajo con alta eficiencia y un engranaje rápido con una alta relación de engranajes. Usa el engranaje rápido al bajar las patas al suelo o al levantarlas del suelo. El engranaje de trabajo se emplea para ajustar la altura cuando se aplica una carga.

Realización de Operaciones con Cargador Lateral

Ya sea transfiriendo cargas a otros camiones, remolques o descargándolas en el suelo, el contenedor de cargador lateral permite opciones de manejo versátiles, incluyendo el apilamiento doble de contenedores en plataformas de carga. Realizar operaciones de carga y descarga de contenedores en el suelo minimiza el riesgo de lesiones y elimina la necesidad de maquinaria adicional, lo que lleva a tiempos de espera reducidos y operaciones más eficientes. Además, el contenedor de cargador lateral elimina la necesidad de preparación del suelo usando otros tipos de maquinaria, lo que resulta en ahorros significativos en costos para las operaciones y ahorros de tiempo considerables para los fabricantes, importadores y distribuidores. Como ejemplo, la Figura 103 muestra un cargador lateral siendo utilizado para transferir un contenedor a un vagón de ferrocarril.

Figura 103: Transfiriendo un contenedor del remolque a un vagón de ferrocarril. BOXmover.eu, CC BY-SA 4.0, a través de Wikimedia Commons.

Como resultado, las empresas de logística, los operadores de transporte independientes y los gestores de flotas consideran al cargador lateral como la solución de equipo más rentable.

Para operar un cargador lateral de contenedores de manera efectiva:

1. Determinar Elevaciones dentro de la Capacidad de la Grúa:

    ◦ Identificar las elevaciones dentro de la Capacidad Nominal (RC) de la grúa de carga del vehículo consultando la tabla/s de carga, ver Figura 105 para un ejemplo, y el plan de elevación.

2. Posicionar el Brazo/Pluma y el Bloque de Gancho:

    ◦ Posicionar de forma segura los brazos de la grúa sobre el contenedor según las instrucciones del personal asociado, si aplica, y en alineación con el plan de elevación y los procedimientos de trabajo seguros.

3. Conectar el Equipo de Elevación:

   ◦ Conectar el equipo de elevación al contenedor, ver Figura 104 para un ejemplo, y operarlos de manera segura según el plan de elevación, los procedimientos de trabajo seguros y los requisitos del fabricante.

4. Realizar Prueba de Elevación:

   ◦ Realizar una prueba de elevación siguiendo los procedimientos de trabajo seguros para asegurar que el equipo funcione correctamente y la carga esté estable.

5. Transferir Cargas:

   ◦ Transferir cargas utilizando los movimientos de la grúa relevantes y líneas de guía según sea necesario, adhiriéndose al plan de elevación y los procedimientos de trabajo seguros.

6. Monitorear la Carga y el Movimiento de la Grúa:

   ◦ Monitorear continuamente la carga y el movimiento de la grúa, operando la grúa de manera segura según el plan de elevación y los procedimientos de trabajo seguros.

7. Seguir Señales de Comunicación:

   ◦ Interpretar y seguir todas las señales de comunicación requeridas de manera precisa mientras se opera la grúa, de acuerdo con el plan de elevación y los procedimientos de trabajo seguros.

8. Bajar la Carga de Forma Segura:

   ◦ Bajar la carga de manera segura y aterrizarla en el área designada, siguiendo el plan de elevación y los procedimientos de trabajo seguros.

9. Desconectar el Equipo de Elevación:

- Desconectar el equipo de elevación de la carga y posicionar la grúa de manera segura y eficiente para la próxima tarea, adhiriéndose al plan de elevación y los procedimientos de trabajo seguros.

10. Inspeccionar el Equipo:

- Inspeccionar el equipo y los accesorios de elevación en busca de defectos, y aislar, etiquetar e informar cualquier artículo defectuoso para su mantenimiento o reparación.

Durante las operaciones de elevación, se aconseja mantener una distancia de 0.4 m entre el cargador lateral y el contenedor para optimizar la capacidad de elevación completa del cargador lateral (Hammar, 2017). El cargador lateral debe posicionarse en un suelo estable y nivelado. Si el suelo no es suficientemente estable, se deben colocar almohadillas de soporte de tamaño y resistencia adecuados debajo de las patas estabilizadoras. El suelo idealmente debe ser horizontal, con inclinaciones máximas recomendadas de la siguiente manera: inclinación longitudinal del chasis, ±1cm/m; inclinación longitudinal del suelo subyacente, ±2cm/m; e inclinación transversal, ±5cm sobre el ancho del remolque. Al manejar un contenedor en una pendiente, el conductor debe asegurarse de que el cargador lateral permanezca estable sin ningún riesgo de deslizamiento longitudinal o lateral. Si el cargador lateral está equipado con una función de ELEVAR/BAJAR, se debe utilizar para lograr una posición del chasis lo más horizontal posible. En situaciones que se desvíen de las directrices recomendadas, se debe realizar una evaluación de riesgos, ya que el manejo incorrecto puede resultar en daños materiales significativos y lesiones personales.

OPERACIÓN DE EQUIPOS DE MANEJO DE MATERIALES   421

Para obtener más orientación sobre el manejo de contenedores en pendientes, consulta el capítulo separado dedicado a este tema. Además, es esencial asegurarse de que la posición de la grúa en relación con el remolque y el tamaño del contenedor sea correcta.

Figura 104: Colocación de contenedores con cargador lateral. Borivoj .sourek, CC BY-SA 4.0, a través de Wikimedia Commons.

Como guía general, para conectar el brazo de la grúa y la cadena a un contenedor utilizando un cargador lateral:

1. Posicionar el Cargador Lateral:

   ◦ Estaciona el cargador lateral en un suelo firme y nivelado, asegurando la estabilidad y seguridad durante el proceso de carga.

2. Preparar el Brazo de la Grúa:

   ◦ Asegúrate de que el brazo de la grúa esté correctamente

posicionado y alineado con el contenedor que se va a levantar.

3. Extender el Brazo de la Grúa:

   ◦ Utiliza los controles de la grúa para extender el brazo de la grúa hacia el contenedor hasta que el gancho de elevación esté directamente sobre él.

4. Posicionar la Cadena de Elevación:

   ◦ Baja la cadena o cables de elevación desde el brazo de la grúa para que puedan ser enganchados a los puntos de elevación del contenedor.

5. Enganchar las Cadenas de Elevación:

   ◦ Engancha de manera segura las cadenas o cables de elevación a los puntos de elevación designados en el contenedor. Estos puntos de elevación están típicamente ubicados en las esquinas del contenedor y están diseñados para soportar el peso del contenedor cuando se levanta.

6. Verificar la Conexión:

   ◦ Revisa dos veces que las cadenas de elevación estén seguramente enganchadas a los puntos de elevación del contenedor y que no estén torcidas o enredadas.

7. Probar la Conexión:

   ◦ Realiza una prueba de elevación con la grúa para asegurarte de que la conexión entre el brazo de la grúa y el contenedor sea segura y estable. Levanta el contenedor ligeramente del suelo para verificar que esté correctamente enganchado y equilibrado.

8. Ajustar según sea Necesario:

  ◦ Si es necesario, realiza cualquier ajuste en la posición del brazo de la grúa o en el enganche de las cadenas de elevación para asegurar una conexión segura.

9. Proceder con la Elevación:

  ◦ Una vez que la conexión esté verificada y sea segura, procede con la elevación del contenedor utilizando el cargador lateral, siguiendo todos los protocolos de seguridad y procedimientos operativos.

10. Monitorear Durante la Elevación:

  ◦ Monitorea continuamente el contenedor y la grúa durante el proceso de elevación para asegurar la estabilidad y seguridad hasta que el contenedor esté correctamente posicionado o colocado en su destino.

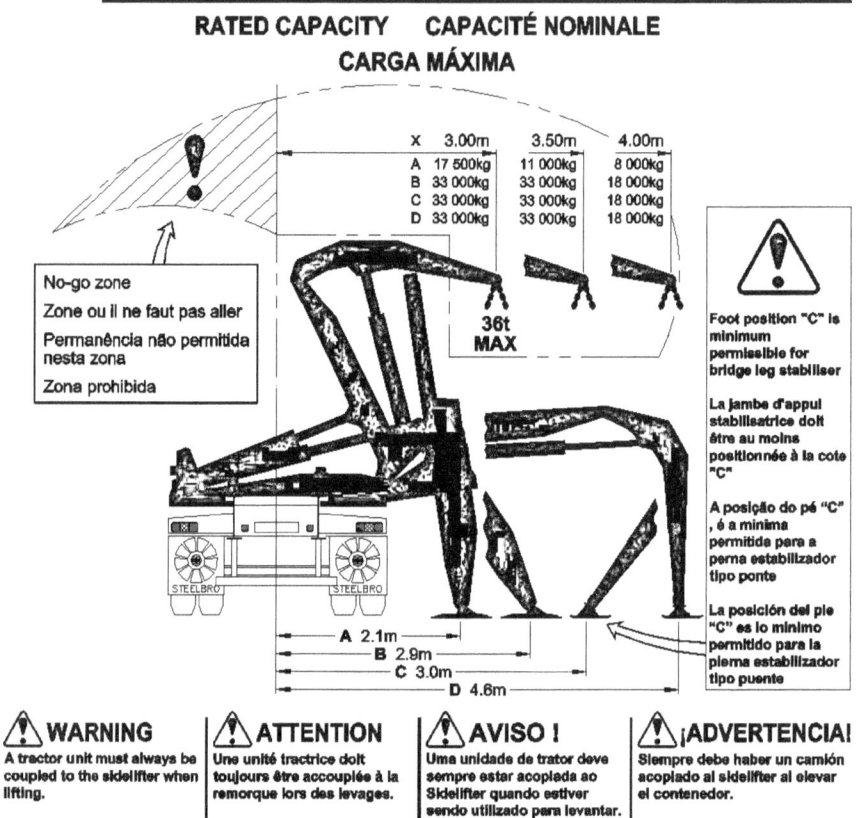

Figura 105: Tabla de capacidad de muestra para un cargador lateral.

La Figura 105 muestra que el peso que se puede levantar disminuye con respecto a qué tan lejos del remolque se está colocando.

OPERACIÓN DE EQUIPOS DE MANEJO DE MATERIALES 425

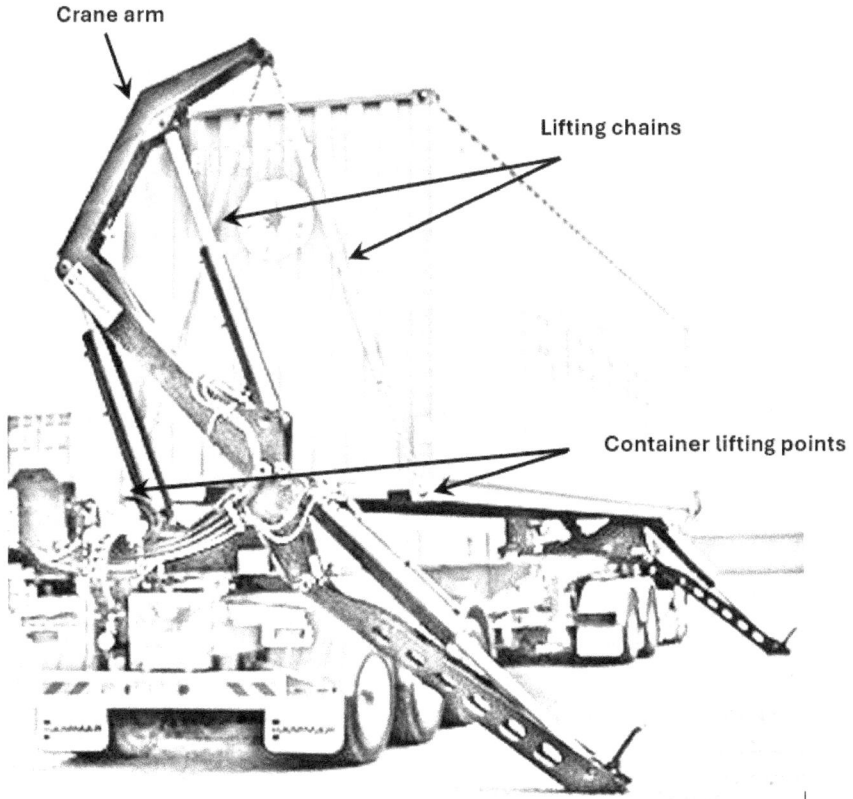

Figura 106: Conexión al contenedor.

Completando Operaciones con Cargador Lateral

Para almacenar y asegurar el equipo de elevación y el equipo asociado, aplicar los bloqueos de movimiento y frenos relevantes, asegurar los estabilizadores, y almacenar las placas o el embalaje en un cargador lateral de contenedores, sigue estos pasos:

1. Almacenar el Equipo de Elevación:

   ◦ Asegúrate de que todo el equipo de elevación, incluyendo cadenas, ganchos y cables, estén correctamente almacenados en sus áreas y posiciones de almacenamiento designadas en el cargador lateral.

- Utiliza cualquier mecanismo de aseguramiento proporcionado, como ganchos o correas, para fijar el equipo de elevación en su lugar y evitar el movimiento durante el transporte.

2. Asegurar el Equipo Asociado:

- Cualquier equipo asociado, como líneas de guía o eslingas, también debe ser almacenado de forma segura para evitar que se suelten durante el transporte.
- Asegúrate de que todos los compartimentos o áreas de almacenamiento estén correctamente cerrados y asegurados para evitar que los artículos caigan durante el transporte.

3. Aplicar Bloqueos de Movimiento y Frenos:

- Activa los bloqueos de movimiento y frenos relevantes en el cargador lateral según las instrucciones del fabricante y los procedimientos de trabajo seguros.
- Verifica que todos los bloqueos de movimiento y frenos funcionen correctamente y estén seguros en su lugar.

4. Almacenar y Asegurar los Estabilizadores:

- Si se desplegaron los estabilizadores durante la operación, retrae de nuevo a su posición de almacenamiento según los requisitos del fabricante.
- Asegura los estabilizadores utilizando cualquier mecanismo de bloqueo o correas proporcionadas para evitar que se muevan durante el transporte.

5. Asegurar las Placas o el Embalaje:

- Si se utilizaron placas o materiales de embalaje durante la operación de elevación, asegúrate de que estén correctamente almacenados y asegurados en el cargador lateral.

- Utiliza correas o dispositivos de aseguramiento para evitar que las placas o materiales de embalaje se desplacen o caigan durante el transporte.

6. Realizar Chequeos de Apagado:

- Realiza chequeos de apagado de acuerdo con los procedimientos de trabajo seguros y los requisitos del fabricante.

- Verifica que todos los sistemas estén apagados y todos los controles en posición neutral.

- Revisa si hay signos de daño o defectos e informa según sea necesario.

- Asegúrate de que el cargador lateral esté en una condición segura y asegurada para el tránsito o almacenamiento.

Siguiendo estos pasos, los operadores pueden almacenar y asegurar eficazmente el equipo de elevación y el equipo asociado, aplicar los bloqueos de movimiento y frenos necesarios, almacenar y asegurar los estabilizadores, almacenar las placas o el embalaje, y realizar chequeos de apagado en un cargador lateral de contenedores de acuerdo con los requisitos del fabricante y los procedimientos de trabajo seguros.

Figura 107: Cargador lateral almacenado y preparado para el transporte por carretera. Lav Ulv de Viby J, Dinamarca, CC BY 2.0, a través de Wikimedia Commons.

8
Camión Remolcador de Retroceso

Un camión remolcador de retroceso, también conocido como tractor de retroceso o remolcador de retroceso, es un vehículo especializado utilizado en operaciones de aviación y manejo en tierra en aeropuertos. Estos vehículos están diseñados para empujar los aviones desde las puertas o posiciones de estacionamiento, permitiéndoles maniobrar lejos del edificio terminal u otras estructuras. Ejemplos de estos camiones se muestran en la Figura 108 y la Figura 109.

Figura 108: Tractor de retroceso de Japan Airlines. 221.20, Dominio público, a través de Wikimedia Commons.

Los camiones remolcadores de retroceso típicamente cuentan con un potente motor diésel y están equipados con una barra de remolque o enganche de remolque en la parte frontal. Se acoplan al tren de aterrizaje delantero del avión y utilizan la potencia hidráulica para empujar el avión hacia atrás.

El principal propósito de los camiones remolcadores de retroceso es asistir en el rodaje de los aviones, especialmente en áreas congestionadas donde los aviones pueden tener espacio limitado para maniobrar. Al empujar el avión hacia atrás, estos vehículos ayudan a optimizar el uso del espacio disponible en la plataforma o la pista de rodaje y facilitan el flujo eficiente del tráfico aéreo en el aeropuerto.

OPERACIÓN DE EQUIPOS DE MANEJO DE MATERIALES 431

Figura 109: Vehículo de retroceso en el Aeropuerto Internacional Sheremetyevo. Alf van Beem, Dominio público, a través de Wikimedia Commons.

Los camiones remolcadores de retroceso son operados por personal de manejo en tierra especialmente capacitado y juegan un papel crucial en el movimiento seguro y eficiente de los aviones en tierra. La función principal de un tractor de retroceso es asistir en las operaciones de retroceso de aviones, que ocurren después de que un avión aterriza en la pista y se dirige a una posición de estacionamiento de aviones, también conocida como bahía de aviones o puerta de aeropuerto. Aquí es donde los pasajeros desembarcan y se realizan varias tareas de servicio para preparar el avión para su próxima operación.

Una vez que todas las actividades de servicio se completan, el avión necesita ser retrocedido desde la posición de estacionamiento para regresar a la pista para el despegue. El tractor de retroceso facilita este proceso al conectar un extremo de un gancho de remolque al avión y el otro extremo al tractor. Tras recibir la autorización del piloto, el conductor del tractor inicia la operación de retroceso, guiando al avión a la posición correcta en la pista de rodaje.

Aparte de las operaciones de retroceso, los tractores de retroceso sirven otros propósitos dentro de las operaciones del aeropuerto. Se utilizan para transportar aviones hacia y desde los hangares de mantenimiento, donde se realizan actividades de mantenimiento. Estos tractores son esenciales para mover aviones de manera segura dentro de espacios cerrados de hangares, donde no es seguro operar los motores de los aviones debido al riesgo de ingestión de desechos de objetos extraños.

Figura 110: Remolque hacia el hangar. Buyung koto, CC BY-SA 3.0, a través de Wikimedia Commons.

Figura 110: Remolque hacia el hangar. Buyung koto, CC BY-SA 3.0, a través de Wikimedia Commons.

Los tractores de retroceso también se emplean para reposicionar aviones entre diferentes bahías de estacionamiento en el aeropuerto. Esto puede ser necesario para acomodar cambios en los horarios de vuelo o para optimizar la utilización de las puertas. Además, los tractores de retroceso se utilizan en casos donde un avión se estaciona incorrectamente en una posición de estacionamiento, lo que requiere un reposicionamiento para alinearse con la línea central y las posiciones de parada designadas.

En todos los casos, las operaciones de tractores de retroceso se llevan a cabo con la máxima atención a la seguridad y la eficiencia, asegurando que los movimientos de los aviones en tierra se realicen sin problemas y de acuerdo con los procedimientos establecidos (Aviation Learnings, 2020).

El origen del término "tractor" se remonta a los primeros días de la aviación, cuando los aviones aterrizaban en campos abiertos en lugar de las pistas de concreto comúnmente utilizadas hoy en día. Tras el aterrizaje, el tractor más cercano disponible en el campo se conectaría al avión para facilitar su movimiento. Aunque más tarde los ingenieros desarrollaron vehículos especializados para este propósito, el nombre "tractor" persistió y continúa usándose hoy en día (Aviation Learnings, 2020).

Puede parecer lógico que un avión, equipado con sus propios motores, debería ser capaz de retroceder por sí mismo desde la bahía de estacionamiento y moverse de manera independiente alrededor del aeropuerto. Después de todo, no se requiere un tractor de retroceso para maniobrar un avión desde la pista hasta la puerta del aeropuerto tras el aterrizaje. Estas preguntas plantean puntos válidos que merecen explicaciones científicas.

Comenzando con la operación de retroceso, exploremos por qué un avión no puede retroceder por sí mismo desde la bahía. La mayoría de los aviones comerciales están equipados con un mecanismo de empuje inverso que teóricamente permite el movimiento en reversa. Los pilotos usan este mecanismo para desacelerar el avión después del aterrizaje. Sin embargo, utilizar el empuje inverso para el movimiento en tierra plantea preocupaciones significativas de seguridad. El diseño de una bahía de aviones posiciona edificios y facilidades del aeropuerto frente al avión. Mientras que los motores de los aviones generan empuje expulsando aire a alta velocidad detrás del avión, utilizar el empuje inverso dirigiría esta fuerza hacia las estructuras del aeropuerto, incluidos los puentes de embarque de pasajeros. Por lo tanto, por razones de seguridad, los aviones no pueden retroceder por sí mismos y necesitan el uso de un tractor de retroceso de aviones para maniobrarlos lejos de la bahía.

Aunque es evidente por qué los aviones no pueden retroceder desde la bahía, la pregunta sigue siendo por qué no pueden moverse de un punto a otro en los terrenos del aeropuerto de manera independiente. La respuesta radica en las consideraciones económicas de los motores a reacción frente a los tractores de retroceso para el movimiento en tierra.

Los motores a reacción de los aviones están optimizados para el vuelo a alta velocidad, no para el movimiento en tierra a baja velocidad a las velocidades de rodaje típicas de 10-30 km/h. Operar a velocidades más bajas impacta significativamente su eficiencia de combustible, ya que los motores a reacción son inherentemente menos eficientes a bajas velocidades en comparación con sus velocidades óptimas de crucero. Por el contrario, los tractores de retroceso están equipados con motores diésel, cajas de cambios y chasis específicamente diseñados para operaciones de alto torque y baja velocidad. Su consumo de combustible es mucho menor que el de los motores a reacción cuando operan dentro del rango de velocidad típico para actividades de manejo en tierra.

Dadas estas consideraciones, las aerolíneas y las agencias de manejo en tierra prefieren utilizar tractores de retroceso para las maniobras en tierra de los aviones debido a su superior eficiencia y adecuación para operaciones a baja velocidad.

Un tractor de retroceso convencional es un vehículo impulsado por un motor diésel y diseñado con un chasis que mantiene un perfil bajo cerca del suelo. Este diseño es intencional para prevenir colisiones con la nariz de los aviones y para mantener un centro de gravedad bajo, lo que mejora la estabilidad.

Durante una operación de retroceso, el tractor de retroceso se acopla al avión utilizando un gancho de remolque, típicamente ubicado en el tren de aterrizaje delantero, conocido como NLG. Lo logra empujando el avión en reversa.

El chasis del tractor de retroceso está diseñado para estar lo más cerca posible del suelo para asegurar que la fuerza ejercida durante la operación de retroceso permanezca en línea recta. Esto ayuda a prevenir la flexión de la barra de remolque, que discutiremos en breve.

Si la fuerza aplicada no está en línea recta, el tractor de retroceso puede ejercer más presión en el gancho de remolque, causando que se doble, en lugar de empujar efectivamente el avión.

El tractor de retroceso se reconoce por sus ruedas grandes, que sirven para mejorar la superficie de contacto de sus neumáticos, asegurando suficiente tracción durante el proceso de empuje o remolque del avión. Al igual que una persona con una base sólida está mejor equipada para empujar un objeto pesado, la efectividad de un potente motor diésel para empujar un avión depende de la tracción proporcionada por sus neumáticos.

Figura 111: Ruedas grandes y neumáticos que amplían la superficie de contacto. Trepel Airport Equipment, Atribución, a través de Wikimedia Commons.

Un tractor de retroceso convencional está construido para ser excepcionalmente pesado. Por ejemplo, un tractor de retroceso diseñado para aviones de fuselaje ancho puede pesar más de 50 toneladas métricas.

Este peso sustancial no se atribuye únicamente a sus propios componentes, sino que también incluye peso de lastre adicional incorporado en el chasis del tractor. Esta adición mejora la tracción al aumentar el coeficiente de fricción, minimizando así el deslizamiento de las ruedas durante las operaciones.

Un tractor de empuje, como se muestra en la Figura 112, típicamente consiste en varios componentes principales esenciales para su operación. Estos componentes trabajan juntos para facilitar el movimiento de los aviones en tierra. Aquí están los componentes principales de un tractor de empuje:

1. Motor: El motor proporciona la potencia necesaria para impulsar el tractor de empuje. Puede ser impulsado por gasolina o diésel, dependiendo del modelo específico y del fabricante.

El motor genera el torque requerido para mover el tractor y el avión adjunto.

2. Transmisión: La transmisión transfiere la potencia del motor a las ruedas del tractor de empuje. Permite al operador controlar la velocidad y la dirección del movimiento al cambiar entre diferentes marchas.

3. Sistema Hidráulico: El sistema hidráulico es responsable de alimentar varias funciones del tractor de empuje, como subir y bajar la barra de remolque, ajustar la altura del chasis del tractor y operar cualquier freno hidráulico o mecanismos de dirección.

4. Chasis: El chasis forma la estructura del tractor de empuje y proporciona soporte estructural para los otros componentes. Típicamente está hecho de materiales duraderos como acero o aluminio para soportar los esfuerzos de remolcar aviones pesados.

5. Barra de Remolque: La barra de remolque es un componente crítico que conecta el tractor de empuje al tren de aterrizaje delantero del avión. Usualmente es una barra de acero resistente con enganches en ambos extremos para asegurarla al tractor y al avión. La barra de remolque transmite la fuerza del tractor al avión, permitiendo que el tractor empuje o jale el avión.

6. Sistema de Frenado: El sistema de frenado permite al operador controlar la velocidad y la detención del tractor de empuje. Puede incluir frenos hidráulicos o neumáticos que actúan sobre las ruedas del tractor para reducir la velocidad o detener su movimiento.

7. Mecanismo de Dirección: El mecanismo de dirección permite al operador maniobrar el tractor de empuje con precisión. Puede

utilizar sistemas hidráulicos o mecánicos para girar las ruedas delanteras del tractor, permitiéndole navegar espacios estrechos y hacer ajustes precisos durante las operaciones de retroceso.

8. Controles del Operador: Los controles del operador, como el volante, el acelerador, los pedales de freno y las palancas de control hidráulico, permiten al operador controlar el movimiento y las funciones del tractor de empuje de manera efectiva. Estos controles típicamente se encuentran al alcance del asiento del operador para facilitar su uso.

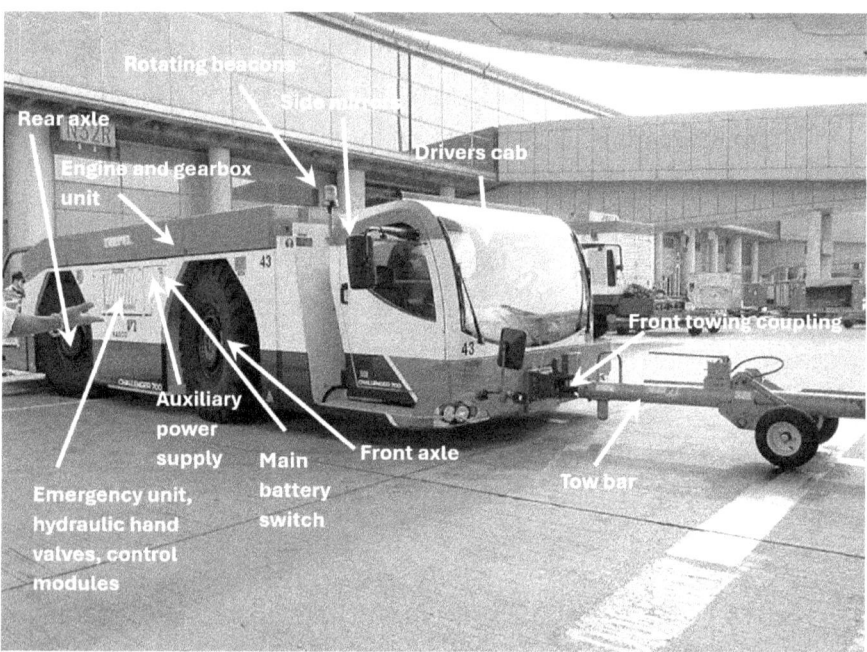

Figura 112: Componentes del tractor de retroceso. Imagen de fondo - Trepel Airport Equipment, Atribución, a través de Wikimedia Commons.

Planificación y Preparación para Operaciones con Tractor de Retroceso

Desde el punto de vista de la planificación y preparación para operaciones con tractores de retroceso, esto incluye:
1. Selección y Uso de Equipo de Protección Personal (EPP):

- Revisar los procedimientos del lugar de trabajo para determinar los requisitos específicos de EPP para operaciones con tractores de retroceso.

- Seleccionar EPP apropiado como chalecos de alta visibilidad, gafas de seguridad, botas con punta de acero y protección auditiva, basado en los peligros identificados y las políticas del lugar de trabajo.

- Asegurar el ajuste adecuado y uso del EPP seleccionado durante todas las operaciones con tractores de retroceso según los procedimientos del lugar de trabajo.

2. Chequeos Preoperacionales del Tractor:

- Referirse a los procedimientos del lugar de trabajo y las instrucciones del fabricante para la lista detallada de chequeos preoperacionales.

- Inspeccionar el tractor de retroceso en busca de daños visibles, fugas o señales de desgaste.

- Verificar la condición de los neumáticos, frenos, mecanismo de dirección y luces.

- Comprobar la funcionalidad de componentes esenciales como el motor, transmisión y sistema hidráulico.

- Confirmar que todas las características de seguridad, incluyendo botones de parada de emergencia y alarmas, estén operativas.

3. Completar Niveles de Fluidos:

    - Referirse a las guías del fabricante para identificar los fluidos específicos que necesitan ser revisados y rellenados.
    - Usar tipos y cantidades de fluido apropiados como recomienda el fabricante.
    - Verificar niveles de fluidos como aceite de motor, fluido hidráulico, refrigerante y líquido de frenos, y rellenar según sea necesario para mantener niveles óptimos para una operación segura.

4. Rectificación o Reporte de Fallas y Malfuncionamientos del Equipo:

    - Abordar inmediatamente cualquier falla o malfuncionamiento del equipo identificado durante los chequeos preoperacionales.
    - Para problemas menores que pueden ser rectificados in situ, seguir los procedimientos descritos en las instrucciones del fabricante o las directrices del lugar de trabajo.
    - Para fallas mayores o complejas que requieran intervención profesional, informarlas de inmediato al personal relevante según los procedimientos del lugar de trabajo.
    - Documentar todas las fallas identificadas, acciones tomadas para la rectificación y cualquier problema reportado para cumplir con los requisitos regulatorios y para referencia fu-

tura.

Un aspecto importante de la planificación es asegurar que la capacidad del tractor de retroceso sea suficiente para el retroceso de un avión en particular. Los fabricantes producen tractores de retroceso en varios modelos, configuraciones y capacidades para acomodar diferentes tipos de aviones y condiciones de aeropuertos. Estas variaciones provienen de varios factores clave:

1. Peso Máximo del Avión:

- La capacidad de un tractor de retroceso está influenciada por el peso máximo del avión que necesita maniobrar.

- El peso del avión varía según el tamaño y la condición de carga, a menudo medido por el Peso Máximo al Despegue (MTOW).

- Por ejemplo, aviones más pequeños como el Airbus A320 tienen un MTOW de alrededor de 70 toneladas métricas, mientras que aviones más grandes como el Airbus A380 superan las 500 toneladas métricas. Un MTOW más alto requiere un tractor de retroceso más potente.

2. Pendiente de la Superficie del Aparcamiento:

- La pendiente de la superficie del aparcamiento donde ocurre la operación de retroceso afecta la capacidad del tractor.

- Idealmente, las superficies del aparcamiento son planas, pero las ligeras pendientes son comunes, presentando desafíos para las operaciones de retroceso.

- Típicamente, la capacidad del tractor de retroceso se evalúa considerando una pendiente máxima del 2%.

3. Número de Motores en Funcionamiento:

- Antes del retroceso, los pilotos a menudo arrancan uno o ambos motores a reacción a velocidad de ralentí para prepararse para el rodaje y el despegue.

- Los tractores de retroceso deben lidiar no solo con el peso del avión y la pendiente, sino también con el empuje generado por los motores a reacción en ralentí.

4. Condición de la Superficie:

- Las condiciones de la superficie, como la nieve o el agua de lluvia en el aparcamiento, impactan en la tracción y los requisitos de potencia para los tractores de retroceso.

- Las superficies resbaladizas reducen la tracción, necesitando pesos de lastre adicionales para mejorar la tracción y la estabilidad.

- Las condiciones adversas, particularmente en lugares como el Aeropuerto Internacional O'Hare de Chicago durante el clima invernal extremo, exigen una consideración cuidadosa.

Los fabricantes de aviones proporcionan los requisitos de remolque en sus manuales, a menudo presentados en forma de tabla, combinando estos factores para determinar la capacidad necesaria de los tractores de retroceso. Las aerolíneas y las agencias de manejo en tierra mantienen una flota de tractores de retroceso adaptada para servir a varios tipos de aviones y condiciones operativas.

Considerando los factores que influyen en la necesidad de capacidad de tractor de retroceso, las especificaciones primarias de un tractor de retroceso abarcan:

- Fuerza de tracción en la barra de tiro

- Peso del Tractor
- Peso Máximo del Avión que puede manejar

Estas especificaciones son interdependientes, cada una influyendo en las otras. Así es cómo: La fuerza de tracción en la barra de tiro denota la fuerza de tracción horizontal ejercida por el tractor de retroceso, típicamente medida en kilo Newtons (kN). Una calificación de tracción en la barra de tiro más alta significa un tractor más potente capaz de manejar aviones más grandes. Esta métrica depende de la potencia del motor diésel del tractor y la robustez del chasis.

El peso del tractor de retroceso refleja su capacidad para mantener la tracción mientras el motor opera. Análogo a un levantador de pesas que necesita una base sólida para ejercer fuerza de manera efectiva, el peso del tractor asegura la tracción, previniendo el giro de las ruedas y optimizando la utilización de la potencia del motor.

Los fabricantes especifican tanto el peso base del tractor como su "peso lastre". El peso lastre se refiere a la masa adicional agregada para mejorar la tracción, particularmente útil en condiciones desafiantes como el clima lluvioso.

La combinación de la fuerza de tracción en la barra de tiro y el peso del tractor dicta el peso máximo del avión que el tractor de retroceso puede manejar, así como las familias de aviones con las que es compatible.

Para una ilustración práctica, examinemos varios modelos de tractores de retroceso fabricados por Trepel, una marca de GSE reconocida (Aviation Learnings, 2020):

- Challenger 150: Soporta aviones de hasta 160 toneladas métricas, con una fuerza de tracción en la barra de tiro de 101 kN. Pesa 9 toneladas y puede ser lastreado hasta 15 toneladas. Compatible con Airbus A320 y la familia Boeing 737.

- Challenger 280: Adecuado para aviones de hasta 300 toneladas métricas, ofreciendo una fuerza de tracción en la barra de tiro de 209 kN. Pesa 24 toneladas, con un peso lastre de 28 toneladas. Compatible con Airbus A350 y la familia Boeing 787.

- Challenger 430: Diseñado para aviones de hasta 380 toneladas métricas, proporcionando una fuerza de tracción en la barra de tiro de 304 kN. Pesa 27 toneladas y puede ser lastreado hasta 43 toneladas. Compatible con la familia Boeing 777.

- Challenger 550: Capaz de manejar aviones de hasta 450 toneladas métricas, ofreciendo una fuerza de tracción en la barra de tiro de 369 kN. Pesa 50 toneladas, con un peso lastre de 60 toneladas. Compatible con aviones hasta Boeing 747-800, el Jumbo Jet.

- Challenger 700 (ver Figura 113): Soporta aviones de hasta 600 toneladas métricas, con una fuerza de tracción en la barra de tiro de 498 kN. Pesa 40 toneladas, y puede ser lastreado hasta 70 toneladas. Compatible con Airbus A380, el avión de pasajeros más grande del mundo.

Figura 113: Trepel Challenger 700. Trepel Airport Equipment, Atribución, a través de Wikimedia Commons.

En operaciones de retroceso convencionales, un tractor de retroceso se conecta al tren de aterrizaje delantero del avión utilizando una herramienta básica conocida como barra de remolque.

Esta barra de remolque es una varilla de acero cilíndrica equipada con ganchos en cada extremo. Un extremo se acopla de forma segura al gancho de remolque en el tren de aterrizaje delantero del avión, mientras que el extremo opuesto se conecta al tractor de retroceso. El tractor de retroceso ejerce fuerza sobre el tren de aterrizaje delantero del avión a través de esta barra de remolque, ver Figura 114.

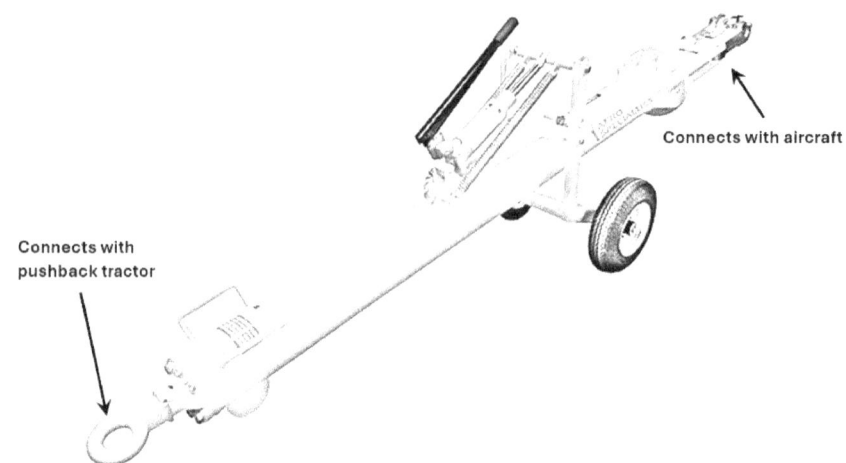

Figura 114: Barra de remolque para retroceso.

Los diversos modelos de aviones presentan diseños distintos de tren de aterrizaje delantero, lo que hace necesario utilizar barras de remolque específicas adaptadas a cada tipo de avión. Las barras de remolque solo son compatibles con familias de aviones que comparten configuraciones similares de tren de aterrizaje delantero.

Las aerolíneas y las agencias de manejo en tierra equipadas con tractores de retroceso convencionales mantienen un stock de barras de remolque para acomodar la diversa gama de aviones en su flota. Los fabricantes de barras de remolque priorizan la seguridad integrando una característica crucial en sus diseños: el pasador de cizallamiento.

El pasador de cizallamiento tiene un propósito singular: proteger el tren de aterrizaje delantero del avión y el tractor de retroceso de fuerzas excesivas durante las operaciones de remolque. Posicionado dentro de la cabeza de la barra de remolque conectada al tren de aterrizaje delantero del avión, el pasador de cizallamiento mantiene la alineación entre el tubo de la barra de remolque y la cabeza bajo condiciones normales. Sin embargo, si las fuerzas superan los límites seguros, el pasador de cizallamiento se corta, provocando el colapso de la cabeza de la barra de remolque. Esta desalineación es inmediatamente evidente para la tripulación de retroceso, lo que les lleva a detener la operación.

La vigilancia es esencial, ya que la falla del pasador de cizallamiento puede pasar desapercibida en medio del ruidoso entorno del aeropuerto, subrayando la importancia de inspecciones regulares por parte de la tripulación de retroceso.

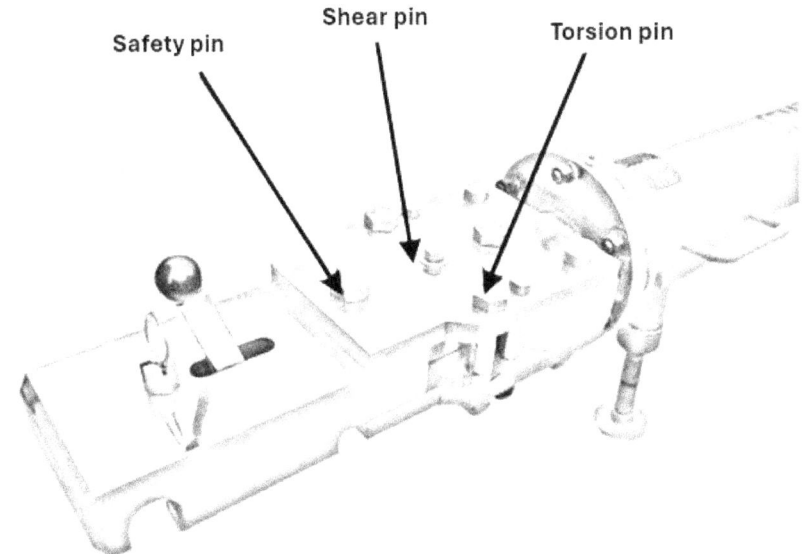

Figura 115: Ubicación del pasador de cizallamiento.

Como se muestra en la Figura 115, el pasador de cizallamiento está específicamente diseñado para aliviar la amenaza que representa la fuerza excesiva ejercida sobre el eje durante las operaciones de empuje o remolque, sirviendo como una medida protectora contra posibles daños al avión. Mientras tanto, el pasador de torsión sirve para restringir el grado de desplazamiento angular al empujar o tirar del avión, reduciendo efectivamente el riesgo de fuerza axial excesiva que pueda comprometer la integridad del avión. Además, el pasador de seguridad se implementa para abordar las consecuencias de las fallas del pasador de cizallamiento y del pasador de torsión, mitigando el potencial de daños sustanciales al avión resultantes de su ruptura.

El Tractor de Retroceso Sin Barra de Remolque (TBL), como se muestra en la Figura 116, representa un avance significativo en la tecnología de tractores de retroceso, eliminando la necesidad de una barra de remolque en las operaciones de maniobra de aviones. En lugar de depender de una barra de remolque, el tractor TBL emplea un sistema hidráulico para levantar el conjunto de la rueda delantera del avión del suelo y soportarlo usando su propio chasis. Este diseño innovador permite al tractor remolcar el avión a su destino sin el uso de una barra de remolque, liberando el conjunto de la rueda delantera al llegar. Al soportar una parte sustancial del peso del avión en su chasis, el tractor de retroceso TBL elimina la necesidad de lastres adicionales típicamente requeridos para los modelos convencionales, resultando en un peso total más ligero.

Ventajas principales del Tractor Sin Barra de Remolque (TBL) (Aviation Learnings, 2020):

1. Mayor Eficiencia de Combustible: Los tractores TBL son notablemente más ligeros en comparación con los tractores de remolque convencionales, lo que resulta en una mejor eficiencia de combustible. A diferencia de los tractores convencionales, que llevan el peso de una barra de remolque incluso cuando no están en uso, los tractores TBL operan sin esta carga adicional, lo que lleva a ahorros de combustible.

2. Mantenimiento Rentable: El peso reducido de los tractores TBL se traduce en ahorros en el mantenimiento. Con una menor tensión en componentes como el motor, la caja de cambios y el chasis, el desgaste se minimiza, lo que resulta en costos de mantenimiento más bajos en comparación con los tractores convencionales.

3. Simplificación del Inventario: Los tractores TBL eliminan la necesidad de mantener un inventario de barras de remolque, ya que no requieren acoplarse al gancho de remolque del avión. Aunque hay varios modelos de tractores TBL disponibles basados en su capacidad de manejo de peso, generalmente acomodan múltiples tipos de aviones sin la necesidad de barras de remolque.

Figura 116: Tractor de aviones sin barra de remolque (Goldhofer AST-3) retrocediendo el avión A319-100. Bundesstefan, CC0, a través de Wikimedia Commons.

Realizar comprobaciones preoperativas del tractor involucra varios pasos cruciales para asegurar su operación segura y eficiente:

1. Consultar los Procedimientos del Lugar de Trabajo y las Instrucciones del Fabricante: Comenzar refiriéndose a los procedimientos del lugar de trabajo y las instrucciones del fabricante para obtener una lista detallada de comprobaciones preoperativas. Esta lista detallará ítems específicos que deben ser inspeccionados antes de que el tractor pueda ser utilizado.

2. Inspección Visual: Realizar una inspección visual del tractor

para identificar cualquier daño visible, fugas o señales de desgaste. Prestar especial atención a áreas como el cuerpo, el compartimento del motor, el sistema hidráulico y cualquier otro componente relevante.

3. Revisar Componentes Clave: Inspeccionar la condición de componentes esenciales incluyendo neumáticos, frenos, mecanismo de dirección y luces. Asegurar que los neumáticos tengan suficiente profundidad de banda de rodadura y estén adecuadamente inflados. Probar los frenos para verificar su funcionalidad e inspeccionar el mecanismo de dirección por cualquier anormalidad. Adicionalmente, verificar que todas las luces funcionen correctamente.

4. Verificar la Funcionalidad de los Sistemas Mecánicos: Verificar la funcionalidad de sistemas mecánicos críticos como el motor, la transmisión y el sistema hidráulico. Arrancar el motor y escuchar por sonidos o vibraciones inusuales. Cambiar por las marchas para asegurar la operación suave de la transmisión. Probar el sistema hidráulico operando cualquier función hidráulica para confirmar su funcionamiento adecuado.

5. Confirmar Características de Seguridad: Confirmar que todas las características de seguridad del tractor estén operativas. Esto incluye verificar la funcionalidad de botones de parada de emergencia, alarmas y otros mecanismos de seguridad. Probar cada característica de seguridad para asegurar que funcionen como se pretende y puedan ser activadas en caso de emergencia.

Realizar una inspección visual del tractor es esencial para identificar daños visibles, fugas o señales de desgaste. Para asegurar la exhaustividad, es crucial adoptar un enfoque sistemático al escanear visualmente el tractor completo, sin dejar ninguna área sin inspección durante el proceso. Este método sistemático ayuda a cubrir todos los aspectos del vehículo, desde el cuerpo hasta el compartimento del motor y más allá.

Comenzar inspeccionando el exterior del cuerpo del tractor, escrutándolo por cualquier abolladura, rasguño o daños, enfocándose particularmente en áreas vulnerables como el parachoques delantero y los lados del vehículo. Continuar, abriendo el compartimento del motor para examinar el motor a fondo por fugas, corrosión o daño a varios componentes como mangueras, correas y conectores. Esta inspección también involucra verificar fugas de aceite o refrigerante y asegurar conexiones ajustadas para mitigar problemas potenciales.

Además, profundizar en el examen del sistema hidráulico, prestando especial atención para detectar fugas, mangueras dañadas o conexiones sueltas. Verificar los niveles de fluido hidráulico y estar vigilante por cualquier signo de contaminación o decoloración, indicando problemas internos potenciales dentro del sistema. Finalmente, inspeccionar otros componentes pertinentes como la transmisión, el sistema de dirección, el cableado eléctrico y el sistema de frenado por desgaste, conexiones sueltas o anormalidades que podrían comprometer el rendimiento o la seguridad del tractor. Documentar todos los hallazgos durante la inspección visual ayuda a rastrear la condición del tractor a lo largo del tiempo y facilita decisiones informadas respecto a mantenimiento o reparaciones para mantener su operación segura y eficiente.

Para revisar efectivamente los componentes clave del tractor, sigue estos pasos:

1. Inspeccionar los Neumáticos: Comienza examinando los neumáticos para asegurar que estén en buenas condiciones. Verifica que tengan suficiente profundidad de banda de rodadura y busca cualquier señal de desgaste o daño. Además, asegura que los neumáticos estén adecuadamente inflados según las especificaciones del fabricante. La correcta inflación de los neumáticos es crucial para una tracción óptima y una operación

segura del tractor.

2. Probar los Frenos: Luego, prueba los frenos para verificar su funcionalidad. Aplica los frenos mientras el tractor está estacionario y asegúrate de que se detenga de manera suave y controlada. Escucha cualquier sonido o sensación inusual, que pueda indicar problemas con los frenos. Además, verifica el nivel de líquido de frenos e inspecciona las líneas de freno por fugas o daños.

3. Inspeccionar el Mecanismo de Dirección: Inspecciona el mecanismo de dirección por cualquier anormalidad o señal de desgaste. Gira el volante de tope a tope y verifica que la operación sea suave sin ningún atasco o resistencia. Asegúrate de que el sistema de dirección esté adecuadamente lubricado y que todos los componentes estén bien sujetos.

4. Revisar las Luces: Finalmente, inspecciona todas las luces del tractor para asegurarte de que funcionen correctamente. Esto incluye faros delanteros, luces traseras, luces de freno, señales de giro y cualquier otra luz auxiliar. Prueba cada luz individualmente para verificar su funcionalidad y reemplaza cualquier bombilla que esté quemada o parpadeando. Una iluminación adecuada es esencial para la visibilidad y la seguridad, especialmente durante condiciones de poca luz o de visibilidad reducida.

5. Para verificar la funcionalidad de sistemas mecánicos críticos en el tractor, es esencial seguir un enfoque sistemático que asegure que cada sistema sea minuciosamente probado para un rendimiento óptimo y seguridad. Comienza enfocándote en componentes clave como el motor, la transmisión y el sistema hidráulico.

6. Primero, arranca el motor y escucha cuidadosamente por cualquier sonido o vibración inusual que pueda indicar problemas potenciales. Un sonido de motor suave y consistente típicamente indica un funcionamiento adecuado. Además, observa el comportamiento en ralentí del motor para asegurarte de que se mantenga estable sin fluctuaciones o irregularidades.

7. Luego, cambia a través de las marchas para evaluar la funcionalidad de la transmisión. Mueve la palanca de transmisión a través de cada posición de marcha, desde el estacionamiento hasta la marcha adelante y reversa, asegurando un acoplamiento y desacoplamiento suave sin vacilaciones o ruidos de molienda. Un funcionamiento adecuado de la transmisión es crucial para el movimiento eficiente del tractor.

8. Finalmente, prueba el sistema hidráulico operando cualquier función hidráulica disponible en el tractor. Esto puede incluir subir o bajar brazos hidráulicos, extender o retraer cilindros hidráulicos o activar cualquier otro mecanismo hidráulico. Observa la respuesta del sistema hidráulico a estos comandos, asegurándote de que los movimientos sean suaves, controlados y sin signos de fugas de fluido o problemas de presión.

9. A lo largo de este proceso de verificación, presta mucha atención a cualquier comportamiento anormal o indicaciones de mal funcionamiento mecánico. Documenta cualquier problema observado y prioriza su solución de manera pronta para prevenir daños adicionales o riesgos de seguridad. Al verificar sistemáticamente la funcionalidad de estos sistemas mecánicos críticos, puedes asegurar que el tractor esté en condiciones óptimas para una operación segura y eficiente en el lugar de trabajo.

Los controles en un tractor de retroceso se utilizan para maniobrar y operar el vehículo de manera segura y efectiva durante los procedimientos de retroceso de aeronaves. Estos controles típicamente consisten en varios componentes que permiten al operador controlar el movimiento y la operación del tractor. Aquí hay una visión general de los controles típicos encontrados en un tractor de retroceso:

1. Volante: El volante permite al operador controlar la dirección de viaje del tractor de retroceso. Girando el volante, el operador puede dirigir el tractor en la dirección deseada, ya sea recto, a la izquierda o a la derecha. El volante es crucial para maniobrar el tractor con precisión, especialmente en espacios ajustados como las áreas de estacionamiento de aeronaves.

2. Pedales de Acelerador y Freno: Similares a los encontrados en automóviles, el pedal del acelerador controla la velocidad del tractor de retroceso ajustando el acelerador del motor. Presionar el pedal del acelerador aumenta la velocidad del motor, mientras que soltarlo reduce la velocidad. El pedal de freno se usa para reducir la velocidad o detener el movimiento del tractor cuando es necesario. Una coordinación adecuada entre los pedales del acelerador y el freno es esencial para una operación suave y controlada del tractor.

3. Controles de Transmisión: Los tractores de retroceso pueden tener transmisiones manuales o automáticas, cada una con su conjunto de controles. En las transmisiones manuales, el operador usa una palanca de cambios o selector para cambiar entre diferentes marchas, como conducir, reversa y neutral. En las transmisiones automáticas, los controles pueden incluir un selector de marchas o botones para seleccionar el modo de conducción deseado.

4. Controles Hidráulicos: Muchos tractores de retroceso están

equipados con sistemas hidráulicos que controlan varias funciones, como levantar y bajar el brazo de remolque u otros accesorios hidráulicos. Estos controles pueden consistir en palancas, interruptores o botones ubicados al alcance del operador. Una operación adecuada de los controles hidráulicos es crucial para asegurar y desenganchar la aeronave de manera segura durante los procedimientos de retroceso.

5. Botón de Parada de Emergencia: Un botón o interruptor de parada de emergencia es una característica de seguridad que permite al operador detener rápidamente el movimiento del tractor en caso de una emergencia o condición insegura. Presionar el botón de parada de emergencia activa un apagado en todo el sistema, deteniendo el tractor para prevenir accidentes o lesiones.

La operación de tractores de retroceso implica varios peligros que representan riesgos tanto para el personal como para las aeronaves. Las estrategias de mitigación son esenciales para minimizar estos riesgos y asegurar operaciones seguras. A continuación, se presentan algunos peligros comunes asociados con la operación de tractores de retroceso junto con las estrategias de mitigación correspondientes:

1. Peligros de Colisión: o Peligro: Pueden ocurrir colisiones con objetos estacionarios, otros vehículos o aeronaves durante las maniobras. o Mitigación: Los operadores deben recibir capacitación integral sobre prácticas seguras de conducción y estar familiarizados con la distribución del área de estacionamiento. Se deben establecer caminos claros y áreas de estacionamiento designadas para minimizar el riesgo de colisiones. El uso de observadores o personal de tierra para guiar el tractor también puede mejorar la seguridad.

2. Fallo del Equipo: o Peligro: Las fallas mecánicas o malfun-

cionamientos del tractor de retroceso pueden llevar a accidentes o daños a las aeronaves. o Mitigación: Se deben realizar mantenimientos e inspecciones regulares del tractor para identificar y abordar cualquier problema potencial antes de que se agrave. Los controles preoperativos deben realizarse diligentemente para verificar la funcionalidad de los componentes esenciales. Es esencial la notificación y rectificación inmediatas de cualquier fallo o anomalía en el equipo para prevenir accidentes.

3. Resbalones, Tropezones y Caídas: o Peligro: Los operadores y el personal de tierra pueden encontrar superficies resbaladizas, terrenos irregulares u obstáculos, aumentando el riesgo de resbalones, tropezones y caídas. o Mitigación: Se debe proporcionar iluminación y señalización adecuadas para mejorar la visibilidad y alertar a los operadores sobre posibles peligros. Prácticas adecuadas de mantenimiento, como mantener las áreas de trabajo libres de escombros y mantener pasillos bien marcados, pueden ayudar a prevenir resbalones y tropezones. El equipo de protección personal (EPP), incluyendo calzado antideslizante, debe usarse para minimizar el riesgo de caídas.

4. Condiciones Climáticas: o Peligro: Condiciones climáticas adversas como lluvia, nieve o vientos fuertes pueden afectar la visibilidad, la tracción y la seguridad general durante la operación del tractor. o Mitigación: Los operadores deben monitorear los pronósticos meteorológicos y ejercer precaución al operar en condiciones climáticas adversas. Se recomiendan velocidades reducidas, mayores distancias de seguimiento y una mayor conciencia del entorno en condiciones climáticas adversas. En condiciones extremas, las operaciones pueden necesitar ser suspendidas hasta que las condiciones mejoren para garantizar la seguridad del personal y las aeronaves.

5. Problemas de Comunicación: o Peligro: La comunicación inadecuada entre operadores, personal de tierra y tripulación de aire puede llevar a malentendidos o errores durante las operaciones de retroceso. o Mitigación: Se deben establecer protocolos de comunicación claros, incluyendo señales manuales estandarizadas, procedimientos de comunicación por radio y sesiones informativas preoperativas. Los programas de capacitación deben enfatizar la importancia de una comunicación efectiva y la conciencia situacional entre todo el personal involucrado en las operaciones del tractor.

Implementando estas estrategias de mitigación y manteniendo un enfoque proactivo hacia la seguridad, las organizaciones pueden minimizar los peligros asociados con la operación de tractores de retroceso y asegurar el bienestar del personal y la integridad de las aeronaves. Revisiones regulares de los protocolos de seguridad y capacitación continua son esenciales para abordar riesgos emergentes y mantener una cultura de seguridad dentro del lugar de trabajo.

Operando un Tractor de Retroceso

Para maniobrar el tractor hacia la aeronave y posicionarlo para maniobras en tierra o operaciones de retroceso, los operadores siguen los procedimientos del lugar de trabajo navegando cuidadosamente el tractor hasta la ubicación designada. Esto implica coordinar con el personal de mantenimiento en tierra y seguir caminos establecidos para asegurar un movimiento seguro y eficiente alrededor del área de estacionamiento de la aeronave. Una vez en posición, el tractor se alinea con la aeronave según los protocolos del lugar de trabajo para facilitar un acoplamiento suave.

El acoplamiento del tractor a la aeronave se ejecuta estrictamente de acuerdo con los procedimientos del lugar de trabajo para asegurar una conexión segura. Los operadores verifican la compatibilidad entre el tractor y la aeronave, confirmando la alineación adecuada y la fijación de la barra de remolque u otros mecanismos de acoplamiento. La atención al detalle es crucial durante este proceso para prevenir daños potenciales tanto al tractor como a la aeronave, con los operadores siguiendo las instrucciones del fabricante para asegurar un procedimiento de acoplamiento seguro.

Durante la operación, el tractor se maneja en estricto cumplimiento con los procedimientos del lugar de trabajo y las instrucciones del fabricante. Los operadores están capacitados para manejar los controles del tractor de manera efectiva, maniobrando el vehículo con precisión y precaución. La monitorización regular de los sistemas y el rendimiento del tractor asegura una funcionalidad óptima durante la operación. Además, los operadores permanecen atentos a cualquier señal de peligros o malfuncionamientos, abordando cualquier problema de inmediato de acuerdo con los protocolos del lugar de trabajo y las regulaciones de salud y seguridad ocupacional.

Identificar los peligros asociados con la operación del tractor es un aspecto fundamental de la seguridad en el lugar de trabajo. Los operadores están capacitados para reconocer riesgos potenciales como terrenos irregulares, obstáculos o condiciones climáticas adversas que puedan representar una amenaza para la operación segura. Al adherirse a las regulaciones de salud y seguridad en el trabajo (WHS) o salud y seguridad ocupacional (OHS), los operadores implementan precauciones apropiadas para mitigar estos peligros, incluyendo el uso de equipo de protección personal y la implementación de estrategias de gestión de riesgos.

Durante las maniobras en tierra de la aeronave o las operaciones de retroceso, los operadores siguen meticulosamente las instrucciones del personal de mantenimiento en tierra y la tripulación de vuelo. Esto implica una comunicación y coordinación claras para ejecutar las maniobras de manera segura y eficiente, minimizando el riesgo de accidentes o daños a la aeronave. Al finalizar las operaciones requeridas, el tractor se desacopla de la aeronave siguiendo los procedimientos del lugar de trabajo, y los operadores maniobran el tractor a su área de estacionamiento o almacenamiento asignada. Una vez estacionado, el tractor se apaga de acuerdo con los protocolos establecidos, asegurando un mantenimiento adecuado y preparándolo para futuras actividades de transporte.

Los individuos involucrados en la operación de retroceso comprenden:

- Pilotos
- Conductor del tractor de retroceso
- Operador de auriculares
- Dos caminantes de alas, posicionados a cada lado de la aeronave
- Un caminante de cola

Aunque el piloto tiene la responsabilidad última de la operación, carece de una visión clara y conciencia espacial durante el proceso de retroceso. Por lo tanto, el piloto no controla directamente el retroceso de la aeronave desde la posición. En su lugar, la velocidad, el ángulo de giro y otros aspectos del movimiento de retroceso son gestionados por el conductor del tractor de retroceso. Sin embargo, el conductor, situado dentro del tractor, se centra en el control del vehículo y en las maniobras.

En este contexto, el comunicador clave y supervisor de las actividades en tierra para el piloto es el operador de auriculares. Conectado constantemente a la cabina a través de un dispositivo de auriculares vinculado a un puerto en el tren de aterrizaje delantero, el operador de auriculares facilita la comunicación entre el piloto y el personal en tierra.

La autorización para iniciar el retroceso es otorgada por la torre de control. Posteriormente, la coordinación entre el piloto y el operador de auriculares determina el comienzo del retroceso. Una vez que todas las partes están preparadas, el operador de auriculares señala al conductor del tractor de retroceso para iniciar la operación.

Figura 117: Operación de retroceso de aeronave, con un tractor de retroceso y su conductor en primer plano, acompañado por un operador de auriculares caminando al lado del tractor. Además, se ve a otro miembro de la tripulación de tierra caminando detrás del tractor. Rafale20307, CC BY-SA 4.0, vía Wikimedia Commons.

Antes de comenzar la operación de retroceso de la aeronave, se inician medidas de seguridad con una inspección visual detallada alrededor de la aeronave por parte del equipo de retroceso. Este procedimiento, crucial tanto para la seguridad en la rampa como para el vuelo, implica un examen meticuloso del exterior de la aeronave para detectar irregularidades o anomalías. Tales observaciones podrían incluir puertas de carga mal cerradas o calzos no liberados de las ruedas del tren de aterrizaje trasero. Estos detalles aparentemente menores tienen una importancia significativa para asegurar la seguridad en la rampa, y el escrutinio vigilante de una persona capacitada puede reducir en gran medida el riesgo de accidentes durante el retroceso de la aeronave. Una vez que se completa la inspección alrededor, se prepara el equipo de retroceso y el equipo se prepara para la operación.

Importancia del acoplamiento correcto de la barra de remolque en la seguridad del retroceso de aeronaves: A pesar de su apariencia simple como un equipo no motorizado, la barra de remolque juega un papel crítico en asegurar un acoplamiento seguro con la aeronave durante las operaciones de retroceso. La secuencia de pasos involucrados en la configuración del tractor de retroceso y la barra de remolque requiere una consideración cuidadosa por seguridad. Es imperativo que la barra de remolque se acople primero con la aeronave antes de adjuntarla al tractor de retroceso.

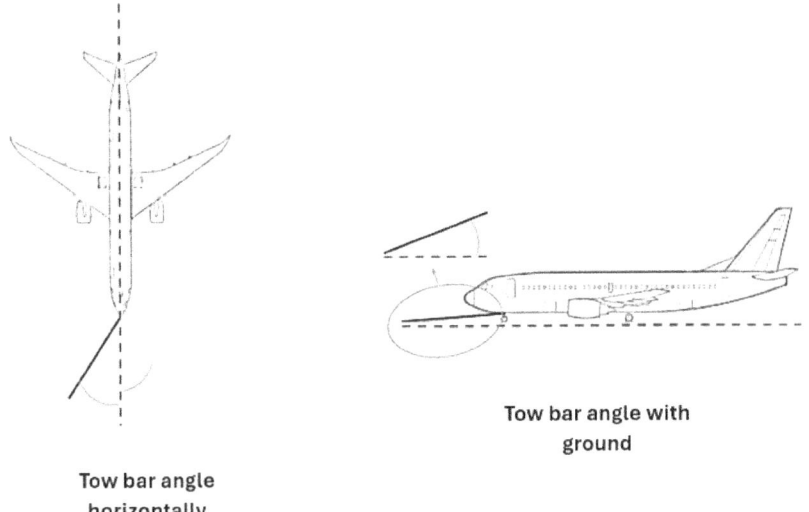

Figura 118: Ángulos de la barra de remolque.

Figura 118: Ángulos de la barra de remolque.

Esta secuencia es esencial, ya que permite una alineación adecuada de la barra de remolque con la línea de simetría del avión, asegurando un acoplamiento correcto. En consecuencia, el tractor de remolque se ajusta luego para establecer la conexión, utilizando el avión y la barra de remolque como puntos de referencia. Además, se debe prestar atención al ángulo de acoplamiento de la barra de remolque, particularmente su alineación tanto con la línea de simetría del avión como con el suelo. Mientras que el primer ángulo gobierna la dirección del avión durante el remolque, el segundo ángulo debe minimizarse para mitigar el riesgo de que la barra de remolque se rompa debido a fuerzas de pandeo.

La remoción de los calzos del avión solo debe ocurrir una vez que la barra de remolque y el tractor de remolque hayan sido asegurados correctamente al avión, y el conductor del tractor de remolque esté presente dentro del vehículo. Esta precaución es vital ya que los calzos sirven para prevenir el movimiento del avión en caso de que los frenos sean liberados desde la cabina. Sin el acoplamiento adecuado del tractor de remolque, los frenos del avión se convierten en la única barrera para prevenir el movimiento no intencionado. Liberar los frenos por error podría resultar en un rodaje incontrolado del avión, presentando riesgos como colisionar con el tractor o causar lesiones al personal.

Numerosos incidentes alrededor del mundo subrayan la importancia de este protocolo, donde han ocurrido accidentes que involucran a aviones pasando por encima de personas debido a la remoción prematura de calzos y la liberación inadvertida de frenos. Una vez que el tractor de remolque esté posicionado correctamente, y el conductor esté dentro, el piloto puede liberar de forma segura los frenos de estacionamiento. Estos frenos, ubicados en los trenes de aterrizaje delantero y trasero, funcionan de manera similar a los de un coche, evitando que el avión ruede bajo pendientes o fuerzas externas. Sin liberar los frenos de estacionamiento antes de comenzar el remolque, intentar empujar el avión podría llevar a consecuencias perjudiciales, como la ruptura de la barra de remolque o el colapso del tren de aterrizaje delantero (Aviation Learnings, 2020).

Para garantizar la seguridad en la rampa, la comunicación clara y una fraseología precisa entre la tripulación de remolque del avión y el piloto son de suma importancia. Es esencial que ambas partes utilicen un lenguaje inequívoco en cuanto al estado de los frenos del avión. Por ejemplo, en lugar de una declaración vaga como "Despejado para el remolque", instrucciones específicas como "Listo para el remolque. Por favor, libere los frenos de estacionamiento" seguidas por la confirmación del piloto y el reconocimiento de la tripulación minimizan cualquier malentendido y aseguran una operación de remolque segura.

Mantener una comunicación ininterrumpida entre el hombre del auricular y el piloto es imperativo durante las operaciones de remolque del avión. Cualquier interrupción en esta comunicación, ya sea por problemas técnicos u otras razones, justifica una detención inmediata de la operación de remolque hasta que el problema se resuelva. Si el problema persiste y la comunicación no puede restablecerse, el hombre del auricular debe informar al piloto, y se debe tomar una decisión mutua respecto a la continuación de la operación sin comunicación audible. En algunos aeropuertos, también se requiere notificar a la torre de control en tales casos para asegurar que se tomen precauciones adicionales, como evitar remolques paralelos en puestos de estacionamiento de aviones adyacentes. La comunicación clara es esencial para prevenir malentendidos y asegurar que cualquier comunicación futura con el personal de tierra se realice a través de señales manuales si es necesario.

La comunicación efectiva durante las operaciones de remolque de aviones se extiende más allá del piloto y la tripulación de tierra para incluir a la torre de control. Es esencial que cualquier autorización emitida por el controlador de tráfico aéreo sea inequívoca e incondicional, eliminando cualquier ambigüedad o toma de decisiones por parte de la tripulación de remolque y el piloto. Además, los conductores de tractores de remolque deben monitorear la frecuencia de la torre de control para recibir instrucciones y observar cualquier discrepancia en las instrucciones entre el controlador y el piloto. Fomentar una comunicación abierta y eliminar la reticencia a cuestionar decisiones de las tripulaciones de remolque contribuye a mejorar la seguridad durante las operaciones de remolque (Aviation Learnings, 2020).

Durante las operaciones de remolque, el hombre del auricular juega un papel crucial en mantener la comunicación visual con el piloto. Es esencial que el hombre del auricular camine junto al avión, manteniendo contacto visual con el piloto, en lugar de ir dentro del tractor de remolque. Esto asegura una comunicación visual clara y orientación para el piloto y mejora la coordinación entre la tripulación de remolque. Además, los caminantes de ala y los caminantes de cola juegan un papel vital en asegurar la seguridad de la operación de remolque proporcionando visibilidad adicional y comunicación sobre el despeje de las alas y la cola del avión. Su participación es particularmente crítica para aviones de cuerpo ancho debido a los desafíos para percibir con precisión distancias y despejes. La coordinación y comunicación efectiva entre todos los miembros de la tripulación de remolque son esenciales para prevenir accidentes y asegurar la ejecución segura de las operaciones de remolque.

Se deben observar varias precauciones de seguridad durante las operaciones de remolque para minimizar el riesgo de lesiones y accidentes. Estas incluyen asegurar que el personal evite caminar junto a la barra de remolque y abstenerse de pisarla para prevenir lesiones por posibles fallos de la barra de remolque o accidentes por tropiezos. Además, las operaciones de remolque deben realizarse a un ritmo lento para mantener el control y prevenir peligros asociados con la velocidad excesiva. Los procedimientos de arranque del motor deben coordinarse

OPERACIÓN DE EQUIPOS DE MANEJO DE MATERIALES

cuidadosamente para evitar conflictos entre el tractor de remolque y los motores del avión, particularmente bajo condiciones húmedas, que pueden comprometer la tracción y estabilidad. La formación adecuada y la adherencia a los protocolos de seguridad son esenciales para mitigar los riesgos asociados con el arranque del motor y asegurar la ejecución segura de las operaciones de remolque.

Así como la secuencia inicial de liberar los frenos de estacionamiento, remover los calzos y conectar la barra de remolque al tractor de remolque es crucial, la secuencia al final de la operación de remolque es igualmente significativa para la seguridad. Al concluir la operación de remolque, es imperativo aplicar los frenos de estacionamiento del avión antes de desconectar el tractor de remolque. Esta secuencia es crucial porque los pilotos típicamente arrancan uno de los motores principales hacia el final de la operación de remolque. Sin aplicar los frenos de estacionamiento, desenganchar la barra de remolque o el tractor de remolque podría llevar a que el avión se mueva hacia adelante instantáneamente debido al empuje producido por el motor, potencialmente resultando en un accidente.

El paso final en la operación de remolque de retroceso del avión implica la inserción y extracción del pasador de derivación, una medida de seguridad crítica. Inicialmente, la tripulación de remolque inserta el pasador de derivación en el tren de aterrizaje delantero del avión, desactivando efectivamente el control de dirección de la tripulación de la cabina y otorgando la autoridad de dirección completa a la tripulación de remolque. Este control es necesario para que el tractor de remolque pueda dirigir el avión durante el movimiento en reversa. Sin embargo, una vez completada la operación de remolque, es esencial devolver el control de dirección a la cabina.

Olvidar remover el pasador de derivación puede impedir que la tripulación de la cabina maniobre el avión, lo que potencialmente podría llevar a un accidente. Para mitigar este riesgo, se sigue un procedimiento de seguridad estándar después de completar la operación de remolque. La tripulación de remolque desconecta todo el equipo, retira el pasador de derivación y se sitúa a una distancia adecuada del avión, visible para la tripulación de la cabina. La tripulación de la cabina confirma visualmente que no queda equipo debajo del morro del avión y observa a la tripulación de remolque levantando su brazo con el pasador de derivación, indicando su extracción. Solo después de la confirmación visual de estos pasos proceden con el rodaje para la salida. Este procedimiento incorpora factores humanos para mejorar la seguridad en la rampa durante la operación de remolque.

Conclusión de las Operaciones del Tractor de Remolque

Realizar revisiones posoperatorias del tractor de remolque es vital para garantizar su funcionalidad y seguridad continuas. Estas revisiones deben realizarse de acuerdo con los procedimientos del lugar de trabajo y las instrucciones del fabricante. El proceso generalmente implica una inspección exhaustiva de los diversos componentes y sistemas del tractor para identificar cualquier falla o mal funcionamiento que pueda haber surgido durante la operación. Esto incluye examinar el motor, la transmisión, el sistema hidráulico, los frenos, las luces y cualquier otro equipo relevante.

Si se identifican fallas o mal funcionamientos en el equipo durante las revisiones posoperatorias, estos deben ser rectificados de inmediato o reportados de acuerdo con los procedimientos del lugar de trabajo y los requisitos regulatorios. Esto puede implicar realizar reparaciones o ajustes menores en el sitio, o notificar al personal de mantenimiento para una investigación y reparación más profunda. La acción pronta es

OPERACIÓN DE EQUIPOS DE MANEJO DE MATERIALES 467

esencial para prevenir posibles peligros de seguridad y asegurar que el tractor permanezca en condiciones óptimas de trabajo.

Después de completar las revisiones y cualquier reparación necesaria, el tractor debe ser reabastecido de combustible y los niveles de fluidos deben ser rellenados según los procedimientos del lugar de trabajo y las instrucciones del fabricante. Esto asegura que el tractor esté listo para su próxima operación y pueda funcionar de manera eficiente sin interrupciones debido a bajos niveles de combustible o fluidos. Además, el mantenimiento adecuado del combustible y los fluidos ayuda a prolongar la vida útil de los componentes del tractor y previene el desgaste prematuro.

Finalmente, es esencial completar el registro del equipo o la documentación operativa de acuerdo con los procedimientos del lugar de trabajo, las instrucciones locales y los requisitos regulatorios. Esta documentación sirve como un registro de la historia operativa del tractor, incluyendo cualquier mantenimiento o reparaciones realizadas, consumo de combustible, relleno de fluidos y cualquier otra información relevante. La documentación precisa y completa es crucial para mantener el cumplimiento con los estándares regulatorios y asegurar la responsabilidad por la operación y mantenimiento del tractor.

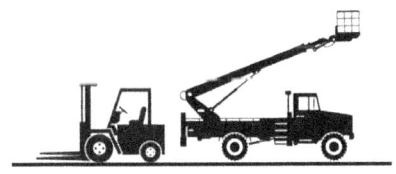

Referencias

Anster. (2024). *What is a container side lifter? – Learn the Design and Specs*. Retrieved 2/3/2024 from

Association Sectorielle Transport Entreposage. (2010). *Order Picking Truck*.

Aviation Learnings. (2020, 2/3/2024). How Aircraft Pushback Tractors Work?

Conger. (2024, 27/2/2024). What Are Order Pickers? [Definition, Types, Pros/Cons, Uses].

Construction Plant-hire Association. (2015). *Safe Use of Telehandlers in Construction*

EP Equipment. (2019). *How to drive a low level order picker*. Retrieved 27/2/2024

Hammar. (2017). *Hammar User Manual*.

Hinz, P. (2013, 27/2/2024). Order Pickers - Operating Safely at Height *Logistics & Materials Handling Blog*.

Logisnext. (2024). *Anatomy and Parts of a Forklift*. Retrieved 26/2/2024 from

Paul. (2022, 29/8/2024). Popular telehandler types and their benefits.

Sanders, D. (2008). Controlling the Direction of "Walkie" Type Forklifts and Pallet Jacks on Sloping Ground. *Assembly Automation*.

Taylor Machine Works. (2024). Safety Check.

Vector Solutions. (2023, 26/2/2024). How to Operate a Forklift: Pre-Operation, Traveling, Load Handling, and Maintenance.

Index

A

Accesorio, 21, 47–48, 69–70, 87, 89–90, 93, 137, 139–140, 173–174, 182, 191–194, 196–197, 200, 214, 217–222, 227, 236–237, 244–245, 247–249, 252–253, 255, 257, 325, 336, 349, 351, 355, 377–379, 391, 393–394, 399

Accesorios, 17–18, 40, 44, 49, 59–60, 71, 87–91, 102, 136, 150–152, 154, 160–162, 166–167, 174, 183, 187–188, 191–199, 203, 206, 211, 216–217, 219–221, 223, 227, 236–237, 244, 246–248, 257, 277, 301, 336, 341, 347, 363, 374, 377, 379, 385, 407, 417, 422, 428, 463

Agricultura, 17–18, 152, 193, 198

Alcance, 17–18, 28, 49, 86, 150, 152, 155, 157, 160, 162, 165, 175–178, 180–181, 185, 196–197, 199, 205, 214–215, 236, 267, 271, 276, 278, 288–291, 340–341, 345–377, 379–389, 391–401, 404, 410, 446, 463

Andamio, 18

Apilamiento, 28–29, 51, 63, 85–86, 90, 338–340, 355, 425

Apilar, 13, 18, 20, 27, 83, 85, 145, 242, 340, 355, 397, 407, 412

B

Barandillas, 15, 19, 100–102, 104, 119, 190, 194, 266, 269, 282–283, 320–321, 326, 373

Brazo, 17–18, 23, 47–48, 69, 71–72, 87–88, 91, 143, 150–158, 160–162, 172, 197, 205, 211, 214–215, 217, 222–224, 226–232, 237–242, 245, 249, 252–253, 261–264, 267–272, 274–275, 284, 288, 290, 292, 299, 301–304, 306–307, 309, 313–315, 319–320, 328–330, 334, 336, 345–347, 349, 351–352, 355–356, 378, 380, 385, 389–390, 392–393, 398, 403–405, 408–409, 411, 414, 417–420, 426, 429–431, 461, 463, 474

C
Capacidad de carga, 39–42, 44–45, 48, 72, 80–81, 89, 100, 104, 106, 108, 113, 122, 125, 135–136, 171, 177–180, 193, 236, 282, 288, 294, 324, 355–356, 361, 415

Carga, 10, 12–14, 17–18, 22, 24, 27–31, 33–52, 54–56, 58, 67, 69–75, 77, 79–93, 95, 99–101, 104, 106–109, 111, 113–114, 117, 119, 122, 125, 127, 131–132, 135–136, 138–146, 148, 150–155, 157–158, 160–162, 164–166, 168–188, 191–193, 197–198, 201, 206, 214–215, 217–223, 226, 228–239, 241–242, 249–250, 253, 276, 278, 280, 282, 284–286, 288–289, 294, 305, 308, 315, 324, 326, 329, 336, 338–359, 361–363, 369–370, 384, 389–400, 402–404, 406–415, 418, 420–422, 425–429, 449, 456, 469

Certificación, 19, 22, 132, 193, 282–283, 285

Combustible, 35–38, 54, 56, 71, 87–88, 90–91, 93, 127, 303, 306, 329, 339, 374–375, 379, 385, 413, 442, 456, 475

Contrapeso, 28, 34, 47, 155, 161–162, 166, 270, 347, 349–351, 354

Controles, 15, 19, 23–25, 34, 61–62, 65–69, 71, 89, 91, 93, 95, 97, 100–101, 104, 125–126, 133–135, 147, 160, 164, 187, 190, 203–211, 213, 217, 226, 228, 230, 233, 239, 242–244, 255, 259, 267–268, 270, 275, 296, 299, 301–304, 306–308, 316, 320–322, 348, 352, 368, 376, 384–386, 394–395, 399–400, 403, 409, 415, 418–421, 430, 435, 446, 462–464, 466

Cubo, 154, 168, 344–345

D

Diésel, 13, 25, 37–38, 54–56, 161, 286, 292, 303–304, 338–340, 375, 407, 438, 442–444, 451

Dirección, 24–25, 30–31, 34, 51, 64–66, 69, 71, 73, 75, 77, 82, 109–110, 119, 126, 129, 134, 137, 141, 143, 145–146, 152, 158–162, 170, 205, 211, 222, 227–228, 230, 241, 293, 308, 313, 315, 337, 347–348, 353, 368, 376, 378, 380, 383–384, 386, 396–397, 445, 447, 458–460, 462, 470, 473

E

Eficiencia, 13–14, 16, 20, 24, 91, 105, 116–118, 120, 130, 146, 186, 191, 200, 206, 219, 296, 336, 342, 346, 348, 358, 366, 369, 403, 419, 424, 441–442, 456

Eléctrico, 35–36, 51, 56, 59, 99, 102, 129, 131, 188, 256, 259, 271, 282–283, 301, 306, 309–310, 317, 320, 338–340, 378, 408, 418, 424, 459

Equipo, 9–15, 17–23, 25–26, 29, 31, 33, 35, 37–39, 41, 43, 45, 47, 49, 51–53, 55–57, 59, 61, 63, 65, 67, 69–71, 73–75, 77, 79, 81, 83, 85, 87, 89, 91, 93, 95, 97, 99–101, 103, 105, 107, 109–111, 113, 115–125, 127, 129–133, 135, 137–141, 143–147, 149, 151–155, 157, 159, 161, 163, 165, 167, 169, 171, 173–175, 177, 179, 181, 183, 185–187, 189–191, 193, 195, 197, 199, 201, 203, 205, 207, 209, 211–213, 215–219, 221–223, 225, 227, 229, 231, 233–235, 237, 239, 241, 243–247, 249–253, 255–257, 259, 261, 263, 265, 267, 269, 271, 273, 275–289, 291, 293, 295, 297, 299, 301, 303–305, 307, 309–313, 315, 317, 319, 321–323, 325–327, 329–335, 337–339, 341, 343, 345–347, 349, 351, 353, 355–357, 359–363, 365, 367, 369, 371, 373, 375–377, 379, 381, 383, 385, 387, 389, 391–401, 403, 405, 407, 409, 411, 413, 415–417, 419–423, 425–429, 431, 433–435, 439, 441, 443, 445, 447–449, 451, 453, 455, 457, 459, 461, 463–469, 471, 473–475, 477

Equipo de protección personal (EPP), 70, 101, 187, 201, 203, 277, 280, 283, 295, 299, 304, 310, 330, 447, 464

Estabilidad, 17, 19, 22, 28–32, 34, 39, 42, 44–46, 60–61, 73–74, 80–81, 87–89, 102, 107, 109, 111, 122, 126, 131–132, 136, 138–145, 153, 155, 160–162, 164–169, 171–173, 177, 179, 183, 186, 188–189, 202,

219, 221–222, 226, 231–232, 234–236, 238–240, 245, 250, 254, 257, 267–268, 270–271, 274–276, 280–281, 285, 294, 296, 310–312, 314, 316, 323–326, 346–348, 350, 352–356, 368, 372–373, 388, 399, 407–409, 411, 422, 429, 431, 443, 450, 473

F
Frenado, 25, 47–48, 125–126, 137, 142, 240, 423–424, 445, 459

H
Horquillas, 13, 17, 31, 33–34, 39, 42–44, 46–47, 49, 58, 61, 66–67, 71–72, 74–75, 77, 79, 82–85, 87–88, 90–91, 93, 101–102, 107, 126, 130, 134, 138–142, 145, 147, 162, 167, 173–174, 188, 193, 198–199, 206, 211, 215, 219, 230–231, 234–237, 240, 242, 249, 252–253, 259

I
Inclinación, 34, 46, 48, 69, 71, 177, 179, 215, 217, 229–232, 270, 287, 304, 320, 355–356, 377–379, 385, 387, 407, 409–410, 413, 428
Industrial, 13, 38
Inspección, 55, 58–59, 71, 94, 100, 114, 116, 118, 126–129, 136, 146, 149, 181, 193, 204, 212, 221, 226–227, 231, 237, 242, 247, 249–250, 252, 257, 276, 279, 287, 294, 297, 302, 304, 307, 313, 318, 327, 331, 358, 365, 377, 380, 383, 395, 415, 417, 421–423, 457–459, 468–469, 474
Inspección preoperacional, 58–59, 242

L
Levantamiento, 14, 17, 21, 28, 135, 139, 151, 153–155, 162, 167–168, 214, 219, 341, 363, 387, 392–393
Logística, 12–13, 22, 24, 90, 336–338, 342, 404, 426

M

Manejo, 9–15, 17–25, 29, 31, 33, 35–39, 41–43, 45, 47, 49, 51–55, 57, 59, 61, 63, 65, 67, 69, 71, 73, 75, 77, 79, 81, 83, 85, 87, 89–93, 95, 97, 99, 101, 103, 105–107, 109, 111, 113, 115, 117, 119, 121, 123, 125, 127, 129–131, 133, 135, 137, 139, 141, 143, 145, 147, 149, 151, 153–155, 157–159, 161–163, 165, 167, 169, 171, 173, 175, 177, 179, 181, 183, 185, 187–189, 191, 193, 195, 197, 199, 201, 203–205, 207, 209, 211, 213, 215, 217, 219, 221, 223, 225–227, 229, 231, 233, 235, 237, 239, 241, 243, 245, 247, 249, 251, 253, 255, 257, 259, 263, 265, 267, 269, 271, 273, 275, 277, 279, 281, 283, 285, 287, 289, 291, 293–295, 297, 299, 301, 303, 305, 307, 309, 311, 313, 315, 317, 319, 321, 323, 325, 327, 329, 331, 333, 335–343, 345–349, 351, 353, 355, 357, 359, 361, 363, 365, 367, 369, 371, 373, 375, 377, 379, 381, 383, 385–391, 393–395, 397, 399, 401, 403, 405, 407, 409–411, 413, 415, 417, 419, 421–423, 425, 427–429, 431, 433, 435, 437, 439, 441–443, 445, 447, 449–451, 453–455, 457, 459, 461, 463, 465, 467, 469, 471, 473, 475, 477

Manejo de materiales, 9–15, 17, 19–21, 23, 25, 29, 31, 33, 35, 37, 39, 41, 43, 45, 47, 49, 51, 53, 55, 57, 59, 61, 63, 65, 67, 69, 71, 73, 75, 77, 79, 81, 83, 85, 87, 89, 91, 93, 95, 97, 99, 101, 103, 105, 107, 109, 111, 113, 115, 117, 119, 121, 123, 125, 127, 129, 131, 133, 135, 137, 139, 141, 143, 145, 147, 149, 151, 153, 155, 157–159, 161–163, 165, 167, 169, 171, 173, 175, 177, 179, 181, 183, 185, 187, 189, 191, 193, 195, 197, 199, 201, 203, 205, 207, 209, 211, 213, 215, 217, 219, 221, 223, 225, 227, 229, 231, 233, 235, 237, 239, 241, 243, 245, 247, 249, 251, 253, 255, 257, 259, 263, 265, 267, 269, 271, 273, 275, 277, 279, 281, 283, 285, 287, 289, 291, 293, 295, 297, 299, 301, 303, 305, 307, 309, 311, 313, 315, 317, 319, 321, 323, 325, 327, 329, 331, 333, 335–341, 343, 345–349, 351, 353, 355, 357, 359, 361, 363, 365, 367, 369, 371, 373, 375, 377, 379, 381, 383, 385, 387, 389, 391, 393, 395, 397, 399, 401, 403, 405, 407, 409, 411, 413, 415, 417, 419, 421, 423, 425, 427, 429, 431, 433, 435, 439, 441, 443, 445, 447, 449, 451, 453, 455, 457, 459, 461, 463, 465, 467, 469, 471, 473, 475, 477

Maniobras, 31, 90, 92–93, 112, 156, 159, 169–170, 222, 225, 228, 233, 242, 321, 362, 397, 442, 463, 465–467

Mantenimiento, 18, 35, 37–39, 46, 48, 55, 70, 91, 127–130, 171, 185, 188–189, 194, 200–202, 204, 212–213, 216, 221, 245–246, 248, 254–259, 261, 271, 274–275, 284–287, 294, 297, 303, 321, 327, 331, 333, 363, 374, 376–377, 379, 383, 395, 417, 423, 428, 440, 456, 459, 464–465, 467, 474–475

Materiales peligrosos, 203

Muelle, 31, 71, 144, 402–403, 406

O

Operador, 15, 23–25, 33–34, 46, 48, 57–59, 65–67, 69–70, 82, 86, 94, 98, 100–102, 104–106, 108–109, 113–114, 119, 124–125, 133, 136, 142, 147–148, 151, 160–162, 165, 180, 184–186, 190–193, 205–207, 210, 212–214, 221, 223, 225–226, 233–235, 239, 243, 253, 257, 271, 275, 282, 290, 294–295, 303–305, 308, 317, 320–321, 323–324, 328–329, 332, 334, 342, 351, 373, 375, 379–382, 384, 390, 392–394, 399, 402–403, 408, 410–411, 445–446, 462–463, 467–468

P

Peatones, 51–52, 66, 74, 76–78, 81, 93, 100, 119–120, 164–165, 184–185, 188–190, 223, 226, 245, 277, 315, 359, 364, 370–372, 380–382, 392, 395–396, 419

Placa de Datos, 40–44, 88–89, 124, 131, 136, 142–143, 235, 286–288, 324

Plan de rescate, 307–308

Plataforma, 9, 12, 15, 17–20, 24, 34, 73, 98, 100–102, 104–105, 107–109, 112–114, 118–119, 125, 131, 134, 136–137, 139, 142, 144–145, 147, 151–152, 154, 167, 188, 191, 194–195, 200, 236, 250–251, 261–271, 273–275, 279–286, 288, 291–292, 295–297, 300–301, 303–308, 310–312, 314–315, 317–318, 320–326, 329–330, 334, 337, 345, 425, 438

Plataforma de tijera, 321–322, 334

Plataforma elevadora, 18, 261, 269, 280–281, 284, 286, 288, 291, 297, 300, 314, 317

Prácticas de trabajo seguras, 56, 201

Procedimientos de emergencia, 189, 286, 308, 318

Productividad, 12–13, 16, 22, 90, 105, 110, 116, 191, 347–348

Propano, 13, 59

Puntos ciegos, 51, 72–73, 188, 230, 396–397, 419

R

Rampa, 71, 75–76, 79, 144, 249–251, 314, 321, 392, 395, 468–469, 471, 474

Regulaciones de OSHA, 397

Remolque, 9, 22–26, 198, 236, 250–251, 266–267, 275, 292, 321, 392, 402–405, 407–409, 412–413, 418, 424–426, 428–429, 432, 438–440, 443, 445, 450, 453–457, 463, 466, 469–474

Reparaciones, 19, 128, 149, 171, 202, 216, 255–256, 274, 284, 459, 474–475

Riesgo de caída, 112, 133, 245, 281, 323, 373, 418, 464

S

Seguridad, 9–10, 12–15, 19, 22, 32, 34, 39, 48–52, 57–59, 61–62, 66–67, 70–71, 74, 80–81, 94–95, 97, 99–102, 104–106, 110, 113, 117–121, 123–130, 133, 136, 139, 143–145, 147, 153–154, 159, 165, 172, 183–186, 188–194, 197, 200–204, 206–207, 210–213, 216, 220–222, 225–226, 228, 231, 234, 236, 245, 247–248, 250–252, 254–257, 259, 262, 266, 269–270, 273, 275, 277, 279–281, 283, 285–287, 289, 291–292, 294–299, 301, 304, 308–314, 317–321, 324, 327–334, 341–342, 346–348, 351–352, 356, 358–360, 364–367, 369–370, 374–377, 380–384, 386–388, 390, 394, 396, 398–400, 404, 407, 410, 414, 416–417, 419, 422–423, 429, 431, 441–442, 447–448, 454–455, 458–461, 463–466, 468–469, 471–475

T
Tabla de Carga, 10, 175–181, 219–220, 222, 356–357
Terreno irregular, 46–47, 245, 310
Trabajo en altura, 305, 318

V
Velocidad, 24, 31, 46–47, 56, 64, 67, 71–77, 100, 113, 120, 129, 144, 168–169, 177, 179, 190, 205, 222, 225–226, 234, 239–240, 242, 285, 298, 313, 315–316, 320, 322, 324–325, 371, 381, 384, 389, 398, 412–413, 442, 445, 450, 462, 467, 472
Visibilidad, 62, 72, 75, 77–78, 82, 101, 118, 134, 137, 144, 151, 160, 164–165, 183–185, 191, 204, 211, 222–227, 238–239, 318, 369–371, 380, 382, 385, 390, 392, 395–396, 419, 447, 460, 464, 472
Volcadura, 31, 46, 74, 282–283

www.ingramcontent.com/pod-product-compliance
Lightning Source LLC
Chambersburg PA
CBHW072143070526
44585CB00015B/991